Hanna-Lena Neuser, Maximilian Graeve, Robert Wolff (Hg.)

Was ist mit der Jugend los?

Protestbewegung und Protestkultur
im 20. und 21. Jahrhundert

NON-FORMALE POLITISCHE BILDUNG BAND 22

Hanna-Lena Neuser, Maximilian Graeve, Robert Wolff (Hg.)

Was ist mit der Jugend los?

Protestbewegung und Protestkultur
im 20. und 21. Jahrhundert

Bibliografische Information der Deutschen Nationalbibliothek

Die Deutsche Nationalbibliothek verzeichnet diese Publikation in der Deutschen Nationalbibliografie; detaillierte bibliografische Daten sind im Internet unter http://dnb.d-nb.de abrufbar.

Die Reihe „Non-formale politische Bildung" wird herausgegeben von Ina Bielenberg, Benno Hafeneger, Barbara Menke, Wibke Riekmann, Klaus Waldmann und Benedikt Widmaier.

Der Beirat der Reihe besteht aus Helle Becker, Peter Brandt, Helmut Bremer, Klaus Brülls, Stephan Bundschuh, Mike Corsa, Siegfried Frech, Daniel Grein, Lothar Harles, Michaela Köttig, Jens Korfkamp, Dirk Lange, Yvonne Niekrenz, Bernd Overwien, Melanie Piepenschneider, Albert Scherr, Benedikt Sturzenhecker, Andreas Thimmel, Matthias Witte und Christine Zeuner.

© WOCHENSCHAU Verlag,
Dr. Kurt Debus GmbH
Frankfurt/M. 2021

www.wochenschau-verlag.de

Alle Rechte vorbehalten. Kein Teil dieses Buches darf in irgendeiner Form (Druck, Fotokopie oder einem anderen Verfahren) ohne schriftliche Genehmigung des Verlages reproduziert oder unter Verwendung elektronischer Systeme verarbeitet werden.

Umschlaggestaltung: Ohl Design
Gedruckt auf chlorfrei gebleichtem Papier
Gesamtherstellung: Wochenschau Verlag
ISBN 978-3-7344-1280-6 (Buch)
E-Book ISBN 978-3-7344-1281-3 (PDF)
DOI https://doi.org/10.46499/1499

Inhalt

HANNA-LENA NEUSER, MAXIMILIAN GRAEVE, ROBERT WOLFF
1. Jugend in Bewegung? Auf der Suche nach Formen, Motiven und Rahmenbedingungen 9

HANNA-LENA NEUSER, MAXIMILIAN GRAEVE, ROBERT WOLFF
2. Kein luftleerer Raum – Gesellschaftlicher Rahmen von Protestbewegungen 15

DEBORAH DÜRING, DOMINIK HEROLD
2.1 Neue Wege gehen – Blick aus der Protestpraxis 29

JESSICA HUBBARD
2.2 Jugend vorne weg – Blick aus der Protestpraxis 35

CLAUDIA KEMPER
3. Deutsche Protestgeschichte – Protestbewegungen und -kultur seit 1945 45

ROBERT WOLFF
3.1 Diskursstrategien gegen Proteste – Historische Lernprozesse für heutige Protestbewegungen? 57

WILLI VAN OOYEN
3.2 Frieden schaffen – Blick aus der Protestpraxis 69

4. Institutionen des Protests
Vorbemerkungen der Herausgeber*innen 76

ANGELA DORN, JONATHAN MAASS, JOHANNES FECHNER
4.1 Hochschule als Basis? – Räume für Protest 79

PHILIPP JACKS
4.2 Gewerkschaft als Motor? – Blick aus der Protestpraxis 94

5. Protest weltweit – Internationale Perspektiven und Dimensionen
Vorbemerkungen der Herausgeber*innen 101

VLADISLAV EYLIN
5.1 Euromaidan – Protestkultur ukrainischer Studierender 102

NIKOLAY ALEKSIEV
5.2 Studentischer Protest in Bulgarien – Vergleich zwischen 1989 und 2013 109

SAMIULLAH NAIMI
5.3 Protestkultur in Afghanistan 116

ELIF ÜSTÜNER
5.4 Eine revolutionäre Generation – Wie junge Menschen Chile verändern 121

WOLFGANG KRAUSHAAR
5.5 Ein Blick zurück nach vorn – Globale Protestbewegungen 2019 126

REBECCA PFLANZ
6. Schöne neue Welt – Protesträume im Netz 137

KYRA NASTASSJA FURGALEC, CHARLOTTE NZIMIRO, REBECCA FREITAG, NANNA-JOSEPHINE ROLOFF
6.1 Petition oder Protest? – Blick aus der Protestpraxis 148

BENNO HAFENEGER
7. Bildung, Identität, Kultur – Protestieren will gelernt sein? 161

CHRISTA KALETSCH, HELMOLT RADEMACHER
7.1 Politische Bildung und Protestkultur in Schule 174

OLE JANTSCHEK, HANNA LORENZEN
7.2 „Und wir singen im Atomschutzbunker ..." – Protest und politische Bildung an außerschulischen Lernorten 187

8. Kommt da noch was? – Ein Blick in die Glaskugel
   Vorbemerkungen der Herausgeber*innen 197

MAX SCHULTE
8.1 Die kommenden Proteste – Zukunftsperspektiven 198

CLAUS LEGGEWIE
8.2 Generation Corona? 210

Herausgeber*in: 217
Autor*innen: 217

HANNA-LENA NEUSER, MAXIMILIAN GRAEVE,
ROBERT WOLFF

1. Jugend in Bewegung? Auf der Suche nach Formen, Motiven und Rahmenbedingungen

Wer hätte das gedacht? Junge Menschen gehen wieder auf die Straße, um ihre Anliegen öffentlich zu machen. Und das mit Erfolg! Was ist passiert mit den jungen Menschen, denen so lange vorgehalten wurde, unpolitisch, träge und stromlinienförmig zu sein? Ehrlich gesagt wurden wir im Verlauf unserer Beschäftigung mit dem Thema selbst ständig überrascht von den Prozessen der vergangenen Jahre. Denn als wir anfingen, uns intensiv mit der Thematik zu befassen, existierte Fridays for Future noch nicht. Damals, Mitte 2018, waren unsere Fragen noch genau diese: Wo liegen die gesellschaftlichen, politischen, sozialen und wirtschaftlichen Interessen der jungen Menschen? Wo werden sie entwickelt und formuliert? Welche Formen suchen und finden junge Menschen, um gegen oder für etwas einzustehen? Und was muss passieren, damit sie ihre Stimme erheben?

Aus diesen Fragen heraus entwickelten wir ein Tagungskonzept, das den Blick schärfen, unterschiedliche Personen zu Wort kommen lassen sowie Aktivist*innen und Wissenschaftler*innen zusammenbringen sollte. Die häufig getrennten Sphären von Aktivismus und Wissenschaft sollten in einer neutralen Umgebung die Möglichkeit bekommen, gleichberechtigt miteinander ins Gespräch zu kommen und voneinander zu lernen. Das Ergebnis war eine Tagung der Evangelischen Akademie Frankfurt in Kooperation mit der Dr. Arthur Pfungst-Stiftung im Oktober 2019 mit dem Titel „Protestkult|ur – Politisches Engagement Studierender gestern und heute". Einige der in dem vorliegenden Buch erweiterten, vertieften, ergänzten Aspekte von Jugend und Protest sind aus dieser Tagung hervorgegangen. Schnell fiel uns auf, dass es junge Menschen mit unterschiedlichsten Sozialisationserfahrungen, Elternhäusern und sozioökonomischen Bedingungen sind, die in den aktuellen Protestbewegungen und -strömungen vertreten sind und ihr Recht einfordern, an den politischen Entscheidungsprozessen beteiligt zu werden. Spannende Einblicke in die Sichtweisen junger Menschen hatten in der Tagung einen ebenso großen Stellenwert wie die wissenschaftlichen Analysen vergangener und aktueller Protestbewegungen und -kulturen. Politische Perspektiven wurden kontrovers diskutiert. Diese Vielfalt an Blickwinkeln, Eindrücken und Motivationen soll auch in diesem Band abgebildet und zur weiteren Entfaltung angeboten werden.

Das hatten wir doch alles schon. Oder?

Die Literatur über Protest ist umfangreich und füllt ganze Bibliotheken. Warum braucht es also noch dieses Buch? Meist nimmt Protestliteratur eine bestimmte Perspektive in den Fokus: die Wissenschaft, die Praxis, die Kritik der einen Generation an einer anderen. Im vorliegenden Band wollen wir die vielen verschiedenen Gesichtspunkte, Betrachtungsweisen und Motivationen zusammenbringen, in ein Verhältnis setzen und gleichberechtigt auf das Thema schauen lassen: junge Aktivist*innen, renommierte Wissenschaftler*innen, Politiker*innen, Multiplikator*innen aus der Jugendarbeit und Jugendbildung. Unsere leitenden Fragen sind: Wie entwickelt sich junges Engagement? Welche Rahmenbedingungen braucht es, und wie verhält es sich zu anderen Bereichen der Gesellschaft? Ist Protest ein anerkannter Teil politischer Meinungsbekundung?

In den Beiträgen dieses Buchs zeigt sich: Protest ist immer ein Ergebnis komplexer Prozesse. Er basiert auf ständigen gesellschaftlichen Wechselverhältnissen und entsteht immer im Verhältnis zu einer gesellschaftlichen, sozialen oder wirtschaftlichen Problemstellung. Und Protest ist nie gleich. Der ständige Wandel der Gesellschaft sowie aller sie bedingender Elemente und Faktoren schlägt sich auf die Entwicklung der Protestformen nieder. Protest ist bunt und vielfältig und richtet sich auf alle möglichen politischen und gesellschaftlichen Bereiche. Diese in ihrer Gänze abzubilden vermag auch ein dezidiert bunter, vielfältiger und facettenreicher Band nicht. Daher soll gleich in der Einleitung erwähnt werden, dass bestimmte Aspekte keinen Platz in diesem Buch erhalten haben – aus unterschiedlichen Gründen. Protestkunst etwa ist ein für sich so komplexes Gebiet, das wir es ausgespart haben. Es gibt hierzu zahlreiche Ausstellungen (zum Beispiel im Historischen Museum Frankfurt), Publikationen und andere mediale Produkte, die dieses Feld besser darstellen können als wir.

Antisemitische, rassistische, xenophobe, misogyne, transfeindliche und viele weitere Formen und Ausprägungen antiemanzipatorischer Proteste und Protestbewegungen werden in diesem Sammelband kein Platz eingeräumt. Zwar muss eine demokratische und pluralistische Gesellschaft die Meinungsfreiheit in alle Richtungen verteidigen und auch andere Meinungen zulassen. Dies bedeutet jedoch nicht, dass auch immer alle Facetten dargestellt werden müssen – besonders dann nicht, wenn die Protestler*innen zentralen Werten unserer zumeist offenen und pluralistischen Gesellschaft den Kampf angesagt haben.

Ein Puzzle mit vielen Teilen: der Aufbau dieses Buchs

Ziel dieses Sammelbands ist es nicht, einzelne Antworten auf hochkomplexe Fragestellungen zu geben. Uns Herausgeber*innen geht es vielmehr darum, eine Plattform für weitergehende Diskurse, unterschiedlich gelagerte Kontroversen und gemeinsame Lernerfahrungen herzustellen. Ein auf Augenhöhe geführter Austausch bietet allen Leser*innen Ansätze, die eigenen Standpunkte kritisch zu hinterfragen, Neues zu lernen sowie Respekt und Wertschätzung für andere Meinungen zu entwickeln.

Im ersten Kapitel stellen wir Herausgeber*innen uns einer unlösbaren Mammutaufgabe, indem wir auf wenigen Seiten versuchen, einen Überblick über die gesellschaftlichen Rahmenbedingungen von Protest und Protestbewegungen junger Menschen kursorisch darzustellen. Entlang zentraler Fragestellungen versuchen wir uns den aktuellen Rahmenbedingungen jungen Protests anzunähern und auszuloten, wo die Ursprünge und Grenzen verschiedener Arten von Protest verortet werden können. Es folgen zwei besonders eindrückliche Beispiele für aktuelles Engagement und junge Protestkultur: die Perspektive zweier Personen, die sich selbst nur zum Teil als Protestaktivist*innen verstehen – und die aufzeigen, wie weit die Spannbreite von Protestkulturen gespannt sein kann: Deborah Düring und Dominik Herold aus dem Verein „Mehr als wählen" stellen ihr Konzept des „Frankfurter Demokratiekonvents" und die damit verbundenen praktischen Erfahrungen vor. Jessica Hubbard nimmt uns mit in das Innenleben der Fridays für Future-Bewegung und schildert eindrücklich, was junge Menschen bewegt, sich der Komplexität von Klimafragen und deren Lösung zu widmen. Im dritten Kapitel stellt Claudia Kemper anschließend dar, wie sich Protestbewegungen und -kultur seit 1945 in der Bundesrepublik Deutschland verändert haben. Dabei nimmt sie eine dezidiert deutsch-deutsche Perspektive ein und schildert verschiedene Bewegungsphasen in der Bundesrepublik und in der DDR sowie die damit verbundenen Entwicklungsprozesse im geteilten Deutschland. Willi van Ooyen wirft einen Blick auf und in die (historische) Protestpraxis. Mit seinen umfangreichen und vielfältigen Erfahrungen als Aktivist streift er die emanzipatorischen deutschen Friedensbewegungen von den 1960er-Jahren bis heute. Robert Wolff untersucht, ausgehend von aktuellen medialen und politischen delegitimierenden Diskursstrategien gegenüber jungen Protesten und aufkeimenden Protestbewegungen, ob es sich bei diesen Diskursstrategien um historische Konstanten in der Bundesrepublik Deutschland handelt. Dabei zeigt er, was aktuelle junge Protestbewegungen aus den Erfahrungen und Enttäuschungen früherer Protestaktivist*innen lernen können.

Im vierten Kapitel wird die Podiumsdiskussion, die sich im Rahmen der Tagung mit der Frage beschäftigte, welche Rolle Hochschulen heute noch als „Basis" jungen Protests einnehmen, aus zwei der drei Perspektiven zusammengefasst und weiterführend kommentiert. Angela Dorn, amtierende hessische Ministerin für Wissenschaft und Kunst, hält ein Plädoyer für eine offene und pluralistische Kultur der Diskussion; Johannes Fechner und Jonathan Maaß weisen auf die Bedingungen und Grenzen des politischen Engagements an der Hochschule hin. Einen weiteren Blick in die Protestpraxis wirft anschließend Philipp Jacks, indem er aktuellen Entwicklungen in der gewerkschaftlichen Jugend und deren Verbindungen zu Protesten und Protestbewegungen nachgeht.

Im Kapitel „Protest weltweit", der den „Blick über den Tellerrand" wagt, verlassen wir die Grenzen Deutschlands und schauen in die Welt. Vier Studierende berichten von Protesterfahrungen in ihren Heimatländern oder im Gastland ihres Auslandsstudiums – aus der Ukraine, Bulgarien, Afghanistan und Chile. Wolfgang Kraushaar nimmt diesen globalen Ansatz auf und nimmt uns mit auf eine Reise zu den internationalen Protestbewegungen des Jahres 2019.

Neben den „klassischen" Formen des Protests hat sich durch die Digitalisierung auch ein Raum für Protest im Netz herausgebildet. Im Kapitel „Petition oder Protest? Blick aus der Protestpraxis" stellen Petitorinnen ihre Erfahrungen mit dieser Protestform dar. Rebecca Pflanz ordnet den Raum für dieses Thema analytisch ein und richtet den Fokus dabei auf die Frage des Vertrauens.

Im darauffolgenden Abschnitt wird auf verschiedene Bereiche der politischen Bildung eingegangen. Benno Hafeneger bezieht sich schwerpunktmäßig auf die außerschulische Bildung, während Christa Kaletsch und Helmolt Rademacher sich die Schulen vornehmen. Ole Jantschek und Hanna Lorenzen schließen das Kapitel mit ihrem Blick aus der gesellschaftspolitischen Jugendbildung der Evangelischen Akademien ab.

Max Schulte hat freundlicherweise die nicht leichte Aufgabe übernommen, alle Beiträge und Betrachtungen in diesem Buch zu einem Resümee und einer Zukunftsperspektive weiterzuentwickeln. Claus Leggewie rundet den Band mit seinem Beitrag über die „Generation Corona" ab – wenngleich das Thema damit nicht abgeschlossen sein kann. Denn wie schon eingangs erwähnt: Protestkultur wandelt sich stetig.

Ein „Must-have" für wen?

Wer ein Buch herausgibt, stellt sich die Frage: Wer liest das am Ende eigentlich? Es gibt Bücher, denen man anmerkt, dass sie hauptsächlich aus der Begeisterung der Verfasser*innen für ihr Thema entstanden sind, ohne die späteren Leser*innen zu berücksichtigen – das wollten wir explizit nicht. Wen hatten wir als Zielgruppe vor Augen? Vielleicht jene, die früher mal Aktivist*innen waren und sich fragen, was die Jugend von heute so macht. Vielleicht Multiplikator*innen aus der Jugendarbeit und Jugendbildung, die herausfinden wollen, warum und wofür junge Menschen auf die Straße (oder an andere Orte) gehen und welche Rahmenbedingungen sie dafür brauchen. Vielleicht junge Menschen selbst, die sich mit ihrer eigenen Generation kritisch auseinandersetzen und wissen wollen, welche Möglichkeiten und Anknüpfungspunkte es für ihre Interessen gibt, wie auch für ihren Unmut über gesellschaftliche und politische Probleme. Gesellschaftliche Demokratie lebt dann, wenn Protest gegen (vermeintliche) Fehlentwicklungen möglich ist und ausgeübt wird. Der jungen Generation kommt dabei eine Schlüsselrolle zu: Sie muss ihre Rolle in der Gesellschaft finden, indem sie Strukturen und (politische) Entscheidungen infrage stellt, die andere bereits als gegeben akzeptieren. Gesellschaft kann sich nur dann fortentwickeln, wenn sie auf äußere und innere Entwicklungen reagiert. Dabei geht es erst in zweiter Linie um Anpassung. Viel wichtiger ist es, Antworten auf die aktuellen Herausforderungen der Zeit zu finden – egal ob diese Klimawandel, Migration, Verstrahlung (Tschernobyl), Folgen von Flucht und Vertreibung oder noch ganz andere Ursachen haben.

Der jungen Generation kann dieser Sammelband Mut machen, sich zu engagieren. Wer kennt das nicht, dass man eine Demonstration sieht und denkt: Schon wieder eine Demo? Soll ich da mitmachen? Das lohnt doch den Aufwand nicht! Ob ich dabei bin oder nicht, wirkt sich ohnehin nicht aus – der Flughafen wird am Ende sowieso ausgebaut, und die unzureichende Seenotrettung im Mittelmeer ist eine nicht mehr abwendbare Katastrophe. Nein! Wer so denkt, der findet in diesem Buch hoffentlich genug Argumente gegen fatalistisches Denken und für Bemühungen, die eigene Stimme hörbar zu machen.

Wenn einem die Zeit in die Quere kommt ...

Wie schon erwähnt, entstand die Ursprungsidee für dieses Buch noch in der Zeit vor Fridays for Future. Kurz zur Erinnerung: Junge Menschen waren damals kaum sichtbar oder hörbar – zumindest was „klassische" Protestformen und die mediale Berichterstattung darüber betraf. Doch kaum hatten wir angefangen, nach anderen Formen des Protests, der Positionierung und der Artikulation von Interessen junger Menschen zu suchen, kam Greta Thunberg und stellte die Situation auf den Kopf. Seitdem erleben wir eine weltweite Aktivierung junger Menschen, die beispiellos ist und bisher nicht abzuebben scheint. Uns als Herausgeber*innen stellte diese Entwicklung vor eine Herausforderung, da unser Band möglichst viele Bewegungen, Sichtweisen und Analysen beinhalten sollte. Und dann, gerade als wir dachten, dass wir fertig wären und zu einer abschließenden Bewertung, Einordnung und Betrachtung kommen könnten, kamen auch noch die „Krawallnächte" von Stuttgart und Frankfurt und Black lives matter! Die Beobachtung, dass junger Protest überwiegend gewaltfreier, konstruktiver und vielfältiger geworden ist, muss vor den Ereignissen im Juni und Juli 2020 vielleicht neu hinterfragt werden. Da ein Buch aber irgendwann fertig werden muss, haben wir an dieser Stelle einen Doppelpunkt gesetzt. Vielleicht kommt in Zukunft eine weitere Textsammlung zustande, die dann auch auf weitere Entwicklungen blicken kann sowie auf alles, was in den nächsten Wochen, Monaten und Jahren passieren wird. Jungen Menschen fehlt es offensichtlich nicht an Kreativität, und einen Mangel an gesellschaftlichen Missständen, gegen die sie sich auflehnen, wird es so schnell auch nicht geben. Wir blicken gespannt darauf, wie sich die „Generation Corona" verhalten wird, wie sich andere Generationen solidarisieren und wie Wissenschaft und Politik darauf schauen und reagieren werden.

HANNA-LENA NEUSER, MAXIMILIAN GRAEVE,
ROBERT WOLFF

2. Kein luftleerer Raum – Gesellschaftlicher Rahmen von Protestbewegungen

Abstract:
Protestbewegungen sind immer Reaktionen auf gesellschaftliche Problemstellungen. Dieser Beitrag fragt nach den aktuellen Rahmenbedingungen und Entwicklungen jungen Protests. Für was, wie und mit welchen Zielen protestieren junge Menschen heute? Und unter welchen Bedingungen werden aus Protesten Protestbewegungen?

Der Begriff der Gesellschaftsdiagnose ist aus wissenschaftlicher – insbesondere soziologischer – Perspektive nicht ganz unumstritten. Dennoch eignet er sich im Zusammenhang mit dieser Publikation dafür, den Rahmen zu beschreiben, in dem und aus dem heraus auf das Feld der jungen Protestkultur geschaut wird. In welcher Gesellschaft leben junge Menschen heute, und wie hat sich diese in den vergangenen Jahren entwickelt? Die Antwort auf diese Frage(n) stellt einen nicht unerheblichen Faktor bei der Beschreibung und Betrachtung einer Kohorte oder Generation und ihrer Formen dar, sich für oder gegen etwas aufzulehnen. Denn Protest ist immer eine Reaktion auf eine bestimmte gesellschaftliche Entwicklung. Protestkultur ist demnach nur im Zusammenhang mit einer Betrachtung von Gesellschaft insgesamt möglich.

Hinzu kommt, dass sich Protest meist nicht von einzelnen Akteur*innen realisieren lässt. Greta Thunberg saß zwar zunächst auch allein da – im wahrsten Sinn des Wortes. Aber ohne die Medien, die ihren Protest aufgriffen und all die jungen Menschen, die sich ihren Forderungen angeschlossen haben, wäre ihr Protest vermutlich nicht wirkmächtig genug geworden, um das Thema Klima auf die Tagesordnung der Weltpolitik zu setzen. Es braucht folglich neben gewissen gesellschaftlichen Entwicklungen, gegen die sich Protest regt, auch ein Miteinander von Menschen. Aber wie ist es um dieses „Miteinander" bestellt?

Eine Betrachtung von Gesellschaft, die dieser Publikation im Wesentlichen zugrunde liegt, basiert auf der Arbeit von Andreas Reckwitz aus dem Jahr 2017 und ist demnach bereits vor Fridays for Future und Corona entstanden. In seiner Beschreibung einer „Gesellschaft der Singularitäten" vertritt er die These, dass sich bereits seit den 1970er-Jahren die Gesellschaft von der Logik des Allgemeinen hin zu einer Logik der Einzigartigkeit entwickelt hat und sich damit die spätmoderne Gesellschaft an Singularitäten orientiert. Alles und alle wollen, müssen, sollen besonders einzigartig sein (vgl. Reckwitz 2019).

Den von Reckwitz konstatierten Verlust der sozialen Logik des Allgemeinen haben in den vergangenen Jahrzehnten auch traditionsreiche Institutionen politischer Meinungsbildung und gemeinschaftlicher Interessenvertretung zu spüren bekommen. Parteien, Gewerkschaften und Kirchen verlieren zunehmend Mitglieder und Unterstützer*innen. Priska Daphi und Nicole Deitelhoff setzen diese Entwicklung in unmittelbaren Zusammenhang mit gesellschaftlichen Protesten und finden weitere Gründe für diese Entwicklung:

„Die Artikulation politischer Belange findet zunehmend in Form von Protesten statt. Zahlreiche Studien zeigen, dass parallel zur sinkenden Nutzung institutioneller Formen der politischen Beteiligung – in Wahlen, Parteien und anderen tradierten politischen Organisationen wie Gewerkschaften – die Beteiligung an Protesten und sozialen Bewegungen zunimmt. Während sich soziale Bewegungen immer im Kontext vorheriger politischer Mobilisierungen formieren, lassen sich in den letzten Jahren deutliche Veränderungen in Protesten in Deutschland und Europa aufzeigen. Verantwortlich dafür sind auch grundlegende sozioökonomische und geopolitische Veränderungen seit Ende der 1980er Jahre. Globalisierung und Digitalisierung beeinflussen nicht nur Inhalte und Formen der Proteste, sondern auch deren Akteurskonstellationen, Organisationsformen und Effekte." (Daphi/Deitelhoff 2017, 306)

Auch die klassischen Leitmedien stehen zunehmend in direkter Konkurrenz mit sozialen Medien. Aus Sicht der sozialen Medien ist es wichtig und wirtschaftlich profitabel, „personalisierte" Nachrichten aus aller Welt für die Nutzer*innen übersichtlich und zielgruppenspezifisch darzustellen. In dieser Logik ist es nur folgerichtig, dass der Influencer Rezo am 31. Mai 2020 ein Video mit dem Titel „Die Zerstörung der Presse" auf Youtube veröffentlichte, in dem er auf Probleme und Missstände im deutschen Journalismus hinwies. Da „Leitmedien" besonders in der bundesdeutschen Geschichte immer als zentraler Antagonist von Protesten und Protestbewegungen verstanden wurden, ist die Adressierung von Unmut gegenüber diskursmächtigen Stichwortgebern zunächst nicht verwunderlich. Besonders die immer intensivere Nutzung des Internets hatte und hat Auswirkungen auf die Entstehungsräume von Protest, sind doch gerade soziale Medien zu Motoren geworden, die Protestbewegungen in Bewegung setzten.

Dies gilt jedoch für viele Themen, Formen und Altersgruppen und ist damit noch kein explizites Jugendphänomen.

Jung und Alt – wer protestiert da heute eigentlich?

Die Generation der Millennials musste sich nicht selten vorwerfen lassen, dass sie zu unpolitisch, zu unkritisch und überhaupt viel zu wenig auf der Straße sei, um zu demonstrieren. Die Elterngeneration dieser Alterskohorte – oft durch die 1960er- und 1970er-Jahre geprägt – haderte damit, dass Demos zunehmend als das Medium „der Alten" betrachtet wurde, während junge Menschen sich eher neue, auch digitale Formen suchten, um sich politisch zu engagieren. Dies stellt insofern eine spannende Entwicklung dar, galt doch gerade der Straßenprotest ursprünglich als ausgewiesenes Jugendphänomen:

> „Seit den 1980er Jahren hat sich auch die Zusammensetzung der Altersgruppen bei Protesten gewandelt. Im Zuge der Normalisierung von Protest spielen ältere Menschen, wie Demonstrationsbefragungen zeigen, eine gewichtigere Rolle als zuvor. Zum einen sind Proteste ein fester Bestandteil ihrer Biographien; zum anderen erscheint Protest nicht länger als eine Domäne von linken Jugendlichen und jungen Erwachsenen. Auch wenn Jugendliche nach wie vor eher zu Protesten zu mobilisieren sind, sind sie weniger als in der Vergangenheit als organisierte Gruppen wahrnehmbar. Das gilt insbesondere für Studierende, die sich – sofern sie politisch aktiv sind – in geringerem Maße über ihre studentische Identität definieren und organisieren, sondern als Individuen oder informelle Kleingruppen in Proteste und Protestkampagnen, zum Beispiel gegen Castor-Transporte, gegen den Abbau von Braunkohle, gegen Freihandelsabkommen oder gegen internationale Gipfeltreffen, einreihen." (Teune/Rucht 2017, 17)

Auch Armin Nassehi konstatiert einen kulturellen Wandel, der sich auf die Generationen und das Protestverhalten junger Menschen bezieht: „(…) man kann sich heute kaum mehr vorstellen, wie sehr Kleidungsstile, vor allem Frisuren, aber auch Kommunikationsstile zum alltäglichen familiären Battlefield (…) geworden sind." (Nassehi 2020, 39). „Die Jugend" wird zunehmend als universale kulturelle Größe verstanden, die nicht unbedingt mit dem Lebensalter zusammenhängt. Diese Grenzverwischung bringt eine neue Logik und eine andere Struktur von Protestverhalten mit sich. Junger Protest stellt sich heute viel konstruktiver dar. Aus einem „Nein!" wird vielmehr ein „Ja, aber …", aus gewaltsamer Auflehnung gegen die Elterngeneration und die politischen Institutionen wird ein friedlicher Protest, in den die Elterngeneration und auch staatliche Instanzen durchaus eingebunden werden oder der sie zumindest nicht offen angreift.

Zwei Faktoren können als Mechanismen dafür formuliert werden, dass sich junge Menschen überhaupt wieder mehr an politischen Aktionen beteiligen beziehungsweise diese erfolgreich initiieren. Nassehi beschreibt Protest als Reaktion auf die begrenzte Institutionalisierungsfähigkeit von Konflikten (Nassehi 2020, 37). Junge Menschen spielen im institutionellen Aushandlungsprozess traditionell eine eher untergeordnete Rolle (vgl. Gründinger 2016). Sie sitzen meist nicht mit am Verhandlungstisch, haben eine schwache Lobby und können insofern ihre Positionen als Opposition kaum vertreten und in den Entscheidungsprozess einbringen. Dieses jugendpolitische Vakuum führt dazu, dass ein anderer Weg für die eigene Position gefunden wird – und das geschieht, wie dieser Band zeigt, auf vielfältige Weise: im Netz, auf der Straße und im öffentlichen Raum. Daraus folgt, dass die Interessen der Jugendlichen besonders auch medial sichtbar und hörbar werden. In Anlehnung an Aladin El-Mafaalanis „Integrationsparadox" entwickelt Nassehi daraus den Gedanken, dass es nun durch das gemeinsame Aushandeln von Positionen und Interessen erst zu einer Offenlegung der Konflikte kommen könne. Politik kommt nicht mehr ohne Weiteres an den jungen Menschen mit ihren Forderungen vorbei. Das politische System muss sich nun mit diesen Forderungen befassen und eine Struktur schaffen, in der Jugendliche mit am Tisch sitzen können, wenn politische Entscheidungen getroffen werden. Es muss ein Rahmen geschaffen werden, um den Widerspruch der Jugendlichen in politische Entscheidungen einfließen zu lassen. In Ansätzen passiert das bereits im Kontext der Arbeitsstelle Eigenständige Jugendpolitik auf Bundesebene und in einigen Ländern (Nassehi 2020, 40 ff.; Bundesministerium für Familie, Senioren, Frauen und Jugend 2019). Bemerkenswert ist an dieser Stelle auch die erneut aufgeflammte Debatte über eine Senkung des Wahlalters auf 16.

Diese Perspektiven auf insbesondere junge Protestkultur(en) sind besonders ertragreich bei der Darstellung von gesellschaftlichen Rahmenbedingungen und dem damit verbundenen „Zeitgeist" junger protestierender Menschen. Was bewegt sie? Welche Themen treiben sie um? Wie organisieren sie sich? Dazu lohnt sich ein Blick in die aktuelle Shell-Jugendstudie, die sich mit dieser Thematik schwerpunktmäßig beschäftigt und insofern spannende Gesichtspunkte aufgreift.

Proteste als Wortmeldungen einer ganzen Generation?

Unter dem Titel „Eine Generation meldet sich zu Wort" beschreiben die Wissenschaftler*innen der 18. Shell-Jugendstudie unter anderem das politische Interesse, die Nutzung verschiedener Möglichkeiten der Vernetzung sowie die Themen, die junge Menschen besonders interessieren:

> „Die gegenwärtige junge Generation formuliert wieder nachdrücklicher eigene Ansprüche hinsichtlich der Gestaltung der Zukunft unserer Gesellschaft und fordert, dass bereits heute die dafür erforderlichen Weichenstellungen vorgenommen werden. Als zukunftsrelevante Themen haben vor allem Umweltschutz und Klimawandel erheblich an Bedeutung gewonnen. Sie stehen im Mittelpunkt der Forderung nach mehr Mitsprache und der Handlungsaufforderung an Politik und Gesellschaft. Dabei ist für die Jugendlichen in Deutschland nach wie vor ihre pragmatische Grundorientierung kennzeichnend." (Albert, Mathias u. a. 2019, 13)

So fällt in Bezug auf Fridays for Future auf, dass die Bewegung sich in ihrem Anliegen auf wissenschaftliche Urteile stützt und empirisch fundiert diskutiert. Die formulierte Absicht der Bewegung, die Rettung des Planeten, erfolgt dabei aus einer zutiefst vernünftigen Haltung, die auch die Politik nicht negieren kann (vgl. Lambrecht 2020).

Bereits seit Anfang der 2010er-Jahre beobachten Jugendstudien eine zunehmende Politisierung junger Menschen:

> „Das politische Interesse von Jugendlichen hat sich im Jahr 2019 weiter stabilisiert. Als stark interessiert bezeichnen sich 8 % der Jugendlichen, und weitere 33 % sehen sich als interessiert. Damit ist das Interesse im Vergleich zu 2015 zwar leicht rückläufig (41 % im Vergleich zu 43 %), aber im längerfristigen zeitlichen Verlauf betrachtet liegt es deutlich über den Ergebnissen der Jahre 2002, 2006 und 2010." (Albert, Mathias u. a. 2019, 14)

Jedoch beinhaltet der Begriff der Politisierung durchaus verschiedene Strömungen, die hier nicht undifferenziert bleiben sollen.

> „Nicht zu übersehen ist (…) die Affinität einiger Jugendlicher zu populistischen Positionen. Die Kritik, die viele dieser Heranwachsenden dabei zugleich am sogenannten Establishment in Politik und Gesellschaft üben, ist

auch davon beeinflusst, dass sich junge Menschen generell nicht hinreichend gefragt und einbezogen fühlen." (ebd.)

Genau an diesem Punkt scheint sich ein wesentliches Motiv zu zeigen, aus dem heraus sich gerade in den vergangenen Jahren wieder vermehrt junge Menschen auf der Straße, im Netz und in den Medien allgemein zu Wort melden: Sie wollen gehört und beachtet werden, nachdem dies lange Zeit nicht oder nur nachgeordnet im politischen Prozess der Fall war und zum Teil immer noch ist. Es gibt viele Beispiele: Junge Frauen sind die Wortführer bei den „Anti-Waffenlobby-Protesten" in den USA, junge Menschen im arabischen Raum kämpfen für mehr Demokratie, in Südamerika sind es hauptsächlich Studierende, die gegen die als korrupt erlebte Politik demonstrieren. Die Gesichter der gegenwärtigen Proteste gegen Polizeigewalt in den USA sind ebenfalls überwiegend junge Menschen, die sich auf historisch gewachsene Protestkulturen beziehen.[1]

Auch für Deutschland belegt die Shell-Jugendstudie eine hohe Bereitschaft, sich für gesellschaftliche Belange einzusetzen. 33 bis 40 % aller Jugendlichen engagieren sich im gesellschaftlichen Bereich, eine leicht rückläufige Zahl. Die Beobachtung könnte jedoch auch mit dem Politikbegriff junger Menschen zusammenhängen, der deutlich enger ist als der, den viele Erwachsene verwenden. Dies wurde in der Arbeit von Annika Schreiter 2018 näher untersucht. Die Ergebnisse ihrer Studie zeigen deutlich, dass junge Menschen ihr Handeln oft selbst gar nicht als politisch definieren. Sie bezeichnen ihr Engagement eher als Hobby, das für sie zunächst nichts mit Politik in ihrem engeren Sinn zu tun hat (Schreiter 2018, 105 ff.). Diese Ergebnisse korrelieren mit dem Hinweis von Daphi und Deitelhoff, dass verschiedene wissenschaftliche Studien im jüngeren Protestgeschehen einen Trend zu stärker spezialisierten und personalisierten Protesten feststellten. Die Autorinnen sprechen dabei von „digitalem ‚clicktivism', Spaßprotest, Professionalisierung und NGOisierung" (Daphi/Deitelhoff 2017, 311). Ob es sich dabei, wie in mehreren Studien und politischen Diskursen vermutet, um eine Entpolitisierung des Protests handelt, ob von einer Entleerung der Proteste von politischen Inhalten gesprochen werden kann oder ob der Trend aktuell hin zu einer Politisierung von Protesten führt, vermag dieser Band nicht zu beantworten. Hinweise darauf, dass politische Inhalte zunehmend wieder in das

---

1　Mehr zu politischen jungen Protesten und Protestbewegungen aus verschiedenen Regionen der Welt findet sich in den Beiträgen von Nikolay Aleksiev (Bulgarien), Vladislav Eylin (Ukraine), Samiullah Naimi (Afghanistan) und Elif Üstüner (Chile) in diesem Band.

Zentrum junger Proteste und Protestbewegungen gerückt sind, finden sich jedoch zuhauf in den nachfolgenden Beiträgen.

Ein weiterer wichtiger Aspekt mit Blick auf die Zahlen ist, dass sie im Wesentlichen unabhängig von Geschlecht oder Wohnort gelten. Allerdings gibt es hinsichtlich der sozialen Herkunft durchaus Unterschiede:

„Je gehobener die Herkunft, desto höher das eigene Engagement. Eine wichtige Rolle dürfte an dieser Stelle neben der Bildungsposition auch die Erfahrung spielen, dass in der Familie privates oder gesellschaftliches Engagement möglicherweise schon immer üblich war und das Aufwachsen mitgeprägt hat." (Albert u. a. 2019, 19)

In der Einleitung des Sammelbandes „Protest in Bewegung" differenzieren die beiden Mitherausgeber Dieter Rucht und Simon Teune da noch stärker und führen aus:

„Die Präsenz von Personen mit hoher formaler Bildung im Protestgeschehen (…) ergibt sich auch aus anderen Faktoren, darunter den materiellen und zeitlichen Ressourcen dieser Schichten (…), einer verbreiteten Selbstwirksamkeitserwartung, ihrem Wissen um gesellschaftliche Zusammenhänge, ihren besonderen Fähigkeiten zur Artikulation und Organisation von Interessen, vermutlich auch ihrer relativ großen Sensibilität für die Probleme anderer bzw. der Allgemeinheit und damit auch der erhöhten Bereitschaft zu advokatorischem Engagement." (Rucht/Teune 2017, 16)

Insbesondere die Bezugnahme auf Bildung ist interessant, denn auch Schulen können, wie aus der Shell-Jugendstudie hervorgeht, als Orte der Vernetzung von Interessen und als Institutionen betrachtet werden, in denen sich Bewegungen formieren.[2]

Warum und wofür protestieren junge Menschen?

Aus der Sicht von jungen Menschen kamen in den vergangenen Jahren Problemstellungen in der bundesdeutschen Gesellschaft und im globalen politischen Handeln an die Öffentlichkeit, die es notwendig machten und weiterhin dazu

---

2   Mehr zum Einflussfaktor der politischen Bildung im Kontext Schule findet sich im Beitrag von Benno Hafeneger in diesem Band.

animieren, ihre Unzufriedenheit in verschiedenen Protestformen auszudrücken. Eine große Welle jungen Protests wurde durch die EU-Urheberrechtsreform angestoßen, besonders nach der ersten Einigung auf einen Entwurf durch den EU-Ministerrat am 25. Mai 2018 und den damit verbundenen Webvideoproduktionen bekannter und hunderttausendfach geschauter Influencer*innen auf Youtube. Innerhalb kürzester Zeit gingen unter den zumeist jungen Nutzer*innen erste Vermutungen um, dass Webvideoproduktionen in Zukunft durch den bald als Schlagwort fungierenden „Artikel 13" stark eingeschränkt oder durch einen sogenannten „Upload-Filter" vollständig unmöglich gemacht werden sollten. Unter jungen Nutzer*innen, die die komplexen Sachverhalte der Reform manchmal nur in Ansätzen oder stark verkürzt wahrnahmen, entwickelte sich eine Angst, in ihrer eigenen Lebenswirklichkeit durch zensorische Maßnahmen eingeschränkt zu werden. Die Verbindung dieser Ängste mit den zum Teil von Influencer*innen gezielt gestreuten Worst-Case-Szenarios eines jähen Endes von Youtube, wie die Nutzer*innen es bisher kannten, führte dazu, dass sich mehrere Tausende, überwiegend junge Menschen organisierten und öffentlich gegen die Reform protestierten. Am 15. April 2019 wurde die Beschlussvorlage der Urheberrechtsreform im Rat der Europäischen Union trotz europaweiter Proteste junger Menschen angenommen. Besonders Politiker der CDU/CSU attackierten die jungen Aktivist*innen und nahmen deren Proteste nicht ernst. Zum Teil wurden die Proteste öffentlich gar als von internationalen Tech-Firmen zentral gesteuert gebrandmarkt, was einen transparenten Diskurs über die Inhalte der Reform im Keim erstickte.[3] Der Frust der jungen Aktivist*innen über diese gezielt eingesetzten delegitimierenden Diskursstrategien gipfelte in der Verwendung der Protestparole „Wir sind keine Bots". Der gleichnamige Hashtag verbreitete sich auf Social-Media-Plattformen wie ein Lauffeuer.

Schon seit dem 20. August 2018 verweigerte die damals 15 Jahre alte, bereits erwähnte Greta Thunberg den Unterrichtsbesuch. Sie setzte sich zunächst für einen Zeitraum von drei Wochen täglich vor das schwedische Reichstagsgebäude in Stockholm und demonstrierte mit einem Schild mit der Aufschrift „Skolstrejk för klimatet" (Schulstreik fürs Klima) gegen die Klimapolitik Schwedens. Die taz berichtete bereits am 27. August 2018 über die junge Klimaaktivistin und ihre Forderungen (Wolff 2018), die ersten Streiks in der Bundesrepublik schlossen sich ihr am 7. Dezember 2018 an. Es entwickelte sich eine globa-

---

3 Mehr zur Geschichte delegitimierender Diskursstrategien durch Medien und staatliche Akteur*innen und Institutionen in der Bundesrepublik Deutschland findet sich im Beitrag von Robert Wolff in diesem Band.

le Klimabewegung unter dem Namen Fridays for Future, die sich von Schweden aus über Europa in die ganze Welt ausdehnte. Am 15. März 2019, dem ersten global organisierten und durchgeführten Klimastreik von Fridays for Future, sollen nach Angaben der Organisation mehr als 2,2 Millionen Menschen in 2.378 Städten weltweit protestiert haben (Fridays for Future 2020). Fridays for Future versteht sich heute in der Bundesrepublik Deutschland als eine basisdemokratische Graswurzelbewegung, die von anderen Organisationen wie den Scientists for Future, einer Sammelbewegung von mehr als 26.000 Wissenschaftler*innen aus Deutschland, Österreich und der Schweiz, unterstützt werden. Die durch die Corona-Pandemie nötig gewordenen gesetzlichen Einschränkungen von öffentlichen Protesten führte nicht zu einem Zerfall der Bewegung. Statt die Straßenproteste alternativlos einzustellen, nutzten die regional, national und weltweit online vernetzten Aktivist*innen diese Phase für Weiterbildungen in Form von Onlineschulungen und -kursen.

Besonders im Kontext von immer weiter ausdifferenzierten Globalisierungsprozessen nimmt die internationale Forschung die Zunahme von transnationalen Protesten interessiert zur Kenntnis. Daphi und Deitelhoff verweisen auf die wachsende Anzahl von Forschungsprojekten zur Untersuchung transnationaler Bewegungen, die sich auf die zunehmende Vernetzung von Aktivist*innen fokussieren, wie auch darauf, dass der Protest sich zunehmend an überregionale Adressaten wie supranationale Staatengemeinschaften, internationale Organisationen und multinationale Unternehmen richtet (Daphi/Deitelhoff 2017, 307).

Ebenfalls 2017 – und demnach vor den exemplarisch vorgestellten, fast eruptiven Protestbewegungen junger Menschen – formulieren Simon Teune und Dieter Rucht in der Einleitung eines Sammelbands zum Thema „Protest in Bewegung" folgende These:

> „In der Summe führen diese Entwicklungen zu einer (Re-)Politisierung der bundesrepublikanischen Gesellschaft. Neben das Gros allfälliger Proteste im Rahmen des relativ stabilen Problemhaushalts der letzten Jahrzehnte (Bürgerrechte, Frauenrechte, Probleme der Arbeitswelt, Stadtentwicklung, Ökologie, Frieden und Abrüstung) treten nun auch Themen, die gleichsam tiefer ansetzen und das grundlegende Selbstverständnis einer Gesellschaft im Hinblick auf ihre Grundwerte und systemische Ausrichtung berühren – und dies nicht nur im nationalen, sondern letztlich globalen Rahmen." (Teune/Rucht 2017, 15)

Die These der (re-)politisierten bundesrepublikanischen Gesellschaft scheint heute, drei Jahre später, im Kontext von jungen Protestbewegungen bestätigt worden zu sein. Selbst in der Hochphase der Corona-Pandemie fanden, trotz behördlicher Einschränkungen, weltweit Proteste gegen institutionellen Rassismus statt, die den Tod des Afroamerikaners George Perry Floyd im Rahmen einer gewaltsamen Festnahme durch vier weiße Polizisten am 25. Mai 2020 in Minneapolis zum Anlass hatten. Auch im Rahmen dieser öffentlich geäußerten Anklage traten besonders junge Menschen als Träger*innen der Proteste auf.

Wie protestieren junge Menschen?

Während es in den USA nach dem Tod von Floyd neben überwiegend friedlichen Protesten auch landesweit zu Plünderungen, Sachbeschädigungen und Körperverletzungen durch einzelne Personen und Gruppen kam, blieben in der Bundesrepublik, abgesehen von wenigen Ausnahmen in Berlin und Hamburg, die Proteste überwiegend friedlich. Die aktuellen Jugendproteste in Deutschland müssen nach Ansicht des Sozialwissenschaftlers Marcus Spittler fast als konservativ, zurückhaltend und antimilitant beschrieben werden (Kniess 2019). Um von einem Aufruhr zu sprechen, fehle es an Radikalität im Auftreten sowie an gesellschaftlichen und politischen Utopien (ebd.). In der Ablehnung von Gewalt liege der wesentliche Unterschied zu früheren Jugendbewegungen. Selbst die Klimabewegung Extinction Rebellion, die für die Besetzung von Plätzen, Gebäuden und zentralen Verkehrsachsen bekannt ist, lehnt Gewalt ab (vgl. Lambrecht 2020). Damit stehen die heutigen Protestierenden in der Wahl der Mittel im krassen Gegensatz zu den Protestierenden früherer Jugendbewegungen, die bestimmte Formen von Gewalt oft als legitime Mittel ansahen. Regionale militante Ausschreitungen wie die Sachbeschädigungen und Körperverletzungen von überwiegend jungen Menschen in Stuttgart in der Nacht auf den 21. Juni 2020 und wenig später in Frankfurt lassen zumindest Zweifel an diesen Thesen aufkommen.

Auffällig ist dennoch, dass die Grundmuster des Protests seit Jahrzehnten weitgehend stabil bleiben (Daphi/Deitelhoff 2017, 18). Protest wird durch die Verwendung vertrauter und vielfach eingeübter Protestelemente organisiert und durchgeführt. Dazu gehören Protestformen wie Kundgebungen, Märsche, Streiks, Resolutionen, Unterschriftensammlungen, Verfahrenseinsprüche und Klagen vor Gericht. In seltenen Fällen bleiben jedoch Störaktionen und Sachbeschädigungen Teil der Handlungsspektren von Protesten. Deutlich seltener werden Proteste in Form von Mahnwachen, Boykotten, Besetzungen von Plätzen und Gebäuden, schwere Sachbeschädigungen, tätlichen Angriffen auf Personen und Hungerstreiks durchgeführt (Daphi/Deitelhoff 2017, 19). Über Jahrzehnte hinweg überwogen Protestformen, die institutionell geregelt (Kundgebungen und Streiks) und mit einem relativ bescheidenen persönlichen Ressourceneinsatz verbunden waren.[4] Im Verlauf der vergangenen Jahrzehnte und besonders in den vergangenen Jahren hat der Anteil von stärker kreativen und disruptiven Protestformen zugenommen (ebd.).

Die technischen Hilfsmittel, die junge Menschen dabei zur Kommunikation und Mobilisierung nutzen, haben sich den technischen Modernisierungen und Weiterentwicklungen angepasst. Aktivist*innen weltweit vernetzen sich über Kanäle wie Snapchat, Instagram und Whatsapp.[5] Die Kommunikationsinhalte und -kanäle sowie die Ausprägungen und Formen junger Proteste haben sich demnach in den vergangenen Jahren stark gewandelt. Protest an sich ist hingegen ein lang erprobtes gesellschaftlich anerkanntes Mittel zur Herstellung von Öffentlichkeit, um gesellschaftliche Spannungsverhältnisse sichtbar zu machen. Besonders die Proteste und Protestbewegungen in den vergangenen Jahren zeigen eindrücklich, dass junge Menschen Positionen und Standpunkte beziehen und für ihre eigene Zukunft einstehen.

Grenzen aktueller junger Protestbewegungen

Die Wirkung des Protests und seine Überzeugungskraft leben davon, dass das aufrüttelnde Element des Protests aufrechterhalten wird, bis der Anlass des Protests abgestellt ist. Die Herausforderung jeder Protestbewegung ist es, über einen langen Zeitraum die Spannung und die Bereitschaft zum Protest unter den Protestierenden aufrechtzuerhalten, gilt es doch, die eigenen Sympathisant*innen ständig und immer wieder zu mobilisieren. Proteste finden ihre Grenzen, wo die Abwägungen zwischen Protestanlass und Aufwand negativ ausfallen. Besonders junge Protestbewegungen werden zum Teil aufgrund ihrer stark spezialisierten Protestthemen und des damit verbundenen Ausbleibens grundlegender Systemkritik kritisiert. Regina Becker und Swen Hutter weisen in ihrer Studie zu europäisierten Protesten in Deutschland nach, dass systemimmanente Kritik und

---

4 Mehr zur Geschichte junger Protestbewegungen findet sich im Beitrag von Claudia Kemper in diesem Band.
5 Mehr zur Nutzung moderner Kommunikationsmittel im Kontext von Protesten findet sich in den Beiträgen von Rebecca Freitag, Kyra Nastassja Furgalec und Nanna-Josephine Roloff in diesem Band.

Fragestellungen im Kontext der Konstitution der Europäischen Union nur selten verbalisiert werden (Becker/Hutter 2017, 56–58). Häufig orientieren sich Proteste demnach an „Einzelfall- und Implementierungsfragen" (Daphi/Deitelhoff 2017, 313).

Maximilian Probst warnte die Fridays for Future-Bewegung gar davor, dass „kapitalismuskritische Gruppen innerhalb der Bewegung" die Gefahr der Spaltung von innen befeuern würden. Gleichzeitig wies er auf die Gefahr hin, dass Proteste etwa von Politiker*innen vereinnahmt werden könnten, indem diese den Aktivist*innen das Gefühl vermittelten, ihre Sorgen ernst zu nehmen (Probst 2019). In diesem Kontext lassen sich auch die Proteste gegen die Inbetriebnahme des Kohlekraftwerks Datteln IV am Dortmund-Ems-Kanal erklären. Das Kohlekraftwerk wurde trotz mehrfacher Versprechungen führender Politiker*innen, den Klimaschutz ernst zu nehmen, und gegen die Empfehlungen der von der Bundesregierung eingesetzten Kohlekommission am 30. Mai 2020 in Betrieb genommen. Die Proteste am Tag der Inbetriebnahme hielten sich, auch aufgrund der Corona-Pandemie, stark in Grenzen.

An diesem Beispiel, aber auch an der Annahme der Beschlussvorlage der EU-Urheberrechtsreform am 15. April 2019 durch den Rat der Europäischen Union wird deutlich, dass die Forderungen junger Protestbewegungen häufig nicht ihr eigentliches Ziel erreichen. Zwar verändern die öffentlichen Proteste die Wahrnehmung der Gesellschaft, wie im Kontext der Klimakrise, aber die direkten politischen Erfolge bleiben oftmals aus. Wie mit diesen Enttäuschungserfahrungen junger Aktivist*innen in den Bewegungen selbst umgegangen wird, soll in diesem Band anhand praktischer Beispiele exemplarisch dargestellt werden. Wie die eigentlichen politischen, sozialen und gesellschaftlichen Ziele in Zukunft durch junge Protestbewegungen erreicht werden können, kann in diesem Band nicht beantwortet werden. Ziel ist es aber, die Möglichkeit des Scheiterns, die Protestbewegungen inhärent ist, von Beginn an in den Überlegungen zur Protestkonzeption deutlich zu markieren, um radikalisierenden Enttäuschungserfahrungen vorzubeugen und vor diesen Entwicklungen zu warnen.

Schlussbemerkung

Die aktuelle Politik ist gefordert, junge Protestbewegungen ernst zu nehmen und zu Wort kommen zu lassen. Gesellschaftliche Missstände, die besonders die Lebenswelt junger Menschen beeinflussen, sei es Rassismus, die Klimakrise, Zukunftsangst oder die Zunahme rechtspopulistischer Strömungen in der EU und weltweit, müssen Teil der politischen Agenda der aktuellen Bundesregierung sein und werden. Eine Politik und eine Gesellschaft, die jungen Protest nicht ernst nehmen, werden auf Dauer enorme Probleme haben, die damit verbundenen gesellschaftlichen Problemstellungen zu kontrollieren. Eine Polarisierung, Radikalisierung und Spaltung der Gesellschaft, wie sie aktuell in den USA zu beobachten ist, kann durch eine empathische und eine junge Aktivist*innen ernst nehmende Politik hoffentlich verhindert werden.

Literaturverzeichnis

Albert, Mathias u. a. 2019: 18. Shell-Jugendstudie. https://www.shell.de/ueber-uns/shell-jugendstu die/_jcr_content/par/toptasks.stream/1570708341213/4a002dff58a7a9540cb9e83ee0a37a0ed 8a0fd55/shell-youth-study-summary-2019-de.pdf (Download 10.5.2020).

Becker, Regina/Hutter, Swen 2017: Europäisierte Protestlandschaft. Ausmaß und Formen europäisierter Proteste mit deutscher Beteiligung von Maastricht bis zur Eurokrise. In: Daphi, Priska/Deitelhoff, Nicole/Rucht, Dieter/Teune, Simon (Hg.): Protest in Bewegung? Zum Wandel von Bedingungen, Formen und Effekten politischen Protests. Leviathan Sonderband 33. 376–1.

Bundesministerium für Familie, Senioren, Frauen und Jugend 2019, Die Jugendstrategie der Bundesregierung. In: BMFSFJ online v. 3.12. https://www.bmfsfj.de/bmfsfj/themen/kinder-und -jugend/jugendbildung/jugendstrategie/jugendstrategie/jugendstrategie-der-bundesregie rung/77406 (Download 10.5.2020).

Daphi, Priska/Deitelhoff, Nicole 2017: Protest im Wandel? Jenseits von Transnationalisierung und Entpolitisierung. In: Daphi, Priska/Deitelhoff, Nicole/Rucht, Dieter/Teune, Simon (Hg.): Protest in Bewegung? Zum Wandel von Bedingungen, Formen und Effekten politischen Protests. Leviathan Sonderband 33. 3063–22.

Fridays for Future 2020: Strike Statistics – List of Countries. https://fridaysforfuture.org/what-we-do/ strike-statistics/list-of-countries/ (Download 10.5.2020).

Gründinger, Wolfgang 2016: Alte-Säcke-Politik. Gütersloh.

Kniess, Michael 2019: Europas Jugend in Aufruhr? „Jugendproteste fast schon konservativ". In: ZDF heute online v. 19.5. https://www.zdf.de/nachrichten/heute/fridays-for-future-europas-jugend -in-bewegung-100.html (Download 10.5.2020).

Lambrecht, Kathi 2020: Jugendproteste heute. „Steine zu werfen, liegt mir fern". SRF online v. 24.5. https://www.srf.ch/kultur/gesellschaft-religion/wochenende-gesellschaft/jugendproteste-heu te-steine-zu-werfen-liegt-mir-fern (Download 10.5.2020).

Nassehi, Armin 2020: Das große Nein. Hamburg.

Probst, Maximilian 2019: Vorsicht, Spaltungsgefahr. In: Zeit online v. 20.8. https://www.zeit.de/ge sellschaft/zeitgeschehen/2019-08/fridays-for-future-greta-thunberg-klimaschutz-klimabewe gung/komplettansicht (Download 10.5.2020).

Reckwitz, Andreas 2019: Die Gesellschaft der Singularitäten. Zum Strukturwandel der Moderne. Berlin.

Schreiter, Annika 2018: Von der Schulbank an die Wahlurne. Politische Kommunikation Jugendlicher im Wandel der Lebenskontexte nach dem Schulabschluss. München.

Rucht, Dieter/Teune, Simon 2017: Einleitung: Das Protestgeschehen in der Bundesrepublik seit den 1980er Jahren zwischen Kontinuität und Wandel. In: Daphi, Priska/Deitelhoff, Nicole/Rucht, Dieter/Teune, Simon (Hg.): Protest in Bewegung? Zum Wandel von Bedingungen, Formen und Effekten politischen Protests. Leviathan Sonderband 33. 93–3.

Wolff, Reinhard 2018: Greta schwänzt die Schule – fürs Klima. In: taz online v. 27.8. https://taz.de/15-jaehrige-Aktivistin-aus-Schweden/!5528023/ (Download 10.5.2020).

DEBORAH DÜRING, DOMINIK HEROLD

2.1 Neue Wege gehen – Blick aus der Protestpraxis

Abstract:
Protest ist vielfältig und immer neue Formen kommen hinzu. Inwiefern Bürger*innenbeteiligungen auch eine Form von Protest darstellen können und wie sich das zu klassischen Protestformen verhält erläutern Deborah Düring und Dominik Herold, Initiator*in des ersten Frankfurter Demokratiekonvents.

Protest als „Demokratisierung der Demokratie"

Protest kann vielfältige Formen annehmen. Er zeigt sich in den letzten Jahren ausdrucksstark auf dem Tahrir-Platz in Kairo, dem Gezi-Park in Istanbul, bei den *Gilets jaunes* in Frankreich, bei *Fridays for Future* oder den *March for Our Lives* Demonstrationen auf der ganzen Welt. In Chile, dem Libanon und Hongkong – Menschen gehen auf die Straße und protestieren gegen Unrecht, Unterdrückung und für mehr Mitbestimmung. Protest findet sich auch in den sinnbildlich gewordenen Akten des zivilen Ungehorsam einzelner Personen, deren Handeln in die Geschichtsbücher eingegangen ist. Ob bei Henry David Thoreau, Nelson Mandela oder Rosa Parks: Sie alle haben dagegen protestiert, eine ihnen diktierte Handlung auszuführen oder sie zu ertragen. Den Genannten ist dabei gemein, dass ihr (Zuwider-)Handeln weder räumlich noch zeitlich auf die Situation begrenzt geblieben ist, sondern darüber hinaus Anknüpfungspunkte solidarisch-emanzipatorischer Praktiken für Folgeproteste ermöglichte. Wollte man all diese unterschiedlichen Variationen des Aufbegehrens auf einen Begriff bringen, könnte man Michel Foucaults berühmte Weigerung heranführen und Protest als die kritische Haltung, „nicht dermaßen regiert zu werden" (Foucault 1992, 12), verstehen.

Doch Protest zeigt sich nicht nur auf der Straße beim kollektiven Demonstrieren oder in einem individuellen Akt der Weigerung, sondern auch in einem grundsätzlicheren Verhältnis zu unserer Regierungsform ganz generell. Er offenbart sich darin, wie wir über die Demokratie (nach-)denken, wie wir sie fortwährend weiterentwickeln, welche Mitbestimmungs- und Widerspruchsräume wir für wen zugänglich machen. Protest kann dann als Weigerung verstanden werden, sich nicht mit einem einmal gefassten *Wesen* der Demokratie zufrieden zu geben. Das bedeutet im Umkehrschluss allerdings auch, eine strukturelle Unabgeschlossenheit der Demokratie anzuerkennen: Demokratie stets nur „im Kommen" (Derrida 2002) zu begreifen, als ein nicht endendes Projekt, das permanent umkämpft bleibt – und bleiben muss. Protest oder Widerstand zeigt sich dann als ein der Demokratie inhärenter Garant, um ihr plurales Versprechen einzuhalten und immer wieder Ausschau nach Menschen zu halten, die ausgegrenzt, benachteiligt oder unterrepräsentiert sind.[1] Eine solche Auffassung lässt sich als *radikaldemokratisch* beschreiben (vgl. Comtesse et al 2019). Die Radikalität besteht dabei in der nicht aufhörenden Bewegung einer kontinuierlichen In- sowie Extensivierung der Beteiligung aller demokratischen Akteur*innen. Den Anspruch Demokratie fortwährt zu *demokratisieren*.

Begreift man Protest in diesem Sinne, also als genuine Haltung und notwendiges Element für die Demokratie selbst, dann scheint es nur plausibel, jenseits von Demonstrationen oder zivilem Ungehorsam weitere Protestformen ins Auge zu fassen, die uns auf den ersten Blick gar nicht so „protesthaft" erscheinen. All jene Werkzeuge, Formate oder Konzepte, die die Demokratie weitertreiben und die Möglichkeit zum Protest ganz generell vor illiberalen Feinden verteidigen.[2] Dieses radikaldemokratische Demokratieverständnis ist ein dynamisches und praxeologisches: damit Protest möglich bleibt, muss Demokratie sich unermüdlich neu erfinden und (institutionell) weiterentwickeln.

Der Frankfurter Demokratiekonvent 2019

Ausdruck für die Protestkultur junger Menschen – im Sinne einer solchen *Demokratisierung der Demokratie* – kann der von Studierenden in Frankfurt 2019 ins Leben gerufene Demokratiekonvent darstellen. Der Demokratiekonvent ist ein zufällig ausgeloster Bürger*innenrat auf kommunaler Ebene, der jährlich an zwei aufeinanderfolgenden Wochenenden 60 Bürger*innen zusammenbringt, damit sie über zentrale Fragen von Gegenwart und Zukunft in ihrer Stadt dis-

---

[1] Im folgenden Artikel wird an verschiedenen Stellen von „unterrepräsentierten Gruppen" gesprochen. „Unterrepräsentation" wird dabei sehr eng gefasst: Es geht vornehmlich um die mangelnde Repräsentation in politischen Ämtern, Gremien oder Parteien.

[2] Es scheint dabei sämtlichen Protestformen strukturinhärent zu sein, dass sie nur solange widerständig sein können, solange ihre Forderungen noch nicht implementiert worden sind. Jeder inkorporierte Protest verliert seine Radikalität und erzeugt ein neues Protestfeld. Es gibt somit nicht diesen einen großen Kampf, den es zu gewinnen gilt, sondern viele, plurale mitunter widersprüchliche Auseinandersetzungen, die immer wieder aufs Neue geführt werden müssen.

kutieren. Durch eine qualifizierte Zufallsauswahl (zwei Drittel per Los, ein Drittel durch inklusive Einbeziehung unterrepräsentierter Gruppen) wird gewährleistet, dass unterschiedliche Perspektiven abgebildet werden und Menschen mit heterogenen Hintergründen zusammenkommen. So kann der bei einer Zufallsauswahl auftretende „Selektionsbias", dass sich bestimmte Menschen eher angesprochen fühlen, ausgeglichen und Machtasymmetrien (Wissen, Sprache, Geld, Zeit, Umfeld) entgegengewirkt werden. Durch wechselnde Kleingruppen und eine professionelle Moderation wird versucht, gleiche Teilhabe zu ermöglichen und diskursive Verhärtungen aufzulösen. An den zwei Wochenenden werden immer wieder externe Akteur*innen mit einbezogen: Es gibt Wissensaufbereitung aus Theorie und Praxis durch Wissenschaftler*innen, zivilgesellschaftliche Initiativen, Verbände oder Institutionen. Auch die kommunalen Entscheidungsträger*innen, Stadtverordnete oder die das jeweilige Thema betreffende Dezernate werden in den Prozess mit eingebunden. So entsteht ein Streitraum, wo konstruktiv um verschiedene Lösungen miteinander gerungen wird. Durch die konkrete persönliche Ansprache, das gemeinsame milieuübergreifende Diskutieren vor Ort und eine direktere Möglichkeit der Teilhabe am politischen Prozess werden Erfahrungen von politischer Selbstwirksamkeit erlebbar. Anders als bei rein deliberativen Ansätzen geht es nicht nur darum, dass gemeinsam auf einen Konsens hingearbeitet wird, sondern zunächst überhaupt der Konflikthaftigkeit verschiedener Positionen jenseits von Wahlen oder Volksabstimmungen Raum zu geben. Dabei spielen insbesondere affektive Komponenten für die Partizipation eine wichtige Rolle (angesprochen zu sein, mitbestimmen zu können, Demokratiewirksamkeit und soziales Miteinander trotz Meinungsverschiedenheiten zu erfahren, etc.).

Beim ersten Frankfurter Demokratiekonvent 2019 ging es thematisch genau hierum. Wie soll Beteiligung vor Ort aussehen? Wie wünschen Bürger*innen auf kommunaler Ebene sich in das demokratische Miteinander einzubringen? Welche Strukturen müssen aufgebaut, welche intensiviert werden? Die Ergebnisse des ersten Frankfurter Demokratiekonvents sind im Rahmen einer konsultativen Handlungsempfehlung für bessere Bürger*inbeteiligung in den legislativen Prozess der Stadt Frankfurt eingebracht worden und werden nun inkrementell umgesetzt. Wesentliche Forderung der Bürger*innen ist dabei unter anderem die Etablierung von weiteren innovativen Demokratieformaten wie dem Frankfurter Demokratiekonvent. Eine Fortführung für 2021, die sich mit dem Thema des Klimaschutzes im Regionalen beschäftigt, ist bereits geplant.

Demokratie: Mitbestimmung, Selbstrepräsentation, Widerspruchsmöglichkeit

Einer der entscheidenden radikaldemokratischen Elemente im Rahmen des Demokratiekonvents ist die Öffnung eines politischen Raumes, in dem Menschen aus unterschiedlichen Lebenswirklichkeiten miteinander in den Dialog treten, um politische Handlungsempfehlungen zu entwickeln. Damit die Perspektiven von Menschen, welche im aktuellen System als unterrepräsentiert bezeichnet werden, in den politischen Raum getragen werden können, bedarf es sowohl in der Konzeption als auch in der Auswahl und Ausführung ein hohes Maß an Sensibilisierung aller Beteiligten und einen permanenten Prozess der kritischen Selbstreflektion.

Die Auswahl der in der Frankfurter Stadtpolitik unterrepräsentierten Gruppen wurde dafür auf Basis von wissenschaftlichen Analysen und Erhebungen, sowie Gesprächen mit Expert*innen aus Wissenschaft, Politik und Gesellschaft getroffen, deren Ergebnisse in einem breit diskutierten Entscheidungsprozess zur Auswahl bestimmter Gruppierungen geführt hat. Bei dieser Form der *aufsuchenden Beteiligung*[3] wurden vor allem Orte ausgewählt, an denen sich Angehörige unterrepräsentierter Gruppen in ihrem Alltag vernetzen oder gemeinschaftlich zusammenfinden.

Neben der „reinen" Einbindung unterrepräsentierter Gruppen bedarf es zudem einer Sensibilisierung aller Teilnehmenden und der Moderator*innen. Auch die Exklusivität von (politischen) Räumen, sowie der dort verwendeten Sprachen und Gesten muss immer mitgedacht und reflektiert werden. Durch kostenlose Nahverkehrstickets, Vollverpflegung der Teilnehmer*innen und die mögliche Inanspruchnahme einer Kinderbetreuung wurde versucht, die äußeren Hürden einer Teilnahme bestmöglich zu verringern. Die bereits vor dem Konvent

---

3   Bei Verfahren der aufsuchenden Beteiligung werden die Ausgewählten bei ihrer Meldeadresse oder für sie vergleichbar wichtigen Orten für ein Vorgespräch *aufgesucht*. Dies dient der Erläuterung des geplanten Bürgerbeteiligungsprozesses. Ein solches Gespräch hat zwei Vorteile: die ausgewählte Person hat die Möglichkeit Fragen zu stellen, sollte das Verfahren unbekannt sein. So erhöht sich die Chance auf Teilnahme. Andererseits gelingt es bei Nicht-Teilnahme die Gründe hierfür zu erfahren – wichtiges Feedback für die Prozessgestalter*innen. In Deutschland ist dieses Verfahren insbesondere in Kombination mit Zufallsauswahl in verschiedenen Kommunen üblich. Für den Demokratiekonvent wurden als Gruppierungen beispielsweise Menschen mit geringer Bildung, geringem Einkommen, Migrationshintergrund oder junge Menschen festgelegt. Den genauen Entscheidungsprozess, sowie eine Auflistung der ausgewählten Gruppierungen, Ansprache und Diskussion können bei den Autor*innen angefragt werden.

unterschriebene Selbstverpflichtung aller Teilnehmenden zu bestimmten Umgangsregularien im Miteinander, sowie die gemeinsame Verabschiedung vor Ort sollte die Teilnehmenden für die Art und Weise der Kommunikation untereinander sensibilisieren. Ein Awareness-Team stellte zudem sicher, dass konflikthaften Situationen frühzeitig begegnet werden konnte. Die Moderator*innen, sowie alle Mitglieder des Teams bemühten sich darüber hinaus sowohl im Diskurs mit den Teilnehmenden als auch in Reflexionsrunden, entstandene Machtasymmetrien und Beteiligungshürden zu erkennen und diesen präventiv zu begegnen. Der Demokratiekonvent verfolgte dabei immer das Ziel, einen sich selbst reflektierenden und diskriminierungsfreien Raum zu schaffen, der die Möglichkeit zur Selbstrepräsentation unterstützt.

Demokratie bedarf einer dauerhaften, selbstkritischen Reflexion ihrer gestaltenden Akteur*innen. Im Kern geht es um die Frage, wer in der Struktur des bestehenden Systems tatsächlich repräsentiert ist und wer noch nicht. Der Frankfurter Verein *mehr als wählen e. V.* entwickelte deswegen aufbauend auf den Erfahrungen des erstens Konvents ein weitreichenderes Konzept, um eine gelungenere Einbindung der unterrepräsentierten Gruppen für die nachfolgenden Jahre gewährleisten zu können. Durch eine vorgelagerte, zielgruppenspezifische Ansprache mit erfahrenen Kooperationspartner*innen in unterschiedlichen Beteiligungsworkshops, soll sowohl Empowerment an sich als auch eine Sensibilisierung für den Prozess des Demokratiekonvents erreicht werden.

Demokratie muss die Mitbestimmungs- und Widerspruchsräume für alle Menschen garantieren können. Meinungsvielfalten und der Austausch darüber müssen in einer Demokratie und ihren Beteiligungsformen Raum finden. Dazu ist es nötig, stets über neue Formen der Mitbestimmung nachzudenken und auch die eigene Position immer wieder zu hinterfragen. Der Demokratiekonvent ist ein demokratischer Experimentraum, der eine solche Form neuer, inklusiver Beteiligung versucht und sich durch seine Teilnehmenden permanent weiterentwickelt.

Demokratiekonvente können allerorts funktionieren. In der Stadt wie auf dem Land. In ihnen liegt die Chance die repräsentative Demokratie sinnvoll zu ergänzen und neue, intensivere Räume der Beteiligung und Wirksamkeit zu ermöglichen. Depolitisierungs- oder Extremisierungstendenzen der Bürger*innen kann so strukturell begegnet werden. Auf das Aushöhlen der Demokratie zu antworten, hieße dann: eine Kultur des radikaldemokratischen Mutes aufzubauen und tatsächlich mehr Radikaldemokratie zu wagen.

Literatur

Comtesse, Dagmar/Flügel-Martinsen, Oliver/Martinsen, Franziska/Nonhoff, Martin (Hg.) 2019: Radikale Demokratietheorie. Ein Handbuch. Berlin.

Derrida, Jacques 2002: Politik der Freundschaft. Frankfurt am Main.

Foucault, Michel 1992: Was ist Kritik. Berlin.

JESSICA HUBBARD

2.2 Jugend vorne weg – Blick aus der Protestpraxis

Abstract:
Fridays for Future ist eine globale Bewegung, die in Deutschland überwiegend von Schüler*innen und Studierenden getragen wird. Jessica Hubbard ist Abiturientin und beschreibt in Form eines Erfahrungsberichts, welche Motive ihrem persönlichen Engagement in der Bewegung zugrunde liegen, worin sich aus ihrer Sicht Fridays for Future von anderen sozialen Bewegungen unterscheidet und warum es wichtig ist, weiter für den Klimaschutz zu demonstrieren. Sie zeichnet damit ein persönliches Bild, das nicht stellvertretend für alle Aktivist*innen oder für Fridays for Future als Bewegung steht.

Der Regen trommelt auf die Dächer über uns, platscht in die von kleinen Goldfischen tummelnden Marktplatzbrunnen, durchnässt unsere viel zu dünne Kleidung und lässt die Pappschilder von meinen Freunden und mir immer weiter einweichen. „Was für eine Scheiße!" Wir haben uns zu fünft in einen Apothekeneingang gequetscht und warten darauf, dass die Turmuhr, die in den grauen Himmel ragt, endlich zwölf schlägt. „Eigentlich ist es nicht mehr fünf vor zwölf, wie alle das immer sagen, sondern längst fünf nach zwölf", sagt jemand von uns. Wir übrigen sehen uns kurz verwirrt an, bis wir begreifen, was gemeint ist. „Stimmt. Eigentlich ist es längst zehn nach zwölf", grummele ich und starre die Spiegelung unseres Bienenpappschilds in einer Pfütze an. Wir müssen lachen. „Warum nicht gleich dreizehn?" – „Ach komm. Dieses Spiel könnten wir ewig spielen. Fakt ist, wir alle wissen, dass es fast zu spät ist. Es muss sich jetzt etwas ändern, oder wir können es vergessen." Ich sehe wieder von der Pfütze auf. Endlich sammeln sich mehr Leute auf dem Marktplatz. „Deswegen sind wir ja da", sagt jemand von uns mit mehr Optimismus.

Ich kann nicht anders, als zu lächeln, während ich einen meiner Schätzung nach 60 Jahre alten Mann auf uns zukommen sehe. Mir wird warm ums Herz, als ich einen kleinen Jungen, vielleicht fünf oder sechs Jahre alt, sehe, der mit seinem eigenen Schild in den Händen auf den älteren Mann zuläuft. Er stellt sich neben seinen Großvater, der ihn an die Hand nimmt. Gemeinsam sehen sie zur Turmuhr hoch, genau wie ich wenige Momente zuvor. Ich frage mich, ob sie dasselbe denken wie wir. Immer mehr

Menschen versammeln sich. Der Regen wird unwichtiger, und auch wir wagen uns aus unserem Schlupfloch heraus. „Es ist schon längst nach zwölf. Deswegen sind wir hier. Deswegen sind wir alle hier", schallt es wenig später durch das Megafon, als ich das erste Mal in meinem Leben an einer Demo teilnehme.

Fridays for Future, von uns abgekürzt als FfF oder FFF oder auch F4F, ist nur das, was es heute ist, weil ein seinerzeit unbekanntes 15 Jahre altes Mädchen freitags nicht zur Schule ging, um lieber für den Klimaschutz und das Einhalten des Pariser Klimaabkommens zu streiken. Greta Thunberg ist nun schon lange keine unbekannte Schülerin mehr. Um genau zu sein, seit über zwei Jahren nicht mehr, denn ihr erster Streik war am 27. August 2018. Die von ihr angestoßene Bewegung hat Wellen geschlagen. Es gibt kaum jemanden, der noch nie eine FfF-Demo durch seine Stadt hat ziehen sehen oder zumindest Bilder davon in den Nachrichten oder sozialen Medien gesehen hat. Und das weltweit. In Schweden, Österreich, Deutschland, Australien, den USA. Zur Hochzeit der Bewegung wurde in insgesamt 185 Ländern am selben Tag demonstriert. Die internationale Zusammenarbeit aller Klimaaktivist*innen war überwältigend. In Deutschland wurde sogar während der Covid-19-Pandemie am 25. September 2020 an 400 Orten gestreikt. Mehrere Millionen Menschen gingen in den vergangenen Jahren auf die Straße, Hunderttausende gingen dafür nicht in die Schule, Tausende weltweit engagieren und organisieren sich in der Bewegung.

Ich möchte aus meiner persönlichen Erfahrung und Motivation heraus beschreiben, was die Fridays-for-Future-Bewegung in Deutschland so besonders macht und was ich, als eine ihrer Organisator*innen auf Landesebene in Baden-Württemberg, über sie gelernt habe.

Was macht uns aus? – Eine einzigartige Bewegung

„Ich danke Ihnen. Es ist so befreiend zu sehen, dass das Thema Umwelt- und Klimaschutz endlich gehört wird. Sie müssen verstehen, ich setze mich nun schon seit knapp 30 Jahren unermüdlich dafür ein. Es ist erschreckend und traurig, dass es so lange gebraucht hat, um in der Gesellschaft anzukommen. Aber wenigstens ist das jetzt endlich der Fall – zumindest meinem Gefühl nach. Und das ist euer Verdienst." Der Mann steht mit einem traurig-fröhlichen Lächeln vor mir. Verrückt, denke ich. 30 Jahre. Ich bin gerade mal 17. Und um ehrlich zu sein, verstehe ich es auch nicht. Warum schaffen wir Jugendlichen, die keine Expert*innen sind und erst seit wenigen Monaten demonstrieren, etwas, was andere seit 30 Jahren versuchen? Wir sagen doch nichts Neues. „Bitte melden Sie sich bei mir, wenn Sie je Unterstützung brauchen. Ich analysiere

schon lange die Tierpopulationen hier in unserer Region." Die Worte des Mannes holen mich aus meinen Gedanken. In seinen Augen glänzt es hoffnungsvoll. „Vielen Dank" sage ich und spüre seine Hoffnung zu mir überspringen.

Ich sehe Fridays for Future seit dieser Begegnung als etwas Einzigartiges an. Als eine Bewegung, die zwar nichts Neues sagt, aber mit einer völlig neuen Art an ihre Thematik herantritt. Die Klimakatastrophe wurde viel zu lange als „Klimawandel" kleingeredet und verharmlost. Wissenschaftler*innen wurden zu häufig ignoriert und vergessen. Umweltschützer*innen mussten zu lange gegen kahle Wände sehen und in verschlossene Ohren sprechen. Und auch wenn innerhalb von zwei Jahren nicht alles besser geworden ist: Es bewegt sich etwas. Menschen kommen zu der Einsicht, dass manche Warnungen von vor Jahrzehnten nicht hätten ignoriert werden dürfen. Jetzt bewegen wir uns Schritt für Schritt in die richtige Richtung. Aus der Sicht von FfF noch nicht schnell genug, doch interessiert mich eigentlich am meisten, warum sich überhaupt etwas bewegt. Warum wir überhaupt so viele dazu bringen konnten, umzudenken, ihre Sprache von „Klimawandel" zu „Klimakatastrophe" zu ändern und in vergleichsweise kurzer Zeit so viel anzustoßen. Was unterscheidet uns von anderen vor uns?

Ein paar eigene Beobachtungen:
- **die emotionale Bindung zu uns:** Wie schon erwähnt, sagt die Fridays-for-Future-Bewegung nichts Neues. Es geht um bereits bekannte Forderungen: Abschaffung der Subvention für fossile Energien, Senkung der Treibhausgasemissionen bis 2035 auf netto null, Kohleausstieg bis 2030. Neu ist allerdings die emotionale Bindung zu einer Generation, die sich aus guten Gründen um ihre Zukunft betrogen fühlt. Zum ersten Mal sind es nicht nur Wälder, deren Weiterbestehen gefährdet ist, nicht nur Tiere, die leiden und vom Aussterben bedroht sind, nein, es sind plötzlich Kinder. Für viele: die eigenen Kinder. Es sind die eigenen Enkel*innen, Nachbarskinder oder Schüler*innen, die nicht nur auf das Leid der Umwelt aufmerksam machen, sondern auf das Leid, das ihnen selbst widerfahren wird, sollte sich nicht schnellstmöglich etwas ändern. Junge Menschen mit einer berechtigten Sorge um ihre eigene Zukunft sind etwas anderes als abstrakte Zahlen und weit entfernte Naturkatastrophen. Es ist schwer, die Augen vor ihrem Schicksal zu verschließen und den eigenen Bezug zum Geschehen zu leugnen. Die Emotionalisierung eines Themas, eines Problems und einer Katastrophe, die man bisher nur in Zahlen beschreiben konnte, gibt plötzlich den Ausschlag zum Wandel. Wir Aktivist*innen verändern unsere Eltern, wir verändern Fremde, und wir verändern uns. Die Maßnahmen, die wir fordern, betreffen uns

alle. Das gibt uns das Recht, jetzt von der Politik gehört zu werden, nicht erst morgen.
- **die Dringlichkeit unseres Anliegens:** Die Prognosen, die Wissenschaftler*innen errechnet haben, sind erschreckend. Schwarz auf weiß steht es überall zu lesen: „Wir haben keine Zeit." Das ist etwas, was unsere Bewegung – leider – zu einem nicht unerheblichen Teil ausmacht: Wir agieren mit dem Wissen, dass wir uns beeilen müssen. Die Dringlichkeit verleiht der Bewegung eine Dynamik, die viele Menschen mitreißt. Anders als andere Anliegen, die nicht unter Zeitdruck stehen, kann unseres weder verschoben noch zurückgestellt noch abgeschmettert werden.
- **die Unterstützung der Wissenschaft:** Die FfF-Demonstrationen wurden von Anfang an von Wissenschaftler*innen unterstützt und gestützt. Die Probleme, auf die wir hinweisen, die Sorgen, die wir haben, und die Forderungen, die wir formulieren, sind nicht aus der Luft gegriffen, sondern basieren auf der Zusammenarbeit mit Expert*innen. Dies legitimiert und untermauert unsere Aussagen. Es war nie Kern der Bewegung, sich gegen die Mehrheitsmeinung aufzulehnen. Im Gegenteil: Wir versuchen das zu vermitteln, was Personen, die sich auskennen, schon lange sagen. Unsere Hauptaufgabe ist es, die Argumente und Beweise, die zum Teil seit Jahrzehnten vorliegen, zusammenzutragen und die Aufmerksamkeit der Öffentlichkeit darauf zu lenken. Ein Vorteil, den wir durch die enge Zusammenarbeit mit Expert*innen haben: Wir sprechen einerseits als unerfahrene Laien und zugleich mit dem geballten Wissen und der Kompetenz von Tausenden von Wissenschaftler*innen, die unsere Forderungen unterschrieben haben. Alle Fragen und Sachverhalte, die wir nicht selbst beantworten oder recherchieren können, können wir an die uns unterstützenden Expert*innen richten. Wir haben somit eine fast perfekte Mischung aus einer idealistischen Vision der Jugend und einer realistischen Faktizität der Expert*innen gefunden.
- **unsere Offenheit:** Aus dieser Verbindung zur Wissenschaft ergibt sich direkt unsere Debatten- und Dialogkultur. Da ist einerseits die Gewissheit, dass gehandelt werden muss und dass das, was wir fordern, Hand und Fuß hat. Andererseits gibt es auch eine Offenheit zum Gespräch: Welcher Weg, der zum festgelegten Ziel führt, ist der beste? Die Botschaft, die wir vermitteln, ist nicht: wir gegen alle anderen. Wir sehen weder die „älteren Generationen" als Gegner noch die Regierung oder Konzerne. Unsere Botschaft ist vielmehr: „Wir sehen, was schiefläuft, und haben begriffen, was wir ändern müssen. Helft uns. Helft uns, es gemeinsam richtig zu machen." Es geht nicht darum, sich abzugrenzen, wie es zum Beispiel die 68er taten. Statt har-

te Fronten zu schaffen und Feindbilder zu zeichnen, sammeln wir Verbündete und Freund*innen, die mit uns laufen. Statt diejenigen zu bekämpfen, die uns ablehnen und unsere Aussagen leugnen, nehmen wir jede helfende Hand an und arbeiten mit allen zusammen, die sich von stichhaltigen Argumenten überzeugen lassen.

Wie organisieren wir eine freie Bewegung? – Strukturen der Bewegung

„Eine FINTA-Quote[1]*." Die Nachricht erleuchtet mein Display. Es ist eigentlich schon viel zu spät, und ich sollte am nächsten Tag nicht vollkommen übernächtigt in die Schule gehen. Aber die Debatte läuft nun schon seit fast einer Stunde, und ganz so leicht will ich auch nicht aufgeben. Ich kenne die meisten, die in der Messenger-Gruppe sind, noch nicht persönlich. Die „Landesorga" von Fridays for Future in Baden-Württemberg ist neu für mich, und so ganz verstehe ich auch noch nicht, was unsere Aufgaben sind. Wie kann eine Bewegung ohne Mitgliedsanträge und ohne Überblick, wer zu ihr gehört, strukturiert sein? Sollte sie das überhaupt sein? Wer spricht für wen? Was unterscheidet eine Bewegung von einer Organisation? Mit all diesen Fragen, die in meinem Kopf herumschwirren, lese ich die virtuelle Debatte darüber, wer welches Event besuchen darf und wie wir das zukünftig auswählen sollen. Keine leichte Sache: Wie schafft man es als Aktivist*innengruppe – wie auch in einer Gesellschaft, die leider nicht vollkommen fair ist –, begrenzte Plätze fairer zu verteilen?*

Es ist eine Gratwanderung, in einer freien, nicht körperschaftlichen und nicht restriktiven Bewegung, wie Fridays for Future sie ist, Struktur und Organisation zu schaffen, ohne sie dabei zu einer hierarchischen Organisation zu machen. Jede*r soll ihr beitreten und sie repräsentieren können, solange er oder sie die Grundforderungen, sprich den Grundkonsens, einhält und vertritt. Aber soll es darüber hinaus Personen mit besonderem Sprachrecht, gewissermaßen „Köpfe", geben?

Wie schafft man es, dass die Personen fair und transparent agieren und weiterhin alle anderen über Aktionen und Möglichkeiten informieren? Wie vermeidet man die Übernahme durch andere Gruppierungen, wenn jeder frei teilnehmen kann? Wie vermeidet man Machtansammlung und Zentrierung? Das alles

---

[1] FINTA ist ein Akronym und steht für „Female-Intersexual-Non Binary-Transsexual-Agender".

sind Fragen, denen wir als Bewegung uns immer wieder stellen müssen. Einige, leider nicht alle, konnten wir auch beantworten.

Um mal so anzufangen: Fridays for Future hat keinen Anführer, jedoch in Baden-Württemberg, dem einzigen Bundesland, für das ich sprechen kann, eine Landes-Organisationsgruppe. Diese große Gruppe, verantwortet die Koordination und besteht aus vielen kleineren Arbeitsgruppen. Als Grassroots-Bewegung besteht sie aus Teilnehmenden beziehungsweise Mitgliedern, die in Baden-Württemberg leben und die es sich zur Aufgabe gemacht haben, die regionalen Ortsgruppen (Ortsgruppen organisieren Demonstrationen für einzelne Städte) zu vernetzen und zu unterstützen. Mittlerweile gehört auch das Verteilen von repräsentativen Aufgaben zu ihren Tätigkeiten. Wer repräsentative Rollen übernehmen soll, entscheiden wir anhand von quotierten Legitimierungswahlen, bei denen sich Einzelpersonen als Kandidat*innen aufstellen lassen und von der Gemeinschaft ernannt werden. Auf diese Weise werden Positionen in Debatten, Dialogen und Arbeitsgruppen innerhalb der Landesorganisation vergeben. Wichtig hier ist Ehrlichkeit und gegenseitiges Vertrauen. Wir können nicht überwachen, ob unsere Werte und Ideale von jeder Person eingehalten werden. Es gibt eine offizielle E-Mail, über die Anfragen an die Landesorganisation gerichtet werden, jedoch wird vieles auch an Einzelmitglieder herangetragen und muss weiterkommuniziert werden. Wir wollen, dass alles möglichst transparent abläuft.

Den wichtigsten Beitrag zur Organisation der Bewegung leisten die Ortsgruppen, von denen es – Stand Juli 2020 – 500 in Deutschland gibt. In den Ortsgruppen werden Delegierte gewählt, die die Gruppen vertreten und ein Vetorecht bei Entscheidungen der Gesamtbewegung haben. Auch hier läuft die hauptsächliche Kommunikation über Messenger-Dienste. Der FfF-Grundgedanke „Think global, act local" ist das Hauptziel, weshalb die einzelnen Ortsgruppen auch keiner Berichterstattungspflicht unterliegen, die man in einer Bewegung ohnehin nicht durchsetzen könnte und dürfte. Sie planen, organisieren und realisieren ihre eigenen Demonstrationen und Aktionen. Gegenseitige Unterstützung und Vernetzung sind selbstverständlich. Alles andere funktioniert nach dem Motto: Wer sich des Problems annimmt und die Zeit aufbringt, es zu lösen, hat die Verantwortung. Die engagiertesten Personen sind deshalb fast automatisch auch diejenigen, die die meisten Projekte verwalten.

Die offene Struktur bietet Vor- und Nachteile. Transparenz ist eines der Ideale, die uns besonders wichtig sind, und gleichzeitig fast am schwersten umzusetzen. Wer an welchen Projekten, Aktionen und Möglichkeiten wann Teilnehmer*in sein kann, ist in den Orts- und Landesgruppen, die ja simultan gemanagt werden, häufig schwer zu vermitteln. Der Einsatz von Messenger-Diensten erleichtert die Kommunikation und verhindert, dass die geografische Distanz zu einem Störfaktor wird. Er birgt aber auch die Gefahr, in den Informationsfluten zu ertrinken, zu denen es zwangsläufig kommt. Als Einzelperson muss man lernen, zu filtern und wichtige Informationen klar und deutlich für andere darzustellen. In der Vergangenheit gab es leider häufiger Messenger-Gruppenübernahmen von fremden Personen und Gruppierungen sowie Hackerangriffe auf die Koordinationsgruppen. Neue Sicherheitsvorkehrungen mussten eingerichtet werden, um uns davor zu schützen.

Für Fridays for Future als unabhängige Bewegung ist es ein zentrales Anliegen, sich nicht instrumentalisieren zu lassen. Das macht es notwendig, dass wir uns vor Demonstrationen von den spezifischen Interessen mancher Parteien und Organisationen abgrenzen. Was nicht bedeutet, dass eine Zusammenarbeit mit Parteien und Organisationen grundsätzlich nicht möglich wäre. Ganz im Gegenteil! In einer Bewegung, bei der jede*r mitmachen kann, ist es nur sehr wichtig, dass ausschließlich die gemeinsam formulierten Forderungen vertreten werden. Persönliche Meinungen dürfen nicht als FfF-Meinungen dargestellt werden.

Wie verfolgen wir unsere Ziele? – Der wirkungsvolle Protest

*„Wir sind zurück!" Die Stimme hallt über den riesigen Platz in Stuttgart. Tausende jubeln. Mit Masken, inzwischen Alltag, und doch immer noch ungewohnt. Ein halbes Jahr haben die Demonstrationen jetzt ausgesetzt. Zu diesem ersten Termin nach der Pause sind so viele gekommen, viel mehr als ich erwartet habe. Es ist nicht selbstverständlich, während einer Pandemie für Klimaschutz und Klimagerechtigkeit zu streiken. Ich kann die vielen Plakate mit dem Hashtag #KeinGradWeiter sehen und staune, wie viele Untergruppen ich in der Menge erkenne. Greenpeace, Grandparents for Future, Mitglieder der Grünen, WWF, Scientists for Future und noch einige mehr. So viele Fahnen und Symbole. Ein Meer aus einzelnen Bewegungen, zusammengeschlossen in einer riesigen Demo. Als der Zug sich durch die Stadt bewegt, verstehe ich zum ersten Mal, was die Vernetzung der einzelnen Akteur*innen für Stärke und Einfluss hat, aber auch warum wir uns anfangs von allen Parteisymbolen, Organisationslogos und politischen Personen abgrenzen mussten.*

Fridays for Future kooperiert mittlerweile mit einer großen Anzahl anderer Bewegungen, Organisationen und sogar Parteien für ähnliche regionale, landes- oder bundesweite Ziele. Um nur eine Handvoll zu nennen: NABU, BUND, WWF und Greenpeace sowie große Forschungsinstitutionen.

Auch die FfF-Teilbewegungen spielen eine wichtige Rolle. Mit Scientists for Future, Parents for Future, Grandparents for Future, Entrepreneurs for Future, Writers for Future, Artists for Future, Scouts for Future und Psychologists for Future sind noch bei Weitem nicht alle „For Future"-Bewegungen benannt. Die verschiedenen Alters- und Berufsgruppen, die hier antreten, haben unser Ansehen gestärkt und den frühen Eindruck, nur eine Bewegung für Jugendliche und junge Erwachsene zu sein, revidiert. Das breite Spektrum derjenigen, die sich an den Demos beteiligen, hat uns einen Schatz an Wissen und Unterstützung beschert. Die vielen kleinen Bewegungen, in denen die Mitglieder jeweils Expert*innen für ihre Nische der Gesellschaft sind, ermöglichen es der großen Bewegung, das übergeordnete Ziel vielschichtig und angepasst zu verfolgen.

Der bekannteste Weg der Fridays-for-Future-Bewegung, ihre Ziele publik zu machen, ist der analoge Protest in Form von Demonstrationen. Die Teilnehmenden ziehen mit Plakaten, FfF-eigenen Demorufen und Liedern durch die Straßen. Der etwas unbekanntere Weg, der digitale Protest, wurde vorwiegend in der Zeit der Pandemie genutzt. Auf Twitter und anderen Social-Media-Plattformen wurden Hashtags und Bilder der Solidarität zur Bewegung geteilt. Der dritte Weg, der unseren gesamtgesellschaftlichen Umgang mit der Klimakrise verändert, ist die Auseinandersetzung in den Familien. Indem wir uns selbst reflektieren und unser Alltagsverhalten hinterfragen, werden die von uns geforderten Maßnahmen im Leben jeder und jedes Einzelnen konkret.

Zu unserer Bewegung gehört es auch, dass FfF-Mitglieder sich politisch und regional engagieren. „Think global, act local" – dieses schon erwähnte Motto schlägt sich immer wieder in Versuchen nieder, Projekte vor Ort umzusetzen, um die globalen Klimaziele kleinschrittig voranzutreiben und in den eigenen Gemeinden und Städten mitzugestalten. Dazu sind wir beispielsweise in politischen Institutionen und Parlamenten aktiv. Viele von uns versuchen so, nicht nur auf der Straße, sondern direkt im politischen Diskurs eine konkrete Forderung der Bewegung als Repräsentant*in zu vertreten. Die Akzeptanz und häufig auch Unterstützung der Regierungen beziehungsweise parlamentarischen Institutionen, solche Diskurse zuzulassen und zu adaptieren, kommt uns zugute.

Geschriebene Geschichte? – Veränderung der Bewegung

„Fridays for Future doof zu finden ist ziemlich schwer, denn schließlich fordern sie das Mindeste, worauf wir uns eh schon geeinigt haben", schlussfolgert die junge Frau in der Podiumsdiskussion. Ich sitze im Publikum und staune darüber, wie häufig in der Diskussion zum Thema „Artikel 8 – Die Versammlungsfreiheit", die sich vor mir auf der

Bühne abspielt, schon unsere Bewegung beschrieben und anerkannt wurde. Sie wird im selben Atemzug mit historischen Demonstrationen wie der 68er-Bewegung, den Nato-Doppelbeschluss-Protesten, den Montagsdemonstrationen und der Anti-Atomkraft-Bewegung genannt. Heute und hier wird es mir klar: Auch Fridays for Future ist unwiderruflich in die Geschichte eingegangen.*

Fridays for Future hat sich wie jede Bewegung im Verlauf ihres nun über zweijährigen Bestehens kontinuierlich gewandelt. Wir sind von einer Überraschung, einem Phänomen, zu einer sehr bekannten und gut eingebundenen Bewegung geworden. Der anfängliche Überraschungseffekt war ausschlaggebend für die Reichweite, die wir heute haben, er ist mit der Zeit aber logischerweise abgeebbt. Inzwischen ist weithin bekannt, dass „die Jugend" politisiert ist, sich in Bewegungen engagiert und sich in vielen Bereichen tatkräftig einbringen will und auch kann. Aus dem Satz „Man muss mit der Jugend rechnen" ist der Satz „Wir rechnen mit der Jugend" geworden. Was nicht schlecht ist. Umgesetzt ist die politische Beteiligung der Jugendlichen dennoch vielerorts immer noch nicht. Bis junge Menschen überall das Recht haben, ihre Zukunft mitzubestimmen und mitzugestalten, muss die soziale und politische Teilhabe weiter eingefordert werden.

Die Struktur der Bewegung hat sich gefestigt. Experimentell ist sie immer noch – und auch frei, doch gewisse „Organe" der eigenen Verwaltung sind inzwischen erprobt und etabliert. Wir profitieren von unseren Erfahrungen. Wichtig bleibt, weiterhin einer inneren Hierarchie entgegenzuwirken und das Partizipationsangebot für jede und jeden offenzuhalten.

Die Erfahrung, die Covid-19-Pandemie überstanden zu haben, obwohl die stärkste Ausdrucksform der Bewegung, die Demonstrationen, erstmalig komplett wegfielen, hat Fridays for Future bereichert. Wir waren gezwungen, neue Formen der Demonstration zu erfinden und zum Beispiel die Möglichkeiten der sozialen Medien noch besser zu nutzen. Die direkten Gespräche mit politischen Akteur*innen, die online möglich waren, können wir – etwa in Form von Telefonkonferenzen – auch in Zukunft leicht und sicher fortführen.

Wie sich die Bewegung in Zukunft verändern wird, ist schwer zu sagen. Bisher ist es uns zumindest schon einmal geglückt, unseren Schwung über sehr lange Zeit beizubehalten. Nach wie vor begeistern sich stetig neue Jugendliche dafür, in der Bewegung politisches Engagement zu zeigen. Doch die Zeit drängt, und immer mehr von uns sehen die milden und gemäßigten Methoden der Bewegung als zu langsam und ineffektiv an. Zahlreiche junge Menschen suchen bereits nach neuen Möglichkeiten – und schließen sich radikaleren Klimabewegungen an. Wie Gesellschaft, Industrie und Politik darauf zeitnah reagieren wollen, ist noch offen.

Um mit einer positiven Bemerkung zu schließen: Ich bin überzeugt, solange es nicht wirklich gravierende Veränderungen in unserer Klimapolitik gibt, muss es die Fridays-for-Future-Bewegung weiterhin geben. Als Vermittlerin, mahnende Stimme und Gestalterin. Die jungen Menschen in ihr haben gelernt, all dies und noch viel mehr zu sein, um ihre Zukunft zu retten. Um *unsere* Zukunft zu retten.

CLAUDIA KEMPER

3. Deutsche Protestgeschichte – Protestbewegungen und -kultur seit 1945

Abstract:
Der Beitrag skizziert Protestbewegungen und -kultur in der Bundesrepublik Deutschland und der Deutschen Demokratischen Republik seit 1945. Im ersten Schritt werden verschiedene Bewegungsphasen in Deutschland zusammengefasst und historisch verortet. Welche Spezifika von Protestbewegungen werden sichtbar? Anhand einiger Beispiele wird aufgezeigt, wie sich Protestbewegungen und -kultur im weiteren Verlauf entwickelten und artikulierten und u. a. Proteste in Ost- und Westdeutschland unterschieden.

Am 23. September 2019 hielt die Klimaaktivistin Greta Thunberg vor der UN-Vollversammlung eine Rede, die weltweit Aufmerksamkeit erregte. Anstatt die üblichen diplomatischen Gepflogenheiten des Hauses zu berücksichtigen, ließ Greta ihrer Empörung freien Lauf und warf der internationalen Gemeinschaft vor, die Zukunft ihrer Generation zu zerstören. Die Kameras fingen ihren zornigen Gesichtsausdruck ein, ihre Tränen und auch ihre Irritation, als die versammelten Diplomaten ihr zwischendurch applaudierten. Die Aufmerksamkeit war der Aktivistin aber nicht nur durch die ernsthafte und zornige Art ihres Auftritts gesichert, sondern wurde verstärkt durch die Tatsache, dass hier eine Schülerin von 17 Jahren vor der UN sprach. Schon in den Tagen vor und nach der Rede fanden auf der ganzen Welt organisierte Klimastreiks statt, bei denen weltweit Hunderttausende Menschen auf die Straße gingen. Waren die Teilnehmenden von Fridays for Future noch im Jahr zuvor als Schulschwänzer*innen belächelt oder auch hart kritisiert worden, hatte sich bis zum Sommer 2019 eine breite Klimastreikbewegung entwickelt. Fridays for Future hatten das akute Problem des Klimawandels so weit in die Öffentlichkeit getragen, dass Millionen von Menschen unterschiedlichen Alters auf die Straße gingen und für eine effektivere Klimapolitik protestierten.

Nicht erst die Folgen des Klimawandels haben in den vergangenen Jahren größere und kleinere Protestbewegungen entstehen lassen. Pegida in Deutschland, die weltweit wahrgenommene Occupy-Bewegung, die Arabellion oder zuletzt die Gelbwestenbewegung in Frankreich – die Zahl der Proteste nimmt seit einigen Jahren deutlich zu. Oft ist nicht leicht zu unterscheiden, ob es sich noch um eine Protestkampagne handelt oder schon um eine mit einer gewissen Beständigkeit auftretenden Bewegung. Welche Kriterien gelten überhaupt für eine Bewegung? An welche verbreitete Protestkultur knüpfen gegenwärtige Bewegungen an? Und welche historischen Vorläufer gibt es in Deutschland? Im Folgenden soll das breite Feld der sozialen Bewegungen in drei Schritten umrissen werden. Zunächst werden die unterschiedlichen Phasen der Bewegungsentwicklung für Deutschland nach 1945 nachgezeichnet und anschließend die wichtigsten Merkmale von Bewegungen, um in einem dritten Schritt die für Deutschland markantesten Bewegungen zu vertiefen.

Bewegungsphasen in Deutschland

Sowohl in der alten Bundesrepublik und in der DDR als auch im wiedervereinigten Deutschland seit 1990 wurde viel und ausgiebig protestiert. Nicht alle Protestereignisse waren Ausdruck einer Bewegung, auch wenn sie hohe mediale Wellen schlugen; gleichwohl kommt keine Bewegung ohne öffentlichen Protest aus. Denn erst der öffentliche Protest macht die Themen und Forderungen einer Bewegung sichtbar und stärkt die Verbundenheit der Teilnehmenden untereinander. Hier zeigt sich schon ein entscheidender Unterschied bei der Einordnung von Protestbewegungen in West- und Ostdeutschland, denn während in einer parlamentarischen Demokratie die öffentlich vorgetragene Kritik und die Bildung außerparlamentarischer Bündnisse zumindest theoretisch zum Grundverständnis pluraler Meinungsbildung gehören, musste jeder öffentlich vorgetragene Widerspruch in der DDR damit rechnen, sofort und repressiv unterbunden zu werden. Deshalb schlagen bis Ende der 1980er-Jahre die meisten Protestbewegungen in Westdeutschland zu Buche.

Versucht man sich an einer groben Periodisierung und Strukturierung der Bewegungen in Deutschland nach 1945, fallen vier Phasen ins Auge, in denen sich Intensität, Resonanz und Themensetzung der Bewegungen veränderten.[1] In der unmittelbaren Nachkriegszeit mobilisierten vor allem bestehende Organisationen, Gewerkschaften und Parteien gegen landesweit diskutierte Themen wie die Einbindung der Bundesrepublik in das westliche Militärbündnis und damit verbunden die Wiederbewaffnung. Ab Ende der 1960er-Jahre setzte eine zweite Phase ein, als die langjährige Regierungsmacht der CDU zu Ende ging

---

1 Im Folgenden orientiert an Roth, Roland/Rucht, Dieter (Hg.) 2008: Die sozialen Bewegungen in Deutschland seit 1945. Ein Handbuch. Frankfurt am Main.

und eine sozialliberale Koalition antrat, die mit ehrgeizigen Projekten plante, den Wohlfahrtsstaat zu reformieren. Zur gleichen Zeit ging eine ausgeprägte wirtschaftliche Prosperitätsphase zu Ende, die bis dahin den Nachkriegswohlstand genährt und zahlreiche innergesellschaftliche Konflikte entschärft hatte. Unter den veränderten wirtschaftlichen und politischen Rahmenbedingungen – zwischen Reform- und Krisendiskurs – entwickelte sich eine außerparlamentarische Opposition (APO), die zunächst von der Studentenbewegung[2] und schließlich insgesamt von der Neuen Linken getragen wurde. Ihre Protestformen waren neu und provokativ und zudem medial dramatisch überhöht, sodass ihre ideologische und habituelle Radikalität (Roth/Rucht 2008, 31) mitunter mit ihrer tatsächlichen Größenordnung gleichgesetzt wurde. Nachdem diese dezidiert politische und systemkritische Bewegung in zahlreiche Gruppierungen zerfallen war, entstanden in einer dritten Phase ab Mitte der 1970er-Jahre sehr breit mobilisierende Bewegungen, in die das neulinke Denken einfloss, die sich aber spezifischen Themen wie Umwelt, Frauen, Gleichberechtigung und der atomaren Rüstung widmeten. Diese Neuen Sozialen Bewegungen (NSB) – eine Eigenbezeichnung auch in Abgrenzung zu den „alten" klassenspezifisch und von Organisationen getragenen Bewegungen – mobilisierten so viele Teilnehmenden wie nie zuvor für Proteste, Initiativen und eigens gegründete Organisationen. Die zahlenmäßig größten Proteste fanden Anfang der 1980er-Jahre im Rahmen der Friedensbewegung statt. Zu dieser dritten Phase größter Mobilisierung zählt auch die DDR-Bürgerrechtsbewegung, die sich aus der latenten Dissidenz und den alternativen Friedens- und Umweltgruppen der frühen 1980er-Jahre entwickelte und nun landesweit gegen die SED-Führung mobilisieren konnte. Eine vierte Phase setzte nach 1989/90 im wiedervereinigten Deutschland ein, als sich der Bewegungssektor deutlich ausdifferenzierte, er zum Teil erlahmte und zu einem anderen Teil professionalisierte. Mindestens zwei bis dahin öffentlich kaum wahrgenommene Bewegungen wurden nun sichtbar: Zum einen traten Rechtsextreme und die Neue Rechte zunehmend bewegungsförmig auf, indem sie ihr Organisationsgeflecht und ihre Netzwerke gesamtdeutsch ausbauten, subkulturelle Formen vertieften und vor allem durch gehäufte gewalttätige Anschläge öffentliche Aufmerksamkeit erregten. Zum anderen entwickelte sich aus den NSB, die sich schon seit den 1970er-Jahren auch mit der Situation im globalen Süden auseinandersetzten, vor dem Hintergrund der veränderten internationalen Handelsbedingungen die globalisierungskritische Bewegung. Zusammen mit kleine-

---

2   Der Begriff „Studentenbewegung" wird hier als Quellenbegriff und Eigenname genutzt, ausschließlich bezogen auf die Bewegung von 1967/68.

ren Bewegungen – etwa den Anti-Hartz-IV-Protesten – stellten Globalisierungskritiker*innen materielle Lebensbedingungen und die soziale Frage in den Mittelpunkt ihres Protests. Beide Bewegungen dauern bis heute an, wenngleich sich Organisation, politische Bedingungen und die Kommunikationsmöglichkeiten veränderten. Vielleicht kann für die Zeit zwischen 2008 (Finanzkrise) und 2015 (zunehmender Rechtspopulismus) vom Beginn einer fünften Phase gesprochen werden, in der die Kluft zwischen humanistischen, demokratie- und umweltbewahrenden Bewegungen auf der einen Seite und nationalistischen, demokratiefeindlichen Bewegungen auf der anderen Seite zunimmt.

Fünf Merkmale einer Bewegung

Protestereignisse sind sicherlich die sichtbarsten Merkmale einer Bewegung, und Straßenprotest hat bis heute nichts von seiner mobilisierenden und sinnstiftenden Funktion verloren. Auch in Zeiten einer umfassenden digitalen Kommunikationskultur hilft das physische Zusammenkommen in einem Demonstrationszug jeder und jedem Einzelnen dabei, das Protestanliegen sinnhaft zu erfahren und sich selbst als emotional verbunden zu erleben. Darüber hinaus werden die eigenen Anliegen erst durch Protestaktionen im öffentlichen Raum, in den Medien oder untereinander sichtbar (Gassert 2018, 18–19). Die Teilnahme an einer Demonstration drückt nicht nur das eigene „Dagegensein" aus, vielmehr wird in der Menge mit Gleichgesinnten, die sich auf bestimmte Slogans oder konkrete Forderungen geeinigt haben, die eigene Überzeugung und Motivation gestärkt, dass hier ein relevantes Thema vorgetragen wird (Lahusen 2013, 718). Neben diesem ersten Merkmal kommen weitere Bedingungen hinzu, um den Bewegungsbegriff sinnvoll anwenden zu können: So müssen sich Bewegungen auf Organisationen stützen können, seien es eigens gegründete Initiativen und Vereine oder bestehende Verbände und Parteien. Ein breites Netzwerk aus Organisationen, nichtformalisierten Gruppierungen und einzelnen Aktivist*innen kommt innerhalb einer Bewegung zusammen, wobei sich das Engagement der Mitglieder nicht auf eines der Netzwerke beschränken muss. Wer zum Beispiel Mitte der 1970er-Jahre in der atomkritischen Umweltbewegung aktiv war und an Protesten gegen AKWs teilnahm, der oder die war wahrscheinlich auch einige Jahre später bereit, in der Friedensbewegung gegen die Atomrüstung zu demonstrieren.

Ein drittes Merkmal unterscheidet Bewegungen von Interessengruppen oder Szenen: Sie setzen sich nicht nur für begrenzte Interessen oder gegen einen Sachverhalt ein. Bewegungen kritisieren Zustände oder Phänomene in Gesellschaft, Politik und Kultur und zielen auf einen gesellschaftlichen Wandel, wobei sich die Mittel, um diesen herbeizuführen, stark unterscheiden können. In den Worten der beiden maßgeblichen Protestforscher Roland Roth und Dieter Rucht, muss Protest „das Stadium der bloßen Negativkoalition" verlassen und „eine eigene Agenda und eigene Visionen" entwickeln, damit wir sinnvoll von sozialer Bewegung sprechen können (Roth/Rucht 2008, 15). Sowohl in ihrer Kritik an politischen Entscheidungen als auch in ihren alternativen Gegenentwürfen greifen Bewegungen – viertens – immer auf einen Wissenshaushalt zu, der von Theoretiker*innen, Expert*innen, Insider*innen oder Spezialist*innen generiert wird. Während in den 1960er-Jahren die linke Theorie als wichtige Grundlage der Protestbewegung diente, kam in den 1970er-Jahren zunehmend technisches Wissen hinzu. Die Zahl an Expert*innen aufseiten oppositioneller Bewegungen war in dieser Phase noch relativ überschaubar im Vergleich zu den zahllosen Expert*innen in Regierungskommissionen oder Beratungsgremien, die staatlichen Institutionen zuarbeiteten. Bis in die 1980er-Jahre wandelte sich das Bild, und Wissen wurde zu einem Politikum, über das gestritten wurde. So stand etwa zwischen Gegner*innen und Befürworter*innen der atomaren Rüstung nicht mehr zur Debatte, *dass* ein Atomschlag vernichtende Ausmaße hätte, sondern *ob* und *wie* die Folgen zu bewältigen wären. Fünftens gilt für Protestbewegungen, dass sie überhaupt erst stattfinden können, wenn über sie berichtet wird (Raschke 1985). Medienberichte erzeugen nicht nur öffentliche Aufmerksamkeit über den lokalen Rahmen hinaus; vielmehr kann die Medienlogik durch gezielte Inszenierungen auch genutzt werden, um bestimmte Wirkungen beim Publikum zu erzielen. Da Protestbewegungen gegenüber etablierten Medien in der Regel kritisch eingestellt sind, verfolgen sie meist eine Doppelstrategie: Sie nutzen eigene Medienkanäle in Form von Flyern, Verlagen, später auch Blogs, Chatgruppen, Websites und Ähnliches. Zugleich setzen sie Protestformen ein, die den Logiken der etablierten Medien entsprechen, um von ihnen wahrgenommen zu werden. Deshalb arbeiten Proteste in Mediengesellschaften immer mit Elementen des Spektakels, Dramas, Skandals, mit Personalisierung, Symbolisierung, eigenen Erzählungen und starken Deutungen. Das performative Auftreten, das wohl kalkulierte oder inszenierte Bild diente und dient Protestbewegungen zur Aufmerksamkeitsgenerierung für die eigene Sache – nach außen, aber auch nach innen bei den eigenen Anhänger*innen (Fahlenbrach u. a. 2014).

Effekte der Wiedererkennung und der Differenzierung

Angesichts dieser für alle Bewegungen geltenden Merkmale überrascht es nicht, dass die Leitfigur der gegenwärtigen Klimaschutzbewegung, Greta Thunberg, sich nicht nur durch hohes Engagement und Wissen auszeichnet, sondern auch einen hohen Wiedererkennungseffekt hat. Wenn Gretas Auftritte und Reden die Unterstützenden motivieren und integrieren und bei Gegner*innen wiederum starke Anfeindungen auslösen, liegt das nicht nur daran, *was* sie sagt, sondern auch an der Tatsache, *wer* hier spricht und im wahrsten Sinn des Wortes in Szene gerückt ist. Insbesondere der Auftritt vor den Vereinten Nationen wirkte durch den eindrücklichen Gegensatz: auf der einen Seite eine große Menge Anzug tragender, distinguierter älterer Diplomat*innen, auf der anderen Seite am Rednerpult ein junges, leidenschaftliches Mädchen. Auch wenn schon zahllose emotionale Reden vor den UN gehalten worden waren, betonten Kommentare zu Gretas Auftritt entweder ihre überzeugende Authentizität oder unterstellten ihr eine überzogene und rein strategische Emotionalität. In beiden Fällen emotionalisierte die Leitfigur Greta, verstärkt durch die mediale Inszenierung.

Trotz dieser Merkmale ist es mitunter schwierig, Bewegungen genau einzugrenzen. Denn so wie sich Bewegungen nicht gezielt gründen lassen und ihre Übergänge zu angrenzenden Kampagnen oder Strömungen fließend sind, so bestehen sie auch nicht auf Dauer (Lahusen 2013, 718). Während die fluide, nach allen Seiten offene Aktions- und Aktivist*innenkonstellation in der Mobilisierungsphase vorteilhaft für Bewegungen ist, trägt dieser Zustand nicht zu einer dauerhaften Stabilität bei. Anders ausgedrückt: Eine Bewegung kann nicht auf Dauer in Bewegung bleiben (Gilcher-Holtey 2017). Die Gruppierungen innerhalb der Bewegung differenzieren sich aus, der kleinste gemeinsame Nenner in den Forderungen wird nicht mehr von allen Beteiligten getragen, und auch die Mobilisierung von Sympathisant*innen, die vor allem für die Präsenz im öffentlichen Raum so wichtig ist, lässt nach. Stattdessen sickern die Forderungen und Erfahrungswerte der Bewegung in Organisationen und Parteien ein, und sie können zumindest in einem Teil der Öffentlichkeit den Blick auf den diskutierten Gegenstand verändern. Erst in diesem schwer zu fassenden Zusammenspiel von Bewegung, Politik und Gesellschaft lässt sich erkennen, welche Wirkung eine Bewegung entfaltet. So war die Friedensbewegung der 1980er-Jahre zwar erfolglos in dem Versuch, eine nukleare Nachrüstung zu verhindern, aber sie war zusammen mit der Umweltbewegung maßgeblich daran beteiligt, den atomaren Konsens in Deutschland auf Dauer auszuhöhlen. Insofern müssen Protest und Bewegungen nicht nur an ihren konkreten Forderungen gemessen werden, sondern auch an ihrem längerfristigen Beitrag zur notwendigen gesellschaftlichen Auseinandersetzung in Demokratien.

Bewegungen und Protest in der frühen Bundesrepublik und DDR

In der Bundesrepublik konnte Anfang der 1950er-Jahre zum ersten Mal eine wahrnehmbare Protestbewegung beobachtet werden, als die CDU-Regierung im Austausch mit den europäischen Nachbarn über die Gründung einer Armee und die Wiederbewaffnung des Landes diskutierte. Die Pläne stießen auf Widerstand, weil keine zehn Jahre nach Ende des Krieges in Europa und auch in weiten Teilen der westdeutschen Bevölkerung die Erinnerung an Gewalt und Not, vor allem zum Kriegsende, so präsent war, dass die Aussicht auf einen Waffendienst vor allem von jüngeren Menschen abgelehnt wurde. Nicht ohne Grund setzte sich die Aussage „Ohne mich" als Erkennungszeichen der Bewegung durch, die eine Reihe weiterer Bewegungen (Volksbefragungsbewegung, Paulskirchenbewegung) initiierte oder integrierte. Da aber zur gleichen Zeit der Kalte Krieg die internationale politische Ordnung zunehmend bestimmte und vor allem in Westdeutschland Ängste vor einem Angriff durch den sogenannten Ostblock kursierten, konnte die CDU-Regierung mit einem klaren antikommunistischen Kurs ihr Sicherheitskonzept durchsetzen. Keine zwei Jahre nach Gründung der Bundeswehr gingen die Menschen wieder auf die Straße, nachdem der Bundeskanzler verlauten ließ, die Armee mit Atomwaffen ausstatten zu wollen. Die „Kampf dem Atomtod"-Kampagne wurde 1957/58 im Kern von SPD, Gewerkschaften und Kirchen getragen, wobei vor allem die SPD die Gelegenheit nutzte, ihre Opposition zur Regierung zu verdeutlichen. Aber die Kampagne gegen die nukleare Aufrüstung wäre keine – wenn auch sehr kurzzeitige – Bewegung geworden, wenn nicht Tausende Menschen den Protestaufrufen gefolgt wären. Vor allem bildeten die Ohne-mich-Bewegung wie die Kampf-dem-Atomtod-Bewegung (Forschungsstelle für Zeitgeschichte in Hamburg u.a. 2009) den Anfang der westdeutschen Friedensbewegung, die sich, inspiriert von der britischen Bewegung, mit den Ostermärschen ab Ende der 1950er-Jahre dauerhaft etablierte.

In der DDR wiederum hatte außer Frage gestanden, dass das Land nach Maßgabe der Sowjetunion wiederbewaffnet würde. Für die Stimmungslage problematischer wirkte sich aus, dass sich im neu gegründeten DDR-Staat die Lebens- und Arbeitsbedingungen für die meisten Bürger*innen kaum verbesserten. Im Juni 1953 entzündete sich ein landesweiter Aufstand, nachdem die SED-Führung wieder einmal die Arbeitsanforderungen und -bedingungen verschärfte. Von einer akuten Straßenversammlung in Ost-Berlin ausgehend, verbreitete sich der Protest binnen Stunden: Innerhalb kürzester Zeit wurden Betriebsversammlungen einberufen, Streikkomitees gebildet, gingen Menschen auf die Straße und weiteten sich die Forderungen aus auf den Ruf nach freien Wahlen und freiem Reiseverkehr. Der „Volksaufstand vom 17. Juni" wurde in der Folge vom DDR-Regime tabuisiert und das Datum in der Bundesrepublik wiederum zu einem Feiertag erhoben. Historisch betrachtet, zeigt er eindrücklich, dass Proteste zwar einen konkreten Anlass haben, sich mit ihnen aber sehr grundsätzliche Kritik oder Unzufriedenheit ausdrückt. Rund eine Million Ostdeutsche waren auf die Straße gegangen und zahlten dafür einen hohen Preis; denn unter Zuhilfenahme des sowjetischen Militärs gab es Verhaftungen und Erschießungen, wodurch innerhalb weniger Tage die Ruhe wiederhergestellt wurde. Trotz seiner Kurzlebigkeit bedeutete der Volksaufstand aber eine wichtige Zäsur in der DDR-Geschichte. Fortan musste die SED ihre Glaubwürdigkeit als legitime Führung des Staates unter Beweis stellen, während dessen Bürger*innen zu Tausenden das Land verließen. Der Bau der Mauer 1961 zeigte auf brutale Weise, wie instabil die Lage blieb.

Studentenbewegung

In den 1960er-Jahren wuchs in der Bundesrepublik eine Generation heran, die den Krieg nicht mehr direkt erlebt hatte und neue Fragen sowohl an die eigenen Eltern als auch innerhalb der oftmals hierarchisch organisierten Bildungsinstitutionen stellte. Nicht nur in Deutschland, sondern international setzte geradezu ein gesellschaftskritischer Theorie-Hype ein. Linke Intellektuelle, Zirkel, Medien und Studierende interpretierten den Marxismus in Abgrenzung zur stalinistischen Sowjetunion neu und bezogen ihn stark auf die eigene Situation (Schulze 2008, 425). Der an der Universität Frankfurt am Main ansässige Sozialistische Deutsche Studentenbund (SDS) war der organisatorische Träger der studentischen Proteste, die zunächst auf universitätsinterne Auseinandersetzungen um mehr Mitspracherechte konzentriert waren und sich innerhalb kürzester Zeit zu einer politischen Protestbewegung ausweiteten. Ein zentraler Punkt, an dem sich die Forderungen nach gesellschaftlichem Wandel entzündeten, stellten die Notstandsgesetze dar, ein Bündel an verschärfenden Gesetzen im Bereich der Inneren Sicherheit. Die spontanen Campusaktionen wie z. B. Teach-Ins wurden beibehalten und verbreiteten sich in zahlreichen Universitätsstädten, zugleich verlagerte sich ab Mitte 1967 der Protest in den öffentlichen Raum und richtete sich gegen die Regierungspolitik.

Die thematische Ausweitung wurde dadurch befördert, dass in ganz Westeuropa und in den USA Studierende protestierten und zudem der globale Süden in den Blick geriet. Die Führungsfiguren der westdeutschen Studentenbewegung, wie Rudi Dutschke und Michael Vester, verbrachten längere Zeit im Ausland, vermittelten dortige Kontakte und Ideen nach Westdeutschland und trugen dazu bei, Studierenden im eigenen Land das Bild zu vermitteln, Teil einer internationalen Solidaritätsbewegung zu sein. Proteste und Aktionen in West-Berlin, Frankfurt oder anderen Universitätsstädten waren immer auch als Solidaritätsaktionen mit den Befreiungsbewegungen in Afrika, Asien, Südamerika oder der „Dritten Welt" insgesamt gedacht. Hinzu kam der von den USA vorangetriebene Vietnamkrieg, der einen starken negativen Referenzpunkt der Proteste bildete.

Neue Soziale Bewegungen

Schon 1968 zeigten sich erste Auflösungstendenzen und Fraktionierungen innerhalb der studentischen Protestbewegung. Unter anderem fanden die Frauen des SDS zueinander, da sie sich sowohl in der Organisation als auch in den politischen Forderungen konsequent marginalisiert sahen. Sie gründeten eigene Organisationen wie den „Weiberrat", der wiederum zu einem wichtigen Ausgangspunkt der Frauenbewegung wurde. Neben dem ideologischen Auseinanderdriften entzündete sich der Streit zunehmend an der Frage eines legitimen Gewalteinsatzes. In den 1970er-Jahren setzten einige auf radikalen Gewalteinsatz, während andere sektenartige Kleingruppen gründeten oder sich alternativen Projektarbeiten widmeten.

Wenn in Deutschland von sozialen Bewegungen die Rede ist, dann sind im allgemeinen Verständnis oftmals die Neuen Sozialen Bewegungen seit den 1970er-Jahren gemeint. Waren Bewegungen bis dahin in der Regel von bestehenden Organisationen getragen worden und von etablierten Medien abhängig, bildeten die Bewegungen der 1970er-Jahre eigene Organisationen und Infrastrukturen aus. Nach den teils enttäuschenden Erfahrungen in der dezidert politischen Studentenbewegung waren viele Mobilisierungswillige der Meinung, für einen gesellschaftlichen Wandel zunächst die Verhältnisse vor Ort ändern zu müssen. Vor allem der atomkritische Umweltschutz zeichnete sich als ein Feld ab, in dem konkrete Großprojekte verhindert und alternative Formen der Energiegewinnung oder Lebensformen umgesetzt werden konnten. Anti-AKW-Proteste mobilisierten regelmäßig eine breite Masse an Teilnehmenden, so etwa ab 1976 zur Verhinderung des AKW-Baus im schleswig-holsteinischen Brokdorf.

Zwischen der Regierung, die ihre Atomenergiepolitik kompromisslos durchsetzen wollte, und den Atomkritiker*innen entstand eine Front, die sich bis 1981 verhärtete, als es bei einer Großdemonstration mit etwa 100.000 Teilnehmenden zu gewalttätigen Ausschreitungen kam. Bis 1983 setzten sich Demonstrationen in dieser Größenordnung fort, weil auch die Friedensbewegung gegen die Stationierung atomarer Mittelstreckenraketen so stark mobilisierte wie nie zuvor.

Jedoch war die Umweltbewegung – zu der die Anti-AKW-Bewegung gezählt werden kann – keine homogene Erscheinung und regional unterschiedlich ausgeprägt (vgl. Hasenöhrl 2014). Vielfältige Protestarten, Themen, Akteur*innen und Organisationsformen verbanden sich im Umweltschutz oder Umweltaktivismus, und der Begriff Soziale Bewegung war schon in dieser Zeit vor allem eine Selbstbeschreibung, die ausdrücken sollte, dass man sich als eine warnende Opposition zur Regierung verstand[3] (Uekötter 2012, 110). Trotz unterschiedlicher Schwerpunkte waren die einzelnen Strömungen innerhalb der NSB durch ihre übergreifenden Ziele zur Durchsetzung elementarer demokratischer Mitspracherechte miteinander verbunden – sei es beim Bau von AKWs, in der Familienpolitik oder ab den frühen 1980er-Jahren in der Frage, ob in der Bundesrepublik neue nukleare Raketensysteme stationiert werden sollten.

Oppositionelle Bewegung in der DDR

Im Unterschied dazu ging es DDR-Oppositionsgruppen und späteren Bürgerrechtsbewegungen primär darum, dem Recht auf Mitsprache überhaupt erst einmal Geltung zu verschaffen.[4] Auch hier wurde das Umweltthema zu einem Vehikel grundsätzlicher Kritik. In der zweiten Hälfte der 1970er-Jahre begannen oppositionell eingestellte Interessierte und Expert*innen, Informationen über den Zustand industriell bedingt luftverseuchter Städte zu sammeln. Immer unter Beobachtung des Geheimdienstes und in der Gefahr, die Grenze des in einer

---

3   Zu beachten ist, dass sich der Bewegungscharakter vor allem im Kontext einer breiteren Politisierung des Themas Umwelt entwickeln konnte, denn seit Anfang der 1970er-Jahre hatte das Problembewusstsein angesichts des industriellen Raubbaus, verdreckter Flüsse und schlechter Stadtluft zugenommen, worauf die Politik mit ordnungspolitischen Maßnahmen reagierte. Beispielsweise richtete Bayern 1970 das erste Umweltministerium ein, und 1976 verabschiedete die Bundesregierung ein Umweltprogramm.

4   Bundeszentrale für politische Bildung: Neue Soziale Bewegungen. In: Handwörterbuch des politischen Systems der Bundesrepublik Deutschland. https://www.bpb.de/nachschlagen/lexika/handwoerterbuch-politisches-system/202077/neue-soziale-bewegungen (Download 10.5.2020).

Diktatur nicht mehr Tolerierten zu übertreten, forderten die Umweltengagierten von der Regierung mehr Informationen über den Zustand der Umwelt. Sie taten dies häufig im Rahmen von kirchlichen Veranstaltungen oder Publikationen, denn die evangelische Kirche bot als einzige relativ unabhängig agierende Großorganisation der DDR einen gewissen Schutz. Von hier aus lassen sich thematische und personelle Überschneidungen zu den alternativen Friedensgruppen (Leistner 2016) und Kontinuitäten zur Bürgerrechtsbewegung in der zweiten Hälfte der 1980er-Jahre erkennen. Denn DDR-Umwelt- wie auch Friedensaktivist*innen mussten sich vorrangig mit der Herausforderung herumschlagen, von ihrem Staat drangsaliert, behindert oder inhaftiert zu werden. Je repressiver aber der DDR-Staat gegen die dezentral angesiedelten Oppositionsgruppen vorging, desto mehr versuchten diese, sich zu vernetzen und Widerstand zu organisieren. Nicht zuletzt entstand auf diese Weise die Umweltbibliothek in Ost-Berlin, die in den letzten Jahren der DDR zur zentralen Informationsverteilerin und zum Treffpunkt nicht nur der Umwelt- und Friedensbewegung, sondern der oppositionellen Bewegungen insgesamt wurde.

Protestbewegung und Demokratie

Auch in der Gegenwart gehören Protestbewegungen zum demokratischen Selbstverständnis, da sie Konflikte und Differenzen innerhalb der Gesellschaft sichtbar machen und ihre Themen auf informellem Weg auf die politische Agenda setzen. Dies gilt nicht nur für die Klimastreikbewegung, die in der Tradition der Umweltbewegung für die Erhaltung der natürlichen Ressourcen demonstriert, sondern auch für die Bewegung der Neuen Rechten, der es um Ausgrenzung und einen antihumanistischen Gesellschaftsumbau geht. Trotzdem muss nicht jede Bewegung mit Anerkennung vonseiten der Mehrheit rechnen, sondern kann im Gegenteil von Gegenbewegungen aufgehalten werden.

Literaturverzeichnis

Fahlenbrach, Kathrin u. a. 2014: Media and Revolt. Strategies and Performances from the 1960s to the Present. New York.

Forschungsstelle für Zeitgeschichte in Hamburg u. a. 2009: „Kampf dem Atomtod!" Die Protestbewegung 1957/58 in zeithistorischer und gegenwärtiger Perspektive. München.

Gassert, Philipp 2018: Bewegte Gesellschaft. Deutsche Protestgeschichte seit 1945. Stuttgart.

Gilcher-Holtey, Ingrid 2017: Die 68er Bewegung. Deutschland, Westeuropa, USA. München.

Hasenöhrl, Ute 2014: Zivilgesellschaft und soziale Bewegungen. Konzeptionelle Überlegungen am Beispiel der bayerischen Naturschutz- und Umweltbewegung. In: Mittag, Jürgen/Stadtland, Helke (Hg.): Theoretische Ansätze und Konzepte der Forschung über soziale Bewegungen in der Geschichtswissenschaft. Essen. 381–402.

Lahusen, Christian 2013: Soziale Bewegungen. In: Mau, Steffen/Schöneck, Nadine (Hg.): Handwörterbuch zur Gesellschaft Deutschlands. Wiesbaden. 717–729.

Leistner, Alexander 2016: Soziale Bewegungen. Entstehung und Stabilisierung am Beispiel der unabhängigen Friedensbewegung in der DDR. Konstanz.

Raschke, Joachim 1985: Soziale Bewegungen. Ein historisch-systematischer Grundriss. Frankfurt am Main.

Schulze, Kristina 2008: Studentische Bewegungen und Protestkampagnen. In: Roth, Roland/Rucht, Dieter (Hg): Die Sozialen Bewegungen in Deutschland seit 1945. Ein Handbuch. Frankfurt am Main.

Uekötter, Frank 2012: Eine ökologische Ära? Perspektiven einer neuen Geschichte der Umweltbewegungen. In: Zeithistorische Forschungen/Studies in Contemporary History Nr. 1 (Onlineausgabe). https://zeithistorische-forschungen.de/1-2012/4735 (Download 10.5.2020).

ROBERT WOLFF

3.1 Diskursstrategien gegen Proteste – Historische Lernprozesse für heutige Protestbewegungen?

Abstract:
Der Beitrag untersucht anhand historischer und aktueller Beispiele Diskursstrategien zum staatlichen und medialen Umgang mit Protestbewegungen junger Menschen. Ein besonderer Fokus liegt dabei auf den Fragestellungen, welche delegitimierenden Diskursstrategien gegen Proteste angewendet wurden, wie sich diese über die Jahrzehnte veränderten und welche Folgen diese Diskursstrategien auf die Entwicklungen von Protestbewegungen hatten und haben können.

Weltweite Proteste für den Klima- und Umweltschutz, für Menschenrechte und Gleichberechtigung, dazu internationale und nationale Bewegungen gegen EU-Datenschutzrichtlinien, Waldrodungen, Rassismus und soziale Missstände: Junge Menschen sind politisch und gehen für ihre Überzeugungen auf die Straße. Priska Daphi und Nicole Deitelhoff stellten bereits 2017 fest, dass politische Forderungen zunehmend in Form von Protesten artikuliert werden. Die Autorinnen argumentieren, dass einhergehend mit der „sinkenden Nutzung institutioneller Formen der politischen Beteiligung" die Partizipation an Protesten und sozialen Bewegungen stetig zunehme (Daphi/Deitelhoff 2017, 306). Wolfgang Kühnel und Helmut Willems betonen, dass politisches Engagement und politische Partizipation vor allem für die junge Generation zu einer „lebendigen Demokratie" gehören (Kühnel/Willems 2017, 7). Cristina Flesher Fominaya und Ramón A. Feenstra weisen darauf hin, dass europäische soziale Bewegungen in den vergangenen Jahren zunehmend sichtbar wurden und intensive öffentliche Debatten auslösten (Flesher Fominaya/Feenstra 2020, i).

Das für August 2017 vorbereitete „Camp for Future" im Grundschulpark in Kerpen-Buir, das von der Jugendabteilung des Bunds für Umwelt und Naturschutz Deutschland (BUND) konzipiert wurde, konnte in der ursprünglich geplanten Form nicht stattfinden. Die Gemeinde lehnte den Antrag zur Durchführung ab, da das geplante internationale Zeltlager im Zusammenhang mit den Protesten gegen die Rodung des Hambacher Forsts zur Braunkohlegewinnung stand. Die Schatzmeisterin der örtlichen CDU argumentierte, es habe erhebliche Zweifel an der ordnungsgemäßen Durchführung der Veranstaltung gegeben, und die „partygeilen und spaßbesessenen Jugendlichen" hätten nur Unordnung hinterlassen (Parth 2017). Der RWE-Vorstandschef und die Behörden sprachen mit Bezug auf die militanten „Widerstandsnester" (ebd.) im Hambacher Forst von „Ökoterroristen" und „brutalen Waldbesetzern" (Beutin 2019). Der CDU-Europaabgeordnete Sven Schulz nannte die Teilnehmenden der EU-weiten Demonstrationen im Kontext der EU-Urheberrechtsreform „Bots" und sprach von einer „gesteuerten Kampagne von Google" (Der Standard 2019). Ähnlich argumentierte der Verhandlungsführer der CDU im EU-Parlament, Axel Voss, der die Demonstrierenden als „inhaltlich Ahnungslose und von Google Instrumentalisierte" bezeichnete (Hurtz 2019). Die EU-Kommission legte im gleichen Duktus nach, indem sie die Demonstrierenden pauschal als „Mob" betitelte (Laaf/Hegemann 2019). Im März 2019 kritisierte der Bundesvorsitzende der FDP, Christian Lindner, Schüler*innen, die während ihrer Unterrichtszeit bei Fridays for Future mitliefen. Er sprach ihnen ausreichendes Wissen zum Thema Klimaschutz ab und ergänzte seine Aussage mit den Worten: „Das ist eine Sache für Profis." (Frankfurter Rundschau 2019). Marc Jongen als damaliger stellvertretender Landessprecher der AfD Baden-Württemberg und Mitglied des Bundestags bezeichnete Greta Thunberg als „krankes Kind", das in einer von Erwachsenen „professionell inszenierten Kampagne" missbraucht werde (Schneider 2019).

Dieser Aufsatz beschäftigt sich mit der Frage, wie staatliche Akteur*innen, Politiker*innen und Medien auf aktuelle Proteste und Protestbewegungen reagieren und ob sich die damit verbundenen Wahrnehmungsschemata und Diskursstrategien seit 1945 in der Bundesrepublik Deutschland verändert haben. Die Herausgeber*innen Julia Kleinschmidt und David Templin arbeiteten in der Einleitung ihres Sammelbands zum staatlichen Handeln in Reaktion auf die „neuen sozialen Bewegungen" in den 1970er- bis 1980er-Jahren zwei zentrale Befunde heraus: Erstens sei die bisher vertretene Forschungsthese einer Fundamentalliberalisierung des staatlichen Umgangs mit Protest im Untersuchungszeitraum nur bedingt nachweisbar. Zweitens habe es schon immer Konfliktlinien innerhalb staatlicher Institutionen bei der Bewertung von Protestbewegungen gegeben (Kleinschmidt/Templin 2018, 44). Im vorliegenden Aufsatz wird zunächst dargestellt, wie sich die staatlichen und medialen Reaktionen auf Protestbewegungen junger Menschen seit 1945 veränderten. Anschließend wird der Frage nachgegangen, welche Diskursstrategien angewandt wurden und werden, um Protestbewegungen zu delegitimieren. In Anlehnung an die Befunde von

Kleinschmidt und Templin wird untersucht, ob die herausgearbeiteten Konfliktlinien der 1970er- bis 1980er-Jahre innerhalb staatlicher Institutionen und Parteien weiterhin Bestand haben.

Staatliche und mediale Reaktionen auf Protestbewegungen junger Menschen seit 1945

Erst in den 1950er-Jahren festigte sich die heutige Verknüpfung von „Protest und Jugend" (Lindner 1996, 17–18). Die Proteste in der Bundesrepublik Deutschland der 1950er- und frühen 1960er-Jahre waren geprägt von zwei großen Friedensbewegungen, von Arbeiter*innenprotesten und vielen weiteren Protesten gegen die Politik der noch jungen Bundesrepublik. Mit dem allmählich wachsenden Wohlstand wuchs auch die Freizeit der jungen Menschen, die zunehmend als neue Protestgruppe auftraten. Zeitgenössisch wurde eine der neuen jungen Protestgruppen aufgrund der spezifischen Protestformen und des antigesellschaftlichen Habitus als „Halbstarke" bezeichnet. Sie rebellierten gegen soziale Zwänge und autoritäre gesellschaftliche Strukturen. Diese Proteste spielten sich vor dem Hintergrund eines ungewöhnlich stark ausgeprägten Generationenkonflikts ab (Gassert 2018, 97). Das teilweise repressive militärisch-polizeiliche Vorgehen von Seiten verschiedener Exekutivorgane führte bereits Jahre vor den Ereignissen von 1967 bis 1968 zu Eskalationen zwischen jungen Protestierenden und staatlichen Akteur*innen. Ein bekanntes Beispiel für die sogenannten „Halbstarkenkrawalle" sind die „Schwabinger Krawalle" im Juni 1962. Nach der polizeilichen Festnahme von Straßenmusikern im Münchner Stadtteil Schwabing kam es innerhalb von kürzester Zeit zu auf der Straße ausgetragenen Auseinandersetzungen zwischen jungen Menschen und der Polizei. Diese reagierte mit zum Teil berittenen Kommandos und schlug mit Gummiknüppeln auf die vermeintlich „Halbstarken" ein. Der Münchner Oberbürgermeister Hans-Jochen Vogel (SPD) legitimierte dieses Vorgehen mit den Worten: „Mir sind die Knochen meiner Beamten lieber als die Gesundheit unvernünftiger Rowdys und Schreier." (Der Spiegel 1962, 51) Der Spiegel schrieb dazu: „Beamten der Münchner Stadtpolizei war der Unterschied zwischen Rabauken und schuldlosen Passanten freilich nicht ganz geläufig. Die meist knapp zwanzigjährigen Absolventen der Polizeischule knüppelten wahllos auf Jugendliche, Frauen, Mädchen und ältere Leute ein." (ebd.) Weitere Beispiele für sogenannte „Halbstarkenkrawalle" waren die eng mit dem Phänomen verbundenen „Veranstaltungskrawalle" im Kontext von Auftritten des Rock-'n'-Roll-Sängers Bill Haley im Herbst 1958 in West-Berlin, Hamburg, Essen und Stuttgart sowie die

Ausschreitungen im Anschluss an ein Konzert der Rolling Stones im September 1965 in West-Berlin. Philipp Gassert argumentiert, dass sich die „Halbstarkenkrawalle" vor dem Hintergrund des Verhaltens der Polizei als „typisches Konfliktmuster einer von autoritären und patriarchalischen Leitbildern geprägten Gesellschaft verstehen" lassen. Der Versuch der „staatlichen Ordnungshüter", Proteste durch Gewalt und ohne jegliche psychologische Schulung oder Einfühlungsvermögen zu regulieren, sei ein gängiges polizeiliches Verhaltensmuster bis in die 1970er-Jahre gewesen. Besonders deutlich habe sich dies bei den Demonstrationen gegen den iranischen Schah am 2. Juni 1967 in West-Berlin und der damit verbundenen Tötung des Studenten Benno Ohnesorg durch einen Polizisten gezeigt (Gassert 2018, 101–102). Die „Halbstarken" wurden von der Öffentlichkeit differenzierter als von staatlichen Akteur*innen und Institutionen betrachtet. Es gab zwei Grundhaltungen: eine strikt ablehnende Haltung, die besonders von Politiker*innen und den konservativen Medien geprägt war, sowie eine verständnisvollere Haltung vonseiten der liberalen Presse und der damit verbundenen Gesellschaftsteile. Im Rahmen einer demoskopischen Untersuchung zu den Protesten junger Menschen wurde die Frage gestellt, ob die „Zusammenrottung der Halbstarken eine öffentliche Gefahr" darstelle oder ob die Zeitungen bei ihren Darstellungen übertreiben würden. 56 % der Teilnehmenden gaben an, dass die Medien die Gefahren, die von jungen Protestierenden ausgingen, übertrieben darstellen würden. 22 % sahen in den „Krawallen" eine Gefahr für die öffentliche Sicherheit (vgl. Krumme 2006, 244). Alle Parteien wähnten im klandestinen Milieu der „Halbstarkenkrawalle" Hintermänner, die, je nach politischer Ausrichtung und Perspektive, ganz unterschiedliche Ziele verfolgten. Während sozialdemokratische Politiker*innen hinter den „Krawallen" eine konservativ-militaristische Zielsetzung zur Wiedereinführung der Wehrpflicht vonseiten der Regierungsparteien vermuteten, behaupteten die Regierungsparteien, dass Wehrdienstgegner*innen und kommunistische Gruppen die „Krawalle" geplant hätten, um die innere Ordnung der Bundesrepublik zu destabilisieren (vgl. ebd., 246). Die Akteur*innen selbst sowie deren Proteste und Ziele wurden aufgrund der politischen Instrumentalisierungen durch die Medien und die Politik aus dem Diskurs ausgeschlossen.

1962 schrieb Heinrich Hannover, geprägt von seinen Erfahrungen als Pflichtverteidiger und Rechtsanwalt in „Kommunistenprozessen" ab Mitte der 1950er-Jahre, ein als Handbuch konzipiertes Werk mit dem Titel „Politische Diffamierung der Opposition im freiheitlich-demokratischen Rechtsstaat". Hannover beschrieb darin jenen Ausschluss der Opposition aus dem politischen Diskurs mit folgenden Worten:

„Umgekehrt aber verlassen auch der Regierung nahestehende Kräfte den Boden der Verfassung, wenn sie der Opposition nicht nur in dem um die Regierungsgewalt im Staate geführten Kampf der Meinungen entgegentreten, sondern ihr überhaupt die Berechtigung bestreiten wollen, an diesem Kampf teilzunehmen. (…) Eine systematische Propagandakampagne, die alle oppositionellen Meinungsträger (Einzelpersönlichkeiten, Vereinigungen, Presseerzeugnisse usw.) in den Verdacht bringt, an einer kommunistischen Verschwörung gegen die Freiheit mitzuwirken, erfüllt die Voraussetzungen, unter denen die Notwehrparagraphen der Demokratie nicht gegen die Diffamierten, sondern gegen die Verleumder selbst in Funktion zu treten haben." (Hannover 1962, 7–8)

Am Ende des Buchs beschreibt Hannover rechtliche Möglichkeiten, wie sich „oppositionelle Meinungsträger" gegen Formen politischer Diffamierung – wie „Kontaktschuld", „Konsensschuld", „polemisch(e) Umdeutung", „Vorwurf der Einseitigkeit" und die „Nützlichkeitsmethode" – zur Wehr setzen können.

Am Beispiel Hamburg verdeutlichte der Historiker Klaus Weinhauer, wie sich die polizeilichen Wahrnehmungsmuster und Handlungsparadigmen während der Studentenrevolte (1966–1969) sowie die öffentlichen Wahrnehmungsschemata der Gesellschaft, der Medien und der Politik zu den Straßenprotesten gegenseitig beeinflussten. Die polizeilichen Großeinsätze gegen protestierende Studierende sorgten besonders zwischen 1967 und 1968 für ein großes mediales Interesse. Die Polizei sah sich dazu gezwungen, öffentliche Erklärungen zu den staatlichen Reaktionen auf die Straßenproteste abzugeben. Im Rahmen einer Anti-Vietnamkrieg-Demonstration vor dem US-amerikanischen Konsulat kam es am 4. Juli 1966 zu offenen Auseinandersetzungen im öffentlichen Raum zwischen jungen Protestierenden und der Polizei. Klaus Weinhauer konnte anhand von Quellenauswertungen nachweisen, dass der damalige Kommandeur der Hamburger Schutzpolizei, Martin Leddin, wenige Tage nach den Auseinandersetzungen intern über vermeintliche Beweise sprach, dass die Demonstration „kommunistisch unterwandert" gewesen sei (Weinhauer 2003, 299). Bei einer weiteren Anti-Vietnamkrieg-Demonstration am 17. Februar 1967 kam die Unterstellung einer „kommunistischen Unterwanderung" vonseiten der Polizei in Form einer Frage auf. Gefragt wurde, ob die Demonstration spontan entstanden oder ob sie kommunistisch und demnach von der DDR „gelenkt" worden sei (ebd., 302). Die Verbindung des bundesdeutschen Antikommunismus mit vermeintlich „kommunistisch gelenkten" Straßenprotesten lässt sich besonders eindrücklich am berühmt gewordenen, im wahrsten Sinne des Wortes als Schlagzeile formulierten Aufruf der Bild-Zeitung mit dem Titel „Stoppt den Terror der Jung-Roten!" nachzeichnen (Schröder 2018). Die CSU stellte Rudi Dutschke, einen der studentischen Wortführer der Revolte, als „ungewaschene, verdreckte und verlauste Kreatur" (zit. n. Siegfried 2018, 163–164) dar, während die Bild-Zeitung von „Politgammlern" und „Wirrköpfen" sprach.

Mit den Entwicklungen der „Neuen Sozialen Bewegungen" in den 1970er- bis 1980er-Jahren veränderten sich zum Teil auch die staatlichen und medialen Reaktionen auf Protestbewegungen. Die Besetzungen des Atomkraftwerkbauplatzes in Wyhl am 18. und 23. Februar 1975 sowie die darauffolgenden Aktionen und Ereignisse können als Kulminationspunkte der teilweise veränderten staatlichen Wahrnehmungsmuster und Handlungsschemata verstanden werden. Der baden-württembergische Ministerpräsident Hans Filbinger versuchte wiederum in antikommunistischer Tradition die Protestakteur*innen am Bauplatz zu diskreditieren, indem er eine sowjetische Einflussnahme suggerierte. Er bezeichnete die Demonstrierenden als „Kommunisten" und unterstellte indirekt deren Lenkung durch feindliche Staaten und ortsfremde Radikale (vgl. Engels 2003, 115–117). Die örtlichen Polizisten weigerten sich jedoch, weiterhin mit Gewalt gegen die Demonstrierenden vorzugehen, da sie die regionalen Motive und Ziele des Protestes kannten und nicht für politisch fragwürdige Entscheidungen verheizt werden wollten. Besonders die Teilnahme von Kindern, Studierenden, Intellektuellen, Bäuer*innen, Lokalpolitiker*innen und großen Teilen des „lokalen Establishments" sowie die Gewaltfreiheit führte zum Erfolg der Proteste gegen den Bau des Atomkraftwerks (vgl. Gassert 2018, 149–150). Obwohl die Ausgangslage in Brokdorf anfangs ähnlich war, führte die Spaltung innerhalb der Protestbewegung zur Möglichkeit der Delegitimierung der Proteste. Der Streit zwischen gemäßigten Anti-Nuklear-Aktivist*innen und einer militanten Gruppe sowie das härtere Durchgreifen der Polizei können als Hauptgründe verstanden werden, warum es zu militanten und gewalttätigen Handlungsformen gegen die Polizei in Brokdorf kam. Dadurch gelang es der Politik und den staatlichen Institutionen, die Proteste zu delegitimieren. Die gewalttätige Räumung von „Linksradikalen" durch die Polizei stellte sich deutlich einfacher dar als eine mögliche Räumung des lokalen Establishments in Wyhl (vgl. ebd, 150). Sylvia Schraut fasst die Proteste der Friedensbewegungen in den 1980ern wie folgt zusammen:

„Die Ordnungsbehörden sicherten in den protestreichen frühen 1980er Jahren pflichtschuldig verfassungsrechtlich legitimierte öffentliche Fastenaktionen, Mahnwachen, Menschenketten, Kundgebungen und Großdemonstrationen – von den politischen Entscheidern wurden sie geflissentlich ignoriert oder die Pazifisten als Steigbügelhalter sowjetischer Interessen gebrandmarkt." (Schraut 2018, 75)

Anfang der 1980er-Jahre entstanden in Frankfurt am Main, Berlin, Hamburg, München und vielen weiteren Städten teils militante Hausbesetzerszenen. Allein 1981 wurden nach Recherchen von Sven Reichardt in 153 Städten 595 Hausbesetzungen durchgeführt, die keine „zentrale Steuerung" erkennen ließen. Reichardt fasst die damaligen staatlichen und medialen Reaktionen auf die Hausbesetzungen wie folgt zusammen: „Durch dramatische Berichterstattungen von der Hamburger Morgenpost über das Hamburger Abendblatt bis zu Bild und durch die politischen Äußerungen der städtischen CDU wurden die Hausbesetzer schnell kriminalisiert." (Reichardt 2014, 502). Dies habe, so Reichardt, zur Radikalisierung der örtlichen Szenen beigetragen, was wiederum auch weitere militante Aktivist*innen anzog.

An den Friedensbewegungen des Jahres 1991 gegen den Irakkrieg beteiligten sich erneut viele junge Menschen. Als Ursache für die überwiegend von jungen Menschen getragene globalisierungskritische Occupy-Bewegung ab 2011 bezeichnete Wolfgang Kraushaar die globale Finanzkrise (2007–2009). Der Weckruf des Protests sei jedoch der Arabische Frühling gewesen (Kraushaar 2012). Das Zentrum der deutschen Occupy-Bewegung, die sich unter anderem gegen soziale Ungleichheiten und Spekulationsgeschäfte von Banken richtete, wurde mit Frankfurt am Main einer der wichtigsten Banken- und Aktienmärkte Europas. Zügig solidarisierten sich führende Politiker*innen der Parteien Die Linke (u. a. Sahra Wagenknecht, Oskar Lafontaine) sowie der SPD (u. a. Andrea Nahles, Michael Sommer) mit der Protestbewegung. Auch Mitglieder der CDU (u. a. Angela Merkel, Wolfgang Schäuble) äußersten Verständnis gegenüber den Demonstrierenden (Jacobsen 2011). In der taz erschien im Oktober 2011 ein Artikel, in dem eine Vereinnahmung der Occupy-Bewegung durch die „obskure US-Vereinigung Zeitgeist-Bewegung" suggeriert wurde. Am Ende des Beitrags schrieb der Autor: „Die Occupy-Demonstranten sollten aufpassen, dass sie nicht von einer obskuren Bewegung unterspült werden – falls das nicht ohnehin schon passiert ist." (Dachsel 2011) Spencer Sunshine warnte in einer in der Jungle World abgedruckten Analyse ebenfalls vor einer Unterwanderung der Bewegung durch rechte Aktivist*innen (Sunshine 2014).

Zusammenfassend lassen sich an den hier exemplarisch skizzierten Beispielen folgende staatliche und mediale Reaktionen auf Protestbewegungen junger Menschen seit 1945 feststellen:

1. Politische Akteur*innen und staatliche Institutionen, besonders die Exekutivorgane der Bundesrepublik Deutschland, reagierten in den 1950er- bis 1960er-Jahren oft mit repressiven militärisch-polizeilichen Praktiken auf Straßenproteste junger Menschen. Mit Bezug auf den stark ausgeprägten Antikommunismus der bundesdeutschen Nachkriegszeit wurden Protestbewegungen häufig von der Polizei und konservativ-staatsnahen Pressehäusern als „kommunistisch unterwandert" und damit von Feinden „gelenkt" dargestellt. Die Motive, Ziele und Handlungsformen der Demonstrierenden hingegen wurden aus dem Diskurs verdrängt und die Aktivist*innen aufgrund von auf Äußerlichkeiten fixierte Beschreibungen delegitimiert. Straßenproteste waren bis in die zweite Hälfte der 1960er-Jahre hinein eine nur bedingt anerkannte gesellschaftliche Form politisch-demokratischer Partizipation.
2. In den 1970er- bis 1980er-Jahren gingen staatliche Akteur*innen deutlich differenzierter gegen Protestbewegungen vor. Die staatlichen Handlungspraktiken unterschieden sich regional und themenspezifisch stark voneinander. Während sich friedliche, sozial breit vernetzte und regionalpolitisch verankerte Protestbewegungen auch im öffentlichen Raum erfolgreich durchsetzen konnten, wurden heterogene Protestbewegungen mit militanten und gewalttätigen Handlungs- und Praxisformen im Rahmen des Schwerpunktprogramms „Innere Sicherheit" mit professionalisierter polizeilicher Gewaltanwendung aufgelöst. Gelang es den staatlichen Institutionen und Akteur*innen, Demonstrierende als „Radikale" und „Linksextremisten" zu bezeichnen und deren Handlungsformen als gewalttätig im öffentlichen Diskurs zu rahmen, konnte die Polizei mit umfangreichen Maßnahmen Protestbewegungen gezielt zerschlagen. Die Politik verweigerte daraufhin auch eine ernsthafte Auseinandersetzung mit den politischen Inhalten der legal und gewaltfrei agierenden Protestierenden. Diskursstrategien, wie die Lenkung und Unterwanderung der Protestbewegung durch Staatsfeinde, spielten weiterhin eine große Rolle bei der Delegitimierung des Protests. Gleichzeitig kam es partei- und institutionsintern zu größeren Konfliktlinien im Kontext der Bewertung von Protestereignissen. Generell nahm die Akzeptanz von Straßenprotesten anhand der täglich stattfindenden und teils Hunderttausende Menschen umfassenden Proteste deutlich zu.
3. Mit Ausnahme der frühen 1990er-Jahre nahm die Beteiligung junger Menschen ebenso wie die generelle Beteiligung an Straßenprotesten bis in die 2010er-Jahre kontinuierlich ab. Die globale Finanzkrise sowie der Arabische Frühling hatten wesentliche Einflüsse auf das Protestverhalten in der Bundesrepublik. Seitdem steigt die politische Partizipation an öffentlichen Protesten

durch junge Menschen zunehmend. Die Reaktionen politischer Akteur*innen auf Protestbewegungen ist deutlich heterogener geworden, und auch führende Politiker*innen reagieren zum Teil widersprüchlich zur eigenen Partei auf Protestphänomene. Diskursstrategien, wie die Lenkung und Unterwanderung von Protestbewegungen, die Extremisierung von militanten Handlungsformen sowie die Delegitimierung von Protestakteur*innen aufgrund ihres Alters, ihrer politischen Zugehörigkeit, ihres Auftretens oder ähnlicher Merkmale, werden weiterhin medial und politisch eingesetzt. Öffentlicher Protest und Straßenproteste werden von jungen Menschen als Handlungsmöglichkeiten „lebendiger Demokratie" genutzt. Der Druck auf die parlamentarischen Entscheidungsträger*innen kann dadurch individuell gesteuert werden. Besonders drei Diskursstrategien der Medien und der Politik zur Delegitimierung von Protestbewegungen und Protestakteur*innen konnten als historische Konstanten in der Geschichte der Bundesrepublik in dieser kursorischen Darstellung festgestellt werden: eine *Objektivierung* der Demonstrierenden durch vermeintliche Unterwanderung und Lenkung von Protesten, die *Extremisierung* von militanten Handlungsformen im Rahmen von Protesten sowie die *Stigmatisierung* durch altersbedingte, politische, soziale, kulturelle und andere Merkmale der Protestteilnehmer*innen. Werden Protestbewegungen und die handelnden Akteur*innen in öffentlichen Diskursen mit einer oder allen genannten Positionen in Verbindung gebracht, werden die Motive, Handlungsformen und Ziele mit hoher Wahrscheinlichkeit als illegitim dargestellt. Die Delegitimierung von Protesten, Protestakteur*innen und Protestbewegungen erlaubt es im weiteren Verlauf des Diskurses, die Inhalte zu marginalisieren und zu verdrängen. Die tieferliegenden Konflikte und die damit verbundenen gesellschaftlichen Spannungen werden sodann nicht mehr wahrgenommen und zum Teil bewusst ausgeblendet. Mit Blick auf die Medienberichterstattung von Großdemonstrationen kommen die Autoren Simon Teune und Moritz Sommer zu dem Ergebnis, dass in der Berichterstattung der Medien, bezogen auf einzelne Demonstrationen, die Grenzen des Akzeptierten ausgehandelt werden (Teune u.a. 2017, 47). Die Autoren stellen fest: „Ein Protest, in dessen Rahmen es zu Konflikten mit der Polizei kommt, gilt als gescheitert; ein Protest der Ressentiments mobilisiert, seien es rassistische, anti-elitäre oder antiamerikanische, gilt als illegitim. In diesen Fällen wird die Abgrenzung in scharfer Sprache vorgetragen." (ebd) Die historisch konstanten delegitimierenden Deutungsroutinen von Protestbewegungen, die mit den herausgearbeiteten Diskursstrategien verbunden sind, bieten damit medialen und politischen Akteur*innen die Möglichkeit, Protestformen und Protestbewegungen ohne eine weitere inhaltliche Auseinandersetzung abzuwehren und gleichzeitig die zugrunde liegenden Motive und Konflikte systematisch auszublenden.

Fazit

Versteht man Protestbewegungen als öffentliche Projektionsflächen gesellschaftlicher Aushandlungsprozesse wird deutlich, dass es in der Bundesrepublik Deutschland seit 1945 historisch gewachsene delegitimierende Deutungsroutinen gegenüber außerparlamentarischen Protesten gibt. Diese Deutungsroutinen werden beständig aktualisiert und an die jeweilige Oppositionsgruppen angepasst, ohne die damit verbundene immanente Argumentationslogik zu verändern. Wenn konservative Medien und Politiker*innen von „Ökoterroristen" und „brutalen Waldbesetzern" im Kontext der Proteste rund um die Rodung des Hambacher Forsts zwischen 2017 und 2019 sprachen, wird deutlich, dass es sich dabei letztlich um eine gezielte Kriminalisierungsstrategie gegen eine überwiegend friedliche Protestgemeinschaft handelte. Mit der Überbetonung des vorhandenen Gewaltpotenzials wurden alle Protestakteur*innen „extremisiert" und deren Motive und Ziele, Umweltschutz zu betreiben, aus dem Diskurs verdrängt. Diese Verdrängung der Motive und Ziele von Protestbewegungen durch die *Extremisierung, Objektivierung* und *Stigmatisierung* von Protestakteur*innen führt oft zu starken Resignationsgefühlen von besonders jungen und unerfahrenen Demonstrierenden. In der Regel führen diese Resignations- und Enttäuschungserfahrungen, die eng verbunden sind mit dem Gefühl, dass politische und mediale Akteur*innen die Proteste nicht ernst nehmen oder gezielt von deren Inhalten ablenken wollen, zur Einstellung der Protesthandlungen. Für einen kleinen Teil der Demonstrierenden können diese Erfahrungen jedoch stark radikalisierungsfördernd wirken, besonders in Kombination mit Polizeigewalt, die als illegitim angesehen wird. Politische und mediale Akteur*innen, die die herausgearbeiteten Diskursstrategien heute noch verwenden, sollten sich darüber bewusst sein, dass sie dadurch Radikalisierungsprozesse fördern und Verantwortung für die Folgen tragen. Ein großer Teil der heutigen Politiker*innen und Medienschaffenden sind sich dieser Verantwortung bewusst und reagieren verständnisvoll auf Protestbewegungen für den Klimaschutz, für Menschenrechte etc. Teile der Akteur*innen tendieren jedoch dazu, paternalistisch aufzutreten.

Besonders junge Protestbewegungen und Protestakteur*innen sollten sich im Klaren darüber sein, dass öffentliche Proteste heute in der Bundesrepublik Deutschland zwar vollständig akzeptiert sind, aber politische Entscheidungen weiterhin fast ausschließlich durch parlamentarische, wirtschaftliche oder andere

Initiativen vorgeschlagen und in Form von Gesetzen umgesetzt werden. Neben der bereits hochprofessionellen Öffentlichkeitsarbeit von Protestgemeinschaften zum Umgang mit delegitimierenden Diskurstrategien besteht deshalb die Notwendigkeit, den Umgang mit Enttäuschungs- und Resignationserfahrungen in Protestkontexten stetig zu professionalisieren. Ein Verständnis für die Langlebigkeit von delegitimierenden Diskursstrategien in der Bundesrepublik Deutschland kann dazu beitragen, professionell mit den damit verbundenen Vorwürfen umzugehen, aus in der Vergangenheit stattgefundenen Fehlinterpretationen zu lernen und aus den historischen Erfahrungen eigene Diskurstrategien zum Umgang mit delegitimierenden Zuschreibungen zu entwickeln.

Literaturverzeichnis

Beutin, Lorenz Gösta 2019: Das Hambacher-Wald-Syndrom. In: Neues Deutschland online v. 15.2. https://www.neues-deutschland.de/artikel/1112378.kriminalisierung-von-klimaaktivisten-das-hambacher-wald-syndrom.html (Download 10.5.2020).

Dachsel, Felix 2011: Die dunkle Seite des Bankenprotests. In: taz online v. 21.10. https://taz.de/Occupy-Bewegung/!5109348/(Download 10.5.2020).

Daphi, Priska/Deitelhoff, Nicole 2017: Protest im Wandel? Jenseits von Transnationalisierung und Entpolitisierung. In: Daphi, Priska u.a. (Hg.) 2017: Protest in Bewegung? Zum Wandel von Bedingungen, Formen und Effekten politischen Protests. Baden-Baden. 306–322.

Engels, Jens Ivo 2003: Geschichte und Heimat. Der Widerstand gegen das Kernkraftwerk Wyhl. In: Kerstin Kretschmer (Hg.) 2003: Wahrnehmung, Bewusstsein, Identifikation. Umweltprobleme und Umweltschutz als Triebfedern regionaler Entwicklung. Freiberg. 103–130.

Flesher Fominaya, Cristina/Feenstra, Ramón A. 2019: Half Title. In: Flesher Fominaya, Cristina/Feenstra, Ramón A. (Hg.) 2019: Routledge Handbook of Contemporary European Social Movements. Protest in Turbulent Times. New York. i-ii.

Frankfurter Rundschau 2019: Christian Lindner eckt mit Kritik an Schülerprotesten gegen Klimawandel an. In: Frankfurter Rundschau online v. 11.3. https://www.fr.de/politik/fridays-for-future-christian-lindner-kritisiert-schuelerdemonstrationen-gegen-klimawandel-11842275.html (Download 10.5.2020).

Gassert, Philipp 2018: Bewegte Gesellschaft. Deutsche Protestgeschichte seit 1945. Stuttgart.

Hannover, Heinrich 1962: Politische Diffamierung der Opposition im freiheitlich-demokratischen Rechtsstaat. Dortmund.

Hurtz, Simon 2019: Ein erstaunlich menschlicher Bot-Mob. In: Süddeutsche Zeitung online v. 24.3. https://sz.de/1.4380843 (Download 10.5.2020).

Jacobsen, Lenz 2011: Seid umarmt, Protestler! In: Zeit online v. 22.10. https://www.zeit.de/gesellschaft/zeitgeschehen/2011-10/Occupy-Medien/komplettansicht (Download 10.5.2020).

Kleinschmidt, Julia/Templin, David 2018: Einleitung. In: Kleinschmidt, Julia u.a. (Hg.): Den Protest regieren. Staatliches Handeln, neue soziale Bewegungen und linke Organisationen in den 1970er und 1980er Jahren. Essen. 7–44.

Kraushaar, Wolfgang 2012: Die Occupy-Bewegung. In: Bundeszentrale für politische Bildung online v. 9.5., https://www.bpb.de/politik/wirtschaft/finanzmaerkte/135540/occupy-bewegung?p=all (Download 10.5.2020).

Krumme, Sebastian 2006: Halbstarke. Jugendprotest in den 1950er Jahren in Deutschland und den USA. Frankfurt am Main.

Kühnel, Wolfgang/Willems, Helmut 2017: Einleitung. In: Kühnel, Wolfgang/Willems, Helmut (Hg.) 2017: Politisches Engagement im Jugendalter. Zwischen Beteiligung, Protest und Gewalt. Weinheim. 7–15.

Lindner, Werner 1996: Jugendprotest seit den fünfziger Jahren. Dissens und kultureller Eigensinn. Opladen.

Parth, Christian 2017: Fuchs gegen die Maschine. In: Zeit online v. 9.8. https://www.zeit.de/gesellschaft/2017-08/braunkohleabbau-nrw-rwe-hambacher-forst-protest/komplettansicht (Download 10.5.2020).

Reichardt, Sven 2014: Authentizität und Gemeinschaft. Linksalternatives Leben in den siebziger und frühen achtziger Jahren. Berlin.

Schneider, Jens 2019: Wie die deutschen Parteien zu den Klimademonstrationen stehen. In: Süddeutsche Zeitung online v. 23.4. https://sz.de/1.4417558 (Download 10.5.2020).

Schraut, Sylvia 2018: Terrorismus und politische Gewalt. Göttingen.

Schröder, Christian 2018: Welche Rolle spielte die Presse bei dem Attentat auf Rudi Dutschke? In: Der Tagesspiegel online v. 11.4. https://www.tagesspiegel.de/kultur/50-jahre-nach-den-schuessen-welche-rolle-spielte-die-presse-bei-dem-attentat-auf-rudi-dutschke/21160840.html (Download 10.5.2020).

Siegfried, Detlef 2018: 1968. Protest, Revolte, Gegenkultur. Ditzingen.

Spiegel, Der 1962: Schwabing-Streiche. In: Der Spiegel v. 4.7. 51–52.

Standard, Der 2019: EU-Urheberrecht: Demonstranten reagieren auf Verschwörungstheorie von CDU-Politiker. In: Der Standard online v. 17.2. https://www.derstandard.de/story/2000098123249/eu-urheberrecht-demonstranten-reagieren-auf-verschwoerungstheorie-von-cdu-politiker (Download 10.5.2020).

Sunshine, Spencer 2014: Die rechte Hand von Occupy Wall Street. In: Jungle World online v. 11.12. https://jungle.world/artikel/2014/50/die-rechte-hand-von-occupy-wall-street (Download 10.5.2020).

Teune, Simon/Sommer, Moritz 2017: Zwischen Emphase und Aversion. Großdemonstrationen in der Medienberichterstattung. ipb working paper. https://protestinstitut.eu/wp-content/uploads/2017/11/ipb-working-paper-Grossdemonstrationen-in-den-Medien_web.pdf (Download 10.5.2020).

Weinhauer, Klaus 2013: Schutzpolizei in der Bundesrepublik. Zwischen Bürgerkrieg und Innere Sicherheit: Die turbulenten sechziger Jahre. Paderborn.

WILLI VAN OOYEN

3.2 Frieden schaffen – Blick aus der Protestpraxis

Abstract:
Aktuelle Anstöße für Protest und Widerstand sind die Bedrohungen durch soziale und politische Veränderungen oder auch Erwartungen. Es hat in den vergangenen Jahrzehnten vielfältige Initiativen und Aufbrüche für die Veränderung der politischen Zustände gegeben. Was können neue Bewegungen aus der Historie der traditionsreichen Friedensbewegung lernen? Ein Blick aus der Geschichte in die Gegenwart.

Wo bleibt die Friedensbewegung?

In diesem Text soll es um die Friedensbewegung gehen – und um meine Erfahrungen damit, die in den Sechzigerjahren des vorigen Jahrhunderts begannen. Ich weiß, dass die Friedensbewegung in der öffentlichen Wahrnehmung immer an ihren Höhepunkten gemessen wird, etwa den Antiraketenprotesten der Achtzigerjahre oder den Protesten am 15. Februar 2003 gegen den damals drohenden Irakkrieg. Doch auch in der jüngeren Vergangenheit ist das Engagement für eine andere Politik nicht wirklich geringer geworden. Im Gegenteil mobilisieren viele aktuelle Bewegungen Anhänger*innen, indem sie Erwartungen und Hoffnungen artikulieren; und das in einer Zeit, in der die Militarisierung der Politik durch die Globalisierung der Kriege und die Gefahr der weltweiten Vernichtung zugenommen hat. Heute die Frage zu stellen, wo da eigentlich die Friedensbewegung bleibe, ist also berechtigt. Wir müssen Antworten liefern.

Sich mit dem Irakkrieg auseinanderzusetzen, mit der Zerstörung Jugoslawiens und den andauernden Militäreinsätzen, aktuell mit dem Bürgerkrieg in der Ukraine, dem Syrienkonflikt, dem Krieg im Jemen, mit Mali, Libyen, mit Palästina („Die Mauer muss fallen!") und schon fast zwei Jahrzehnte mit Afghanistan und dem Irak, all das hat viel Kraft und Zeit in Anspruch genommen. Die Aktionen der Initiative Atomwaffen abschaffen (Büchel) sowie gegen die Militärstandorte (Freie Heide, Unterlüß, Ramstein), die innere Militarisierung („Verfassungsschutz"), die aktuellen Überwachungs- und Polizeigesetze und die Waffenexporte wie auch die Frage der Senkung der Rüstungslasten beziehungsweise die Forderung nach Rüstungskonversion sind Themen, die in unterschiedlichen Initiativen der Friedensbewegung behandelt und mit Aktionen begleitet werden.

Die Politisierung voranbringen

Wichtig bleibt, den Protest gegen den Krieg in die Mitte der Gesellschaft zu tragen und dort zu verankern. Erschwert wird das bisher durch die Zerrissenheit unserer Gesellschaft in der Frage Krieg und Frieden, auch unterstützt durch die Kriegsabenteuer ehemaliger Friedensbewegter. Den Zusammenhang von Militarisierung und sozialer Gerechtigkeit in die alltäglichen politischen Auseinandersetzungen einzubringen, wird die Hauptaufgabe der Friedensbewegung bleiben.

Die Politisierung von Menschen – zumal von jüngeren – vollzieht sich erfahrungsgemäß auf zwei Wegen. Da ist erstens das längerfristige Annähern, das in der Regel durch kollektive Prozesse in Initiativen und Organisationen führt, wo man sich nach und nach die „richtigen" Meinungen und Überzeugungen erarbeitet; und zweitens der jähe, ereignishafte Sprung, der meistens mit Empörung und Wut über politische Einschnitte beginnt – wobei die Mobilisierung emotional wirkt und sich der Überbau meistens erst später einstellt.

So entstandene Bewegungen (wie die Lehrlingsbewegung in den frühen Sechzigerjahren, die 68er-Bewegung, die Bewegung gegen die Atombewaffnung, die Anti-AKW-Bewegung von Wyhl und Wackersdorf bis Brokdorf) waren jugendlich geprägt.

Neben den spontanen Aktionen und Initiativen bedarf es deshalb organisierender Zusammenhänge. Durch die sogenannten Ratschläge, die regelmäßig mit einer stabilen Beteiligung stattfinden, hat sich zum Beispiel der Bundesausschuss Friedensratschlag als eine wichtige Formation der Friedensbewegung herausgebildet. Der friedenspolitische Ratschlag hat sich zum zentralen Bezugspunkt der Friedensbewegung in der Bundesrepublik entwickelt, ergänzend und unterstützend zu anderen Strukturen. In der Friedensbewegung ging es immer auch darum, die unterschiedlichen – oftmals neuen, spontanen – Ansätze der eigenen Bewegung (Antifa-Aktionen, Kampf gegen rechts, Blockupy, Seebrücke, Klimaaktionen …) einzubeziehen, wie auch ganz unterschiedliche Aktionsformen. Erinnert sei an die Aktionen zum Zweiten Golfkrieg im Jahr 1991 mit wochenlangen Dauermahnwachen und den Schüleraktionen „Schwänzen für den Frieden".

Der Schwerpunkt der Friedensbewegung in unserem Land liegt zweifellos in der basisorientierten Verankerung: Hier kommen die Gruppen der Friedensbewegung zusammen, sprechen über aktuelle politische Entwicklungen und die Arbeit der Initiativen – und planen gemeinsame Schwerpunkte und Kampagnen. Darüber hinaus ist der Friedensratschlag zu einem festen Forum geworden, in dem sich die Friedensbewegung und die Friedenswissenschaft austauschen, aber auch Gewerkschafter*innen, Kirchen- und Parteivertreter*innen sowie internationale Friedensaktivist*innen.

Zusammenhänge vermitteln

Das Ziel bleibt, die Frage von Kriegen und Militarisierung wieder zur zentralen politischen Entscheidungsfrage zu machen.

Die Friedensbewegung sollte weiterhin, wie schon in der Vergangenheit, der Tendenz entgegensteuern, Parteien pauschal abzulehnen. Die Parteien müssen mit friedenspolitischen Alternativen konfrontiert werden, und Kritiker*innen innerhalb der Parteien muss die Chance zur aktiven Mitarbeit in der Friedensbewegung gegeben werden. Die außerparlamentarische Friedensbewegung arbeitet auf Veränderungen in der Außen- und Sicherheitspolitik und damit die Verankerung von friedenspolitischen Alternativen zur Regierungspolitik hin. Die außerparlamentarische Arbeit und die Zusammenarbeit mit Parteien aus dem Parlament beziehungsweise mit Abgeordneten sollten nicht als Gegensätze begriffen, sondern als notwendige Ergänzungen verstanden werden. Mit der Partei Die Linke hat die Friedensbewegung aus heutiger Sicht auch im Parlament eine verlässliche Partnerin.

Aus Erfahrung wissen wir, dass es eine fatale Erwartung wäre, darauf zu warten, dass die herrschende Politik sich schnell verändert. Vor solchen Illusionen muss gewarnt werden. Es ist vielmehr wichtig, in der jeweiligen aktuellen Situation zu handeln. Das bedeutet, dass in der Friedensbewegung weiterhin das außerparlamentarische Engagement im Mittelpunkt steht und die Strukturen der Arbeit bestimmt. Wenn ein Paradigmenwechsel in der deutschen und europäischen Außen- und Sicherheitspolitik sowie eine reale Abrüstung durchgesetzt werden sollen, kann dies nicht über den parlamentarischen Weg allein realisiert werden. Von zentraler Bedeutung ist, dass es gelingt, den Widerstand und die Aktionen wieder zu verstärken.

Dennoch: Die pazifistische Grundposition der Friedensbewegung muss aktualisiert werden. Sie zeichnet sich durch eine antimilitaristische Orientierung aus, die militärischen Konfliktlösungsstrategien eine grundsätzliche Absage erteilt. Als Alternative wird die zivile Konflikt- und Krisenprävention entwickelt. Dabei sollten auch Perspektiven aufgezeigt werden, wie der Schutz von Menschenrechten, Gesundheit und Klima mit nichtmilitärischen Konfliktlösungsmodellen zu verbinden und durchzusetzen ist. Zu dieser Thematik ist vor allem eine engere Kooperation beziehungsweise ein Austausch mit internationalen Organisationen und wissenschaftlichen Einrichtungen notwendig.

Frieden schaffen ohne Waffen

Die Frage der Atomwaffen und die technologische Weiterentwicklung der Massenvernichtungswaffen (auch in Richtung Mini-Nukes) stellt die Friedensbewegung vor die Frage, wie der Protest gegen die Atomrüstung reaktiviert werden kann. Die Kündigung des INF-Vertrags ist ein Ereignis, das es notwendig macht, die atomare Bedrohung wieder zentraler in die Arbeit der Friedensbewegung einzuplanen. Die International Campaign to Abolish Nuclear Weapons (ICAN) und der Beschluss der UNO, Atomwaffen generell zu verbieten, machen Mut, zumal viele Städte in unserem Land sich der ICAN-Initiative durch Parlamentsbeschluss angeschlossen haben. Dennoch muss auf den Bundestagsbeschluss vom März 1999 verwiesen werden, der – mit großer Mehrheit – den Abzug aller Atomwaffen forderte, dann aber folgenlos blieb.

Skepsis gegenüber jeglichen Interventionsstrategien, auch Out-of-Area-Einsätzen im Namen oder im Auftrag der UNO, ist angebracht, solange die UNO nicht grundlegend reformiert und die Vorherrschaft der westlichen Industriestaaten nicht überwunden wird. Das derzeitige Agieren der UNO erfolgt letztendlich im Interesse der westlichen Staaten und geht zulasten des globalen Südens.

Die Rüstungsexportpolitik muss durch die laufenden Unterschriftenkampagnen (z.B. „Aktion Aufschrei – *Stoppt* den Waffenhandel", aber auch durch die medialen und juristischen Auseinandersetzungen weiter thematisiert und zurückgedrängt werden.

Von der Friedensbewegung muss auch in Zukunft das Spannungsdreieck Arbeitsplätze, Finanzen und Rüstung thematisiert werden. Hierbei ist vor allem der Zusammenhang zwischen Sozialabbau, weiterer Aufrüstung und Vernichtung von zivilen Arbeitsplätzen herauszustellen.

Angesichts der gestiegenen Kriegsgefahr und der erkennbaren Aussichtslosigkeit militärischer Gewaltpolitik ist mit einem erneuten Anwachsen der Friedensbewegung zu rechnen. Dabei sollte der Krieg als „Fortsetzung der Politik mit anderen Mitteln" in den Mittelpunkt der Kritik gerückt werden.

Die von politischen Parteien geforderte Neuausrichtung der Bundeswehr stellt eine fundamentale Veränderung der Außen- und Sicherheitspolitik der Bundesrepublik dar und muss verhindert werden. Anknüpfungspunkte hierbei könnten Kampagnen zur Schließung von Militärstandorten und Übungsplätzen sein.

Neue Bewegungen ernst nehmen

Durch die globalisierungskritische Bewegung und vielfältige neue Initiativen ist dabei eine nicht zu unterschätzende zusätzliche Kraft entstanden, deren Optimismus die nachlassende Energie und den Pessimismus mancher „Altgedienter" überwinden hilft.

Nun haben wir in den vergangenen Jahren erlebt, dass neue, spontane Bewegungen entstehen, die neue Mitstreiter*innen erreichen, die bisher nicht aktiv dabei waren. #Seebrücke, #unteilbar, #Kohleausstieg (Hambacher Forst) und Fridays for Future zeigen, dass die gesellschaftliche Unsicherheit wächst und das Vertrauen in die herrschende Politik abnimmt. Die Zeichen mehren sich, dass alle diese mit großen Aktionen thematisierten Probleme nur durch die Überwindung des derzeitigen Herrschaftssystems („System Change") erreicht werden können.

Die vielfältigen Initiativen und Aktionszusammenhänge, die immer neu entstehen und große Massenwirkung haben, werden sich aber daran messen lassen müssen, ob es ihnen gelingt, sich dauerhaft zu verankern und sowohl die politisch inhaltlichen Abstimmungen als auch die Aktionsformen für ihr jeweiliges Anliegen durchzuführen.

Internationale Fragen bestimmen zunehmend die Themen in den örtlichen und regionalen Veranstaltungen und Aktionsplanungen. Syrien, Rojava, Ukraine, Jemen, Mali und aktuell Afrika und Lateinamerika sind Anlass für Aufklärungsmaterialien, Mahnwachen und Aktionen. Auch die Entwicklung Europas stellt die Friedensbewegung vor neue Fragen, was auch immer man gerade in den Blick nimmt: EU-Europa, KSZE-Europa, ein Europa von Wladiwostok bis Lissabon oder die geplanten Militarisierungsprogramme (wie PESCO), die eine weitere Kriegsgefahr und gleichzeitig Sozialabbau für viele Regionen in Europa bedeuten.

Die Friedensbewegung vor Ort behandelt diese verschiedenen Themen zum Beispiel in Vorbereitung der Ostermärsche. Dieses Format der Friedensarbeit hat sich nach den Sechzigerjahren (mit einer Unterbrechung von 1969 bis 1980) als Basismodell der Friedensbewegung stabil entwickelt. Zwar waren die Teilnehmendenzahlen bei den österlichen Friedensaktionen sehr unterschiedlich, wie es bei Bewegungen ja üblich ist. Aber die dezentrale Struktur durch die örtlichen Friedensgruppen und Aktivist*innen der Friedensbewegung gibt der Friedensbewegung in unserem Land ihre Stabilität.

Diese Basisgruppen sind es, die dann auch in der Lage sind, zu den verschiedenen Aktionen der nationalen und internationalen Friedensarbeit zu mobilisieren: ob zur Münchener Sicherheitskonferenz im Februar, für die Kampagne Atomwaffenfrei jetzt mit dem örtlichen Bezug zu Büchel (wo immer noch 20 Atomraketen lagern, die jetzt modernisiert werden sollen), für die Initiativen gegen Truppenübungsplätze wie Ramstein oder zu Aktionen beim Kirchentag.

Frieden bleibt Aufgabe der Bewegung

Wichtige Daten der Friedensbewegung sind seit Jahrzehnten die Ostermärsche, der Hiroshima-Tag und der Antikriegstag am 1. September, der in vielen Städten gemeinsam mit den Gewerkschaften organisiert wird. Die Initiative Abrüsten statt Aufrüsten hat dazu beigetragen, dass das Thema wieder vor Ort präsent war, und die vielen Unterschriften (insgesamt rund 175.000) waren auch deshalb wichtig, weil sie in vielen Fällen per Unterschrift auf Papier nach einem Gespräch geleistet wurden.

Die Vielfalt der Aktivitäten der Friedensbewegung zeigt sich daran, zu wie vielen Themen Appelle und Aufrufe erarbeitet und aktiv umgesetzt werden (Abrüstung, Atomwaffen, Drohnen, Waffenproduktion und Rüstungsexport, Rüstungskonversion, Kriegseinsätze in aller Welt, Fluchtursachen, Rekrutierung von Jugendlichen, Bundeswehr raus aus Schulen und von Festveranstaltungen, Zivilklausel an Universitäten, Friedenssteuer). Die Friedensbewegung war immer auch Teil der internationalen Solidaritätsbewegung – in jüngster Zeit besonders im Zusammenhang mit den Millionen von Geflüchteten, denen der Anspruch auf ein gutes Leben, wo immer sie es führen wollen, gewährt werden muss.

Der Versuch, die Friedensbewegung für rechte Positionen zu öffnen, musste an der grundsätzlich internationalistischen Position der Friedensbewegung scheitern. Punktuelle Übereinstimmungen gegen manche Kriege können nicht den grundsätzlichen Gegensatz in Bezug auf Aufrüstung und Militarisierung überdecken.

Alles ist ohne den Frieden nichts

Zunehmend sind die Aktiven der Friedensbewegung gefordert, in neuen Bündnissen, in sozialen und politischen Kämpfen die Idee des Friedens und der sozialen Gerechtigkeit einzubringen und für den Satz von Willy Brandt zu werben: „Der Frieden ist nicht alles, aber alles ist ohne den Frieden nichts."

Natürlich muss sich die Friedensbewegung auch die Frage gefallen lassen, ob ihr Engagement etwas gebracht hat, ob die Aktivitäten sich lohnen. Wir wissen, dass der Kampf gegen die Remilitarisierung die Gründung der Bundeswehr

1955 nicht verhindern konnte. Die rasche Aufrüstung und die Zuspitzung der Konfrontation im Kalten Krieg konnten genauso wenig verhindert werden wie die Stationierung der Mittelstreckenraketen in den Achtzigerjahren – auch wenn es 1987 zum INF-Vertrag kam und die Mittelstreckenraketen in Ost und West vernichtet wurden. Der Aufschwung der Friedensbewegung zu einer Masseninitiative gelang immer dann, wenn das politische Ziel gebündelt werden konnte („Einpunktbewegung") und es eine Hoffnung auf realen Erfolg der Bewegung gab (Raketenstationierung, Irakkrieg).

Dennoch ist der Meinungsumschwung, den die Friedensbewegung durch die massive Kriegsdienstverweigerung in den Siebziger- und Achtzigerjahren und durch die dauerhaften Aktionen und Massendemonstrationen gegen Atomwaffen und Kriegseinsätze organisiert hat, ein großer Erfolg. In keinem anderen europäischen Land ist die Ablehnung von Kriegseinsätzen und Aufrüstung so verbreitet wie hierzulande. Diesen Erfolg zu festigen und die Mehrheitsmeinung zu einer Handlungsmehrheit zu mobilisieren, bleibt unsere Aufgabe.

4. Institutionen des Protests

Vorbemerkungen der Herausgeber*innen

Hochschulen und Gewerkschaften sind nicht erst seit Gründung der Bundesrepublik Deutschland wichtige Motoren von Protesten. Sie bieten Räume an, um Protesthandlungen einzuüben und das Diskutieren über gesellschaftliche Veränderungen zu erlernen. Die noch heute omnipräsente Auseinandersetzung mit der sogenannten 68er-Bewegung in den Medien und der Wissenschaft ist aufs Engste mit diesen beiden Institutionen verbunden. Doch wie ist die Lage heute? Welche Rolle nehmen Hochschulen und Gewerkschaften im Kontext aktueller Protestphänomene ein? Spielen sie innerhalb neuer Protestbewegungen nach wie vor eine wichtige Rolle?

Hochschulen als „Basis" von Protesten?

Hochschulen beziehungsweise Studierende werden oft als Hauptakteure wahrgenommen, wenn es um die Ursprünge von politischen Bewegungen geht. Häufig lässt sich die Verbindung von Protest und Jugend auf die weiterhin bestehenden und regelmäßig wiederholten Narrative der vermeintlich überwiegend studentischen „68er-Bewegung(en)" in der medialen Darstellung zurückführen. Gerade im Kontext der Entstehung von Fridays for Future und der bundesweiten Ausbreitung von Demonstrationen wurde jedoch schnell festgestellt, dass Studierende, im Gegensatz zu Schüler*innen, nur einen geringen prozentualen Anteil der Demonstrierenden darstellten. Nicht zuletzt diese Erkenntnis lässt uns genauer hinschauen, ob Hochschule heute als eine „Basis" jungen Protests gelten kann.

Hochschulen zeichnen sich dadurch aus, dass hier in einem relativ überschaubaren Mikrokosmos verschiedene Akteure und Strukturen um ein gemeinsames Miteinander ringen – etwa das Präsidium, der AStA, die Verwaltung, die Hochschullehrenden und der Mittelbau. Neben hochschulinternen Themen werden auch immer wieder gesamtgesellschaftliche Fragestellungen diskutiert und verhandelt. Doch inwiefern sind Hochschulen heute noch „die Basis" von Protesten? Diese Frage soll in den nachfolgenden Beiträgen von verschiedenen Perspektiven beleuchtet werden, in Anlehnung an eine Podiumsdiskussion, die am 19. Oktober 2019 in der Evangelischen Akademie Frankfurt im Rahmen der

Tagung „Protestkult|ur – Politisches Engagement Studierender gestern und heute" stattfand.

Der Kern der Diskussion drehte sich um die Fragestellung, ob und in welchem Maß Hochschulen die „Basis" von jungen Protesten sind und welche Faktoren Einfluss auf das politische Engagement von Studierenden haben. An der Podiumsdiskussion, die von Robert Wolff moderiert wurde, nahmen teil:

1. Johannes Fechner, ehemaliger Vorstand des Allgemeinen Studierendenausschusses (AStA) der Goethe-Universität Frankfurt am Main für die Linke Liste
2. Angela Dorn, seit Januar 2019 hessische Staatsministerin für Wissenschaft und Kunst und von November 2017 bis Mai 2019 Landesvorsitzende der hessischen Grünen
3. Prof. Dr. Birgitta Wolff, seit 1. Januar 2015 Präsidentin der Goethe-Universität Frankfurt am Main

Im Anschluss an das Podiumsgespräch erklärten sich zunächst alle Teilnehmer*innen dazu bereit, ihre zentralen Aussagen aus der Diskussion zu verschriftlichen, um die Debatte auch über die Veranstaltung hinaus weiterführen zu können. Besonders drei Themenkomplexe hatten im Zentrum gestanden und sollen hier kurz zusammengefasst werden, um die direkten Anknüpfungspunkte der Beiträge in diesem Kapitel zu verdeutlichen.

Der erste Themenkomplex beschäftigte sich mit aktuellen politischen Strömungen an der Universität und den damit verbundenen Konflikten zwischen der Universitätsleitung/den Professor*innen und den politischen Studierenden/dem AStA. Die Hauptfrage lautete, ob die Hochschulleitung und das Hessische Ministerium für Wissenschaft und Kunst politische Studierende an der Universität unterstützt, inwieweit für politische Räume Mittel und Gelder zur Verfügung gestellt werden und wo die Grenzen des politischen Engagements von Studierenden gesehen werden. Der zweite Themenkomplex versuchte die Rolle der Hochschulen in der Gesellschaft auszuloten und befasste sich zentral mit der häufigen und zum Teil auch kontrovers diskutierten Frage, ob und wie viel Zeit und Raum für politisches Engagement unter dem Druck der Leistungsgesellschaft vorhanden ist. In der Diskussion wurde durch den Moderator zusätzlich die Frage eingebracht, ob ein „kritischer Geist" an deutschen Hochschulen existiert. Der dritte Themenkomplex beschäftigte sich mit der Frage der Möglichkeiten und Grenzen zur Entwicklung eines politischen studentischen Engagements im Kontext von Lehrveranstaltungen und wissenschaftlicher Forschung. Die Diskussion umfasste ein breites Spektrum von Aspekten, kam jedoch immer wieder auf die Frage zurück, wie sich Lehre und Forschung an der Goethe-Universität Frankfurt am Main verändert haben und welcher Einfluss Exzellenzinitiativen, Drittmittelanträge und Ähnlichem auf diese Entwicklungen beigemessen wird. Die angeregt verlaufende Diskussion zeigte deutlich, wie unterschiedlich die Perspektiven auf die skizzierten Themenkomplexe waren.

Angela Dorn und Johannes Fechner, in Kooperation mit Jonathan Maaß, sind abschließend dem Angebot nachgekommen, ihre Perspektiven und zentralen Inhalte schriftlich festzuhalten. Die inhaltliche Konzeption ihrer Beiträge wurden von den Herausgeber*innen nur insoweit moderiert, als allen Autor*innen die gleiche Zeichenanzahl zur Verfügung stand.

ANGELA DORN, JONATHAN MAASS,
JOHANNES FECHNER

4.1 Hochschule als Basis? – Räume für Protest

Für eine Kultur der Diskussion

von Angela Dorn

Vor bald 60 Jahren schleuderte Hannah Arendt in ihrem fiktiven Plädoyer dem Naziverbrecher Adolf Eichmann einen Satz entgegen, der oft verkürzt zitiert wird als „Niemand hat das Recht zu gehorchen". Tatsächlich gesagt hat sie: „Niemand hat bei Kant das Recht zu gehorchen" – denn der Stratege des Massenmords hatte sich auf die angeblich von Immanuel Kant postulierte Pflicht seinen Vorgesetzten gegenüber berufen. Hannah Arendt hielt Eichmann den kategorischen Imperativ entgegen, jene Pflicht, sich ethisch zu verhalten, für die es keine Ausrede gibt.

Protest und Demokratie hängen zusammen, sie sind zwei Seiten derselben Medaille. Ohne eine aktive Bürgerschaft, ohne Beteiligung des Souveräns kann eine demokratische Gesellschaft nicht funktionieren. Ziviler Protest und friedliche Demonstrationen sind legitime Mittel zur Meinungsäußerung, aber auch Alarmzeichen und Korrektiv. Das Grundgesetz stellt sie, ebenso wie die freie Meinungsäußerung, unter besonders starken Schutz.

Bald 60 Jahre nach Hannah Arendts leidenschaftlicher Erwiderung auf Eichmann hat die Corona-Pandemie die Frage, wo die Grenze zwischen legitimer Kritik und problematischem Verhalten verläuft, in unerwarteter Dringlichkeit neu gestellt. Als wir im Oktober 2019 die Chancen und Grenzen studentischen Engagements – auch vor dem Hintergrund der Jahrestage der Studierendenbewegung von 1968 – diskutierten, konnten wir nicht ahnen, dass Menschen das Demonstrationsrecht auch dafür nutzen würden, Vorgaben zum Schutz der Gesundheit anderer in Zweifel zu ziehen. Ist die Grenze der Demonstrationsfreiheit erreicht, wenn ziviler Ungehorsam Menschenleben gefährdet? Ich finde, ja. Es gibt sehr wohl ein Recht, klugen, sinnvollen, dem Wohl aller dienenden Vorgaben zu folgen.

Unsere Diskussion im Oktober 2019 fokussierte sich vor allem auf zwei Aspekte, die ich auch in diesem Text beleuchten will: die Frage nach der Form studentischen Engagements und die Frage nach seinen Grenzen. Ich habe zu diesen Themen einen starken persönlichen Bezug: Meine Anfangszeit als Politikerin ist untrennbar mit meiner Studienzeit in Marburg und dem Kampf gegen Studiengebühren verbunden. Wir haben damals Flugblätter verteilt, Demonstrationen organisiert und Gebäude friedlich besetzt. Darunter auch genau das Gebäude in Wiesbaden, in dem ich heute als Ministerin für Wissenschaft und Kunst mein Büro habe.

Ich habe also zwei höchst unterschiedliche Perspektiven auf das Thema. Einerseits die der Perspektive der ehemaligen Aktivistin, die vor noch gar nicht allzu langer Zeit selbst Teil der Protestkultur unter jungen Leuten gegen die Einführung von Studiengebühren war. Dieser Protest war lautstark, kreativ, hochpolitisch und – das ist mir besonders wichtig – stets friedlich. Gewalt kann und darf niemals das Mittel politischer Auseinandersetzung sein oder werden. Jeder Protest, komme er nun von Studierenden oder anderen gesellschaftlichen Gruppen, muss sich scharf und vernehmbar von den Gruppen abgrenzen, die ihn für Randale oder Extremismus instrumentalisieren wollen.

Kritisches Denken als Teil der studentischen Kultur

Zunächst gilt es jedoch, zwei Begriffe grundsätzlich voneinander abzugrenzen, die für das Verständnis der Debatte, die wir hier führen, von besonderer Bedeutung sind: Protest und Diskussion. Ein Protest ist laut Duden die „meist spontane und temperamentvolle Bekundung des Missfallens, der Ablehnung", eine Diskussion – ebenfalls laut Duden – „ein lebhaftes, auch wissenschaftliches Gespräch über ein bestimmtes Thema", das in der Regel die Allgemeinheit betrifft.

Thema der Veranstaltung war ausdrücklich eine „Protestkultur". Ich sage ganz offen: Ich kann mit diesem Begriff wenig anfangen. Nach meinem Verständnis ist ein offener Protest auf der Straße immer eines der letzten Mittel, um in einer demokratischen Gesellschaft die Aufmerksamkeit auf ein Problem zu lenken. Er braucht – schon per Definition – einen Gegenstand, gegen den er sich richtet. Davor stehen Diskussionen, steht der Austausch von Für und Wider, von Argumenten und Werthaltungen. Von Visionen und Lösungsansätzen. Gesellschaftlich bedeutet dies, Debatten zu führen, sich nicht zu verweigern. Politik in all ihrer Komplexität zu erklären und auch Widerspruch in Kauf zu nehmen.

Wenn Protest nötig wird, ist schon etwas schiefgegangen in der Diskussionskultur. Das zeigt sich auch an den immer wieder und zuletzt sehr vehement aufflammenden Protesten vor allem schwarzer US-Amerikaner*innen gegen die Gewalt vornehmlich weißer Polizisten: Ein ungelöstes, nicht ausdiskutiertes

Problem führt zu einem verzweifelten, wütenden Protest, der allzu leicht in Gewalt umschlägt. Der Protest ist ein Symptom, kein Heilmittel.

Widerspruch gehört zur Demokratie – und übrigens auch zu einer guten Diskussion. Meinungsfreiheit, Demonstrationsfreiheit, Kunstfreiheit und die Freiheit der Wissenschaft sind besonders geschützte Grundrechte. Sie zu bewahren und zu verteidigen ist die zentrale Herausforderung. Denn nur wenn wir diese Grundfreiheiten bewahren, können wir unsere Demokratie erfolgreich gegen Angriffe verteidigen. Dazu braucht es überall politisch engagierte und kritische Menschen. Demokratie kann nur funktionieren, wenn alle Bürger*innen sich einbringen.

Und was für die Gesellschaft gilt, gilt erst recht für die Hochschulen. Sie sind mehr als ein Lernort. Sie sind Lebensmittelpunkt für Studierende, Forschende, Lehrende. Sie sind ein Hort des Wissens, des kritischen Denkens, der Auseinandersetzung mit gesellschaftlichen Zuständen. Sie sind Orte des Forschens und des Hinterfragens, Orte der Diskussion. Und das ist gut so und muss auch so bleiben.

Es war mir deswegen immer ein Anliegen, die Mitsprachemöglichkeiten für Studierende und die wissenschaftlichen Bediensteten auszubauen. Das ist uns gelungen. Die hessischen Hochschulen sind in ihren Strukturen demokratischer denn je. Dies ist übrigens auch ein Ergebnis der Studierendenproteste der Jahre nach 1968. Und es ist kein Zufall, dass diejenigen politischen Kräfte, die sich eine scharfe Abgrenzung zu den linken Studierendenbewegungen wünschen, oft auch die studentische Mitbestimmung an Hochschulen offen infrage stellen.

Allerdings begrenzt das Hessische Hochschulgesetz das Mandat der Studierendenvertretungen auf den hochschulpolitischen Kontext. Und auch das ist grundsätzlich richtig so: Schließlich werden die Studierendenparlamente genau dafür gewählt. Sie sollen das Leben und Lernen an der Hochschule mitbestimmen – und nicht als quasiparlamentarische Gegenöffentlichkeit funktionieren. Sie sollen als Ort der Diskussion den Studierenden ermöglichen, Verbesserungen für sich und ihre Kommiliton*innen zu erzielen.

Das ist keine Einschränkung für die Studierenden, sondern für die gewählten studentischen Gremien, auf genau den Zweck nämlich, für den sie gewählt wurden. Es steht allen Studierenden frei, sich in jede Diskussion einzubringen, sich in Initiativen, Verbänden und natürlich Parteien zu engagieren. Hier ist in der Zivilgesellschaft der Ort, sich mit politischen und gesellschaftlichen Einzelfragen oder gleich der politischen Grundhaltung unserer Gesellschaft auseinanderzusetzen.

Die Wirkmächtigkeit der Organisation Asta wird damit nicht beschnitten, sondern definiert. Um es ganz klar zu sagen: Die studentische Mitbestimmung hat die Hochschulen zum Positiven verändert, sie soll erhalten und möglichst ausgebaut werden. Allerdings stellt sich durchaus die Frage nach der Legitimation von Entscheidungsprozessen und auch der Organisation als solcher, denn die Beteiligung an den entsprechenden Wahlen ist unerfreulich niedrig. Ich würde mir wünschen, die Studierenden würden die eigenen Gremien und die Arbeit für die eigenen Interessen mehr wertschätzen und sich fortlaufend für ihre Hochschule einbringen.

Oft wird argumentiert, die Zeiten hätten sich geändert. Studierende hätten heute – in Zeiten von Bachelor und Master, von Leistungsnachweisen und Anwesenheitspflicht – nicht mehr die Zeit, sich zu engagieren und sich einzubringen. Auch wenn zeitliche Freiräume kleiner geworden sind, ist das aus meiner Sicht nicht der entscheidende Grund. Schließlich haben Studierende – oder hat zumindest ein großer Teil von Ihnen – schon immer für den eigenen Lebensunterhalt gearbeitet. Und auch Leistungs- und Termindruck durch Prüfungen und Hausarbeiten sind keine neue Erfindung infolge des Bologna-Prozesses.

Ohne persönlichen Einsatz wird kein Engagement gelingen. Gerade weil Hochschulen ein Ort der Diskussion und des Hinterfragens sind, haben Studierende weit mehr als andere Bürger*innen die Möglichkeit, sich auszutauschen, sich einzubringen. Und hier gibt es durchaus noch Potenzial.

Protest ohne Grenzen?

Meinungsfreiheit und Demonstrationsfreiheit haben Grenzen: Meinungsfreiheit ist nicht das Recht darauf, keinen Widerspruch hinnehmen zu müssen. Es gibt in unserer Gesellschaft, getrieben durch die sozialen Netzwerke mit ihren Filterblasen, die Tendenz zur Verabsolutierung von Meinungen. Und damit zur Verhinderung von Diskussionen. Dieses Missverständnis breitet sich leider auch vereinzelt in der studentischen Protestkultur aus. Das zeigt sich etwa dann, wenn Studierende einen Professor oder eine Professorin oder auch einen Gast der Universität am Vortrag hindern. Zum Beispiel, weil sie im Internet auf eine alte Publikation oder auf die Mitgliedschaft in einer ihnen missliebigen Vereinigung gestoßen sind.

Wenn dies geschieht, vergibt man eine Chance für die gesamte Gesellschaft – die Chance auf eine fruchtbare Diskussion statt auf eine Blockade aus Protest. Die Gelegenheit für eine inhaltliche Auseinandersetzung mit dieser Person wäre so nah: die Veranstaltung selbst. Warum nicht in eine kontroverse Diskussion über jene Vereinigung, jene Publikation oder Position einsteigen? Warum nicht Haltung zeigen durch harte Auseinandersetzung in der Sache? Das kostet Mühe, ist mitunter anstrengend und nicht immer angenehm – aber für die Sache sicher zuträglicher als bloßer Protest.

Es ist das Wesen der Universität, dass Meinungen und Haltungen zu den essenziellen Fragen der jeweiligen wissenschaftlichen Disziplin diskutiert werden. Und eine Diskussion funktioniert nur, wenn alle Meinungen zunächst das gleiche Recht haben, geäußert zu werden. Niemand muss jede Haltung teilen – aber alle müssen in einer demokratischen Gesellschaft miteinander sprechen können.

Alle Meinungen – also auch solche, die eindeutig gegen die Werte des Grundgesetzes verstoßen? Nein. Sicher nicht. Niemand muss einem Holocaust-Leugner zuhören. Und es muss sich auch keine gesellschaftliche Gruppe im Namen der Wissenschaft beleidigen lassen. Aber alle anderen Diskussionen müssen möglich sein. Denn auch wenn die dann geäußerte Position unbequem ist: Wer wenn nicht die engagierten, modernen Studierenden von heute haben die Möglichkeit, die Lehrenden herauszufordern? Der Ort dafür ist: die Hochschule – genauer gesagt die jeweilige Veranstaltung selbst. Hier wurden in den Jahren rund um 1968 unbequeme Diskussionen geführt, die später zu Politik wurden. Hier wurden auch davor und danach immer wieder Leitsätze und Gedanken formuliert, die das Leben in unserem Land im Großen und Ganzen zum Guten verändert haben. Ich würde mir von den Studierenden wieder mehr Lust am inhaltlichen Streit wünschen – und weniger Lust am symbolhaften Protest. Denn davon, da bin ich überzeugt, profitieren am Ende wir alle.

Bedingungen und Grenzen des politischen Engagements an der Hochschule[1]

Von Johannes Fechner und Jonathan Maaß

Wir werden im Folgenden zeigen, wie die problematischen Aspekte eines kritischen Engagements von Studierenden im Zusammenhang mit der Steuerung der Hochschule am Beispiel der Goethe-Universität Frankfurt am Main stehen. Ein neoliberales Verwaltungsparadigma und der kritische Anspruch auf Reform der Institution greifen dabei hilflos Hand in Hand. Uns liegt daran, zwei Dinge zu zeigen: erstens, wie die Norm „guter Bildung" unter den Bedingungen des Engagements an die eigenen Grenzen stößt; zweitens, dass die forcierte Einstimmigkeit der Hochschulverwaltung bereits eine Harmonisierung der Konflikte herbeiführt, die verhindert, dass die kritischen Ansprüche des Engagements sich als konfligierende artikulieren können.

Dem Engagement sprechen wir in deutlicher Form seine Wirkmächtigkeit ab. Trotz alledem möchten wir betonen, dass wir dies dezidiert parteiisch von einem Standpunkt der kritischen Theorie der Gesellschaft aus tun, der die Ziele des Engagements teilt. Dies scheint umso wichtiger zu sein, als die vorgetragene Kritik des Engagements an der Hochschulpolitik des Präsidiums berechtigt und systematisch wirksam ist und bleibt. Deshalb wollen hier in aller Kürze ausformulieren, wodurch sich unser Standpunkt hinsichtlich der Bedingungen und Grenzen des politischen Engagements an der Hochschule auszeichnet.

Was ist Engagement?

Hochschulpolitisches Engagement ermöglicht Mitbestimmung in einer demokratisch verfassten Hochschule. Es übernimmt die Funktion der Legitimation der bestehenden Institution, indem eine Chance zum Mitgestalten und wechselseitigen Austausch geboten wird. Hochschulpolitisches Engagement ist der Prozess, in dem Angehörige der Hochschule an vorgesehenen Stellen die Hochschule mitgestalten (politisch, wissenschaftlich, institutionell). Engagement zählt zu den weichen Ausdrücken, die im Gegensatz zu einem harten (eindeutigen) Ausdruck, wie einer Abschlussnote, eine Besonderheit im Lebenslauf hervorheben. Dabei gewinnt für uns dieses kritische Engagement der Studierenden

---

[1] Der folgende Beitrag ist in einer ausführlicheren Version online verfügbar (https://asta-frankfurt.de/angebote/kleinanzeigen/ganzer-text).

und Gruppen weder eine gesellschaftsrelevante Praxis, noch geht es vollkommen in der Integration durch die hochschulpolitischen Institutionen auf. Was heißt das? Das Engagement ist per se konstruktiv, weil es einen persönlichen Einsatz unter dem Umstand, das positive Moment herzustellen und hervorzuheben, charakterisiert. Für das Individuum kann es kein Selbstzweck sein. Niemand kann es sich leisten, Freizeit in eine Sache zu investieren, die nichts bringt. Wir verstehen darunter nicht, dass Engagement nur unter konkreten Output-Gesichtspunkten existiere. Engagement muss prinzipiell immer an vorhandene Beteiligungsstrukturen andocken, sonst wäre es letztlich nicht verwendbar und damit nutzlos. Engagement kann nicht ohne institutionelle Beteiligung existieren, aber Engagement und institutionelle Beteiligung sind trotzdem nicht dasselbe. Sie stehen in einem Spannungsverhältnis. Hierin kommt eine Widerständigkeit des Engagements zum Ausdruck, welches jedoch selbst in die Institution integriert ist, auch da, wo sie sich selbst als widerständig erfährt. Engagement also ist ein besonderer Beteiligungsprozess, der gewissen Bedingungen genügen muss.

Für uns stellt sich die Frage: Woher kommt das Engagement, und was möchte es zum Ausdruck bringen? Es scheint so zu sein, dass das politische Engagement am Bewusstsein entflammt, wenn die gegebene Verfassung der Wirklichkeit nicht dem Anspruch von Demokratie und vernünftigen Miteinander entspricht, die eine Hochschule scheinbar voraussetzt. Dadurch ist das Bewusstsein auf die Erfahrung einer Krise verwiesen. Phänomenal stellt sich ein Gefühl der Ungerechtigkeit und schlechten Verwaltung ein, was als Engagement gipfelt: Engagement wird nötig, wenn der prekäre Zustand akut ist; wenn knappe Finanzmittel falsch verteilt sind; wenn der scheinbare Anspruch an den Staat, eine gerechte Bildungschance zu bekommen, nicht erfüllt wurde; wenn die ökonomische Sphäre des Markts in die Hochschulen drängt; wenn also die Bedingungen für gute Bildung nicht gegeben sind.

Der Wert „guter Bildung"

Das Engagement zielt in seiner Kritik auf den Wert „guter Bildung". Auch die „Demokratisierung der Hochschule" zielt in letzter Instanz darauf, dass Bedingungen geschaffen werden, die „allen am wissenschaftlichen Prozess Beteiligten die Möglichkeit (…) (geben), aktiv zu werden, ihre Erfahrungen, ihre Fragen, ihre Einwände und Thesen einzubringen" (Demirović 2015, 68). Das ist der Wert guter Bildung, der einer marktorientierten, neoliberalen Ausbildung gegenübergestellt wird.

Der Wert guter Bildung als Maßstab bleibt problematisch. Sofern die gute Bildung der schlechten ökonomischen Funktion gegenübergestellt wird, entsteht ein Antagonismus, in dem der Anspruch individueller Bildung der allgemeinen Funktion ökonomischer Verwertung entgegensteht. Beide Seiten werden als vermeintlich getrennte Sphären idealisiert. In der Folge fällt die gute Bildung zurück in den Anspruch des humboldtschen Bildungsbegriffs. Humboldt forderte die „höchste und proportionierlichste Ausbildung aller menschlichen Kräfte zu einem Ganzen" (Humboldt 1851, 9). Damit bleibt sie auf den bürgerlichen Gestus der kulturellen Vervollkommnung des Individuums reduziert und kennt keine Zwecke außerhalb ihrer selbst (vgl. Kapfinger/Sablowski 2010, 9). Das Engagement scheitert daran, diesem Problem einen verbindlichen Ausdruck zu geben.

Der Standpunkt des Engagements

Hochschulpolitisches Engagement zeichnet sich zudem dadurch aus, eine Anrufung an den Staat, die Politik oder Hochschulverwaltung zu sein. Es ist in seiner Artikulationsform appellativ. Die ausschließliche Forderung an den Staat oder die entsprechenden Bildungspolitiker*innen beziehungsweise an das Präsidium einer Hochschule beschränkt seine Wirkmächtigkeit. Das Problem ist nicht, dass institutionelle Organe als Anrufungsinstanz bestimmt werden, sondern dass die Gerichtetheit der Anrufung den Möglichkeitsrahmen der prognostizierten Erwartung vorbestimmt. Um als Anrufung gehört zu werden, ist das Engagement daher als ein Maßnahmenpaket formuliert, welches von denen, die entscheiden, lediglich umgesetzt werden müsste.

Poltische Forderungen als Maßnahmenpaket kritisieren nicht die widersprüchliche Norm hinter dem Ruf nach guter Bildung. Der Widerspruch zwischen guter Bildung für alle und der Tatsache, dies in einer Konkurrenzgesellschaft verwirklichen zu müssen, verkennt die einer Hochschule zugrundeliegende Funktion: ausgebildete Bürger*innen für den Arbeitsmarkt zu produzieren. Der Widerspruch liegt darin, dass die Forderung einer guten Bildung für alle vollkommen abstrahiert vom Hauptzweck der Bildung, nämlich Arbeitskräfte für den Arbeitsmarkt bereitzustellen. In der Hinsicht können niemals alle eine gute Bildung erlangen, da sie kontinuierlich mit ihrer erworbenen Bildungsressource um das mehr oder weniger knappe Gut Arbeitsplätze konkurrieren müssen. Anders gesagt: Das, was die Forderung nach guter Bildung für alle eigentlich impliziert, ist ein angemessener Arbeitslohn sowie eine sich daraus ableitende möglichst hohe Kaufkraft (für ein gutes Leben). Ob alle das bekommen, hängt nicht ursächlich von „guter Bildung" ab. Letztlich folgt daraus keineswegs, dass es im Einzelnen schlecht wäre, sich für gute Bildung einzusetzen; darüber hinaus auch nicht, dass es irgendwie möglich oder wünschenswert wäre, den Mechanismus der Konkurrenz einfach abzuschalten. Mit dieser veranschaulichten, idealtypischen Strukturkategorie wollen wir ausschließlich verdeutlichen, dass Widersprüche für ein vollumfängliches Betrachtungsbild miteinbezogen werden müssen. Werden Widersprüche außer Acht gelassen, kann eine Kritik nicht die Ganzheit eines Untersuchungsobjektes abbilden.

Innerhalb eines Widerspruchs besteht das Problem, mit den vorhanden rationalen Argumenten zwei gleichzeitig gültige Bedingungen nicht befriedigend auflösen zu können. Das führt zu einer argumentativen Ausweglosigkeit (Aporie), weil die Argumente gegenteilige Voraussetzungen mit sich bringen. Von einem Standpunkt reichen sie gleichzeitig in gegensätzliche Richtungen. Es gibt keine praktisch umsetzbare Handlung, die diesen Widerspruch rational auflösen kann. Die vom kritischen Engagement eingeforderte Norm guter Bildung bildet diesen Widerspruch unzureichend ab.

Gleichzeitig gerieren sich die als technisch-bildungspolitische Maßnahmen gerahmten Forderungen zu Sachproblematiken. Unter dem Einwand der limitierten Zuständigkeiten und Handlungsspielräume werden die ohnehin starren Forderungen auseinandergegliedert und als nicht erfüllbar deklariert. Die dahinterstehende, vermeintlich im Namen des Sachzwangs postulierte Trennung von Hochschulen, Wissenschaft, Politik und Gesellschaft kommt nicht aus ihrer inneren Tendenz. Um die Art und Weise der Organisation und Finanzierung der Hochschule gibt es politische Auseinandersetzungen. Die Aussage politischer Entscheidungsträger*innen, ihnen seien die Hände gebunden, ist auch eine politisch gewollte Entscheidung und nicht nur eine rein formale Sachlogik.

Das Engagement prangert eine falsche Handhabung einer politischen Technik beziehungsweise die Kluft zwischen prognostizierter Erwartung und Realität an. Es setzt eine Norm und stellt ihr die Wirklichkeit entgegen. Die Kluft zwischen den Aussagen und Werten (moralisch, demokratisch und ökonomisch) und ihrem Mangel, muss geschlossen werden. Damit verbleibt das Engagement in der Sphäre des Bestehenden und von ihm Kritisierten. Es beschränkt sich auf die Ausmachung eines nicht gegebenen politischen Faktums. Es verurteilt ausschließlich dessen Norm und nicht praktisch vollzogene Wirklichkeit. Das ist korrektiv, weil die Kritik sich einzig auf die Verrücktheit von Norm und Wirklichkeit bezieht.

Neoliberale Hochschule

Wir wollen die Binnenstruktur und die folgende Entwicklung aufzeigen, die das als Verwaltungsparadigma hervorbringt, was wir mit dem Neoliberalen meinen. Das heißt, darauf zu schauen, wie sich das Verwaltungsparadigma verändert. Der Übergang muss als Prozess verstanden werden, der nicht einfach in eine binäre Dichotomie aufgeteilt werden kann. Unsere These besagt, dass die Strukturveränderung dafür sorgt, dass die Leitungsgremien in ihrer Tätigkeit funktional als Programm neoliberaler Verwaltung der Hochschule zum Ausdruck kommen. Wir meinen damit nicht, dass die hierarchische Struktur des Hochschulpräsidiums durch Zufall von neoliberalem Personal besetzt wird, das aus persönlicher Willkür so handelt, sondern dass eine neoliberale Strategie der Hochschulverwaltung selbst bereits in den Reformen angelegt ist und darin lediglich zum Ausdruck kommt.

Nach der Wiedervereinigung und dem Untergang des real existierenden Sozialismus zeigten sich die ersten Züge sogenannter neoliberaler Hochschulorganisation. Die „organisierte Verantwortungslosigkeit" (Simon zit. n. Außerhalb 2010, 49) der in den 1970ern etablierten, demokratisch strukturierten Gruppenuniversität sollte abgelöst werden und in eine „Unterwerfung der Hochschulen unter ökonomische Imperative" (Demirović 2015, 128) überführt werden. Dass aber Bildung warenförmig ist, also durch Ökonomie bestimmt wird, ist keineswegs eine neue Entwicklung. Spätestens seit Ende des 19. Jahrhunderts wurde „Bildung auf Ausbildung, das Wissen auf ein nützliches, ökonomisches verwertbares Wissen reduziert: auf eine Ware" (Stapelfeldt 2007, 61).

Der neue (neoliberale) Geist von Hochschulorganisation verkörpert wissenschaftliche, hochschuladministrative, politische und wirtschaftliche Teilbereiche, die sich in dem Konzept von Hochschulautonomie kanalisieren (vgl. Demirović 2015, 125). Hochschulautonomie bedeutet, dass die Hochschulpräsidien erweiterte Lenkungsbefugnisse erhalten. Sie steuern die gesamte Hochschule autonom, unter den Direktiven des Unternehmensmanagements: Effizienz, öffentliche Wahrnehmung, Drittmittelakquise und wissenschaftspluralistische Kooperationsbereitschaft (vgl. Demirović 2015, 66). Der prekäre Zustand wird damit nur noch verwaltet, die politische Verantwortung unzureichender Finanzierung der Hochschulbürokratie überantwortet (vgl. Demirović 2015, 83). Keineswegs stärkt die neue Autonomie einzelne universitäre Teilbereiche hinsichtlich ihrer finanziellen Mittel oder Personalentscheidungsmöglichkeiten. Im Gegenteil, Autonomie heißt eben nicht Autonomie der Wissenschaft. Was als wissenschaftlich wahr gilt, wird weniger von Wissenschaftlern, sondern von „Hochschulleitungen, Akkreditierungsagenturen oder Rankings" (Demorivić 2015, 97) entschieden.

Der Wert der Autonomie der Hochschule steht für die Verwaltung in direkter Verbindung zum beworbenen Wert der Diversität. Insofern wird eine Heterogenität der vielfältigen Lebensformen zu einer Norm erhoben, der die Hochschule auf allen Ebenen der Studierenden, der Forschung und Wissenschaft entsprechen soll und die durch aktive Verwaltung hergestellt wird. Uns kommt es darauf an zu zeigen, dass der eine autoritäre Zug der Verwaltung in direkter Verbindung steht mit seiner Form der Legitimierung, die aus ihrem scheinbaren Gegenteil erwächst – dem Pluralismus. Geoffroy de Lagasnerie fasst dies folgendermaßen zusammen: „dass der zentrale Begriff des neoliberalen Ansatzes nicht jener der Freiheit, sondern jener der Pluralität sei. (…) Es ist dem so, dass Freiheit oft die Funktion hat, (…) (der Pluralität, die Autoren) zu dienen. In anderen Worten muss der Liberalismus als eine Strömung, als das Denkmodell einer Gesellschaft angesehen werden, die über Vielfalt reflektiert und das Thema der Pluralität in den Mittelpunkt stellt" (Lagasnerie 2018, 54 – 55).

Diesen Punkt stellen wir im Kontext der neoliberalen Hochschulverwaltung und des Engagements heraus, weil an ihm zu zeigen ist, wie hier eine Verquickung von progressiven Ansprüchen und der Befriedung von Konflikten stattfindet. Die scheinbar offene und entwaffnende Forderung, dass alle ihre Unterschiede zum Ausdruck bringen können, soll die Entscheidungen der Verwaltung legitimieren. Wenn nur der Kritik lang genug zugehört wurde, dann hat es den Anschein, als ob die kritische Rationalität auch in die vernünftige Entscheidung der Verwaltung mit eingeflossen wäre. Diese Scheinkritik und Befriedung vermitteln als Herrschaftsmechanismen das Agieren des Präsidiums. Exemplarisch die Frankfurter Uni-Präsidentin Birgitta Wolff zu einer umstrittenen Veranstaltung mit dem Soziologen Gerhard Amendt: „So war es etwa der Fall bei der Amendt-Veranstaltung.[2] Zugleich haben auch Kritiker und anders Denkende Rechte: Während der Amendt-Veranstaltung fand vor dem Gebäude ein buntes Fest der Kritiker statt. Noch Wochen später hing die Regenbogenfahne vor dem Präsidium. Es zeigt Freiheit, es zeigt Vielfalt. Das ist Goethe-Universität at its best" (Schmidt 2018). Nicht das Nebeneinander von pseudowissenschaftlichen Theorien und deren Kritik ermöglichen eine diverse Welt, sie zeigen bei genauer Betrachtung eher das Bestehen unüberbrückbarer Antagonismen auf. Amendts

---

2 Eine von dem umstrittenen Biologen Prof. Gerhard Ahmet veranstaltete Tagung, die von einem Protest begleitet wurde, der ihm Antifeminismus und Unwissenschaftlichkeit vorwarf.

Antifeminismus zielt als Sexismus auf die Vernichtung ihm ungewollter Formen der Sexualität und nicht auf die Auslebung diverser Formen von Geschlechtlichkeit. Die Diversität der Universität kittet diesen Riss zwischen dem Sexismus und seinen Kritiker*innen nur scheinbar.

Pluralismus und Diversität

Ebenfalls beispielhaft dafür war auch bei unserem Tagungspodium im November 2019 der nachdrückliche Wunsch der Präsidentin, das vielfältige Zusammenkommen verschiedener inhaltlicher Positionen als produktive Diskussion zu verkaufen. Hatte die Präsidentin in der Diskussion die inhaltliche Kritik ihrer Entscheidungen als „ideologisch-manipulativ" abgetan, so ist in der Form des konsequenzlosen Podiums die Norm der Pluralität wieder eingeholt.

Auch jenseits der Meinung des Präsidiums ist Diversität als Tagword des Pluralismus in die institutionelle Strategie eingegangen. „Hier hat Diversität ein klares Ranking. (…) Dem Konzept der Diversität liegt demnach vor allem eines zugrunde: Der Wettbewerb des freien Marktes" (Linke Liste 2015, 14). Diversität der Lebensform und Pluralität der Wissenschaft haben ihren Grund also in ökonomischer Konkurrenz: sowohl innerhalb der Hochschule als auch unter den Hochschulen. In der Charta der Vielfalt, die die Goethe-Universität unterzeichnet hat, heißt es: „die Vielfalt der Gesellschaft innerhalb und außerhalb der Organisation anerkennen, die darin liegenden Potenziale wertschätzen und für das Unternehmen oder die Institution gewinnbringend einsetzen" (Charta der Vielfalt 2020).

Dieser Charta zufolge liegen in der Diversität Quellen, die sich „gewinnbringend" in Erfolg übersetzen lassen. Kulturelle Unterschiede können in einer globalen Konkurrenzsituation das My hinzufügen, das den wissenschaftlichen und damit auch ökonomischen Vorsprung absichert. Die Unterzeichner*innen der Charta der Vielheit versichern sich darüber, dass das öffentlichkeitswirksame Labeling als Diversität den Standortvorteil abzusichern vermag.

Ausblick

Aus der Einsicht, dass das Engagement notwendig an seine Grenzen stößt, die vom Engagement deklarierten Probleme jedoch bestehen und aufgehoben werden müssen, folgt zwangsläufig eine Kritik des Engagements selbst. Oder anders formuliert: eine Kritik der Politik. Johannes Agnoli beschrieb, dass das Engagement sich am Spiel von Pro und Contra beteilige, der entdeckte Widerspruch aber ins Mechanisch-Moralische und in die Abhängigkeit in jeweils gute oder wenige gute Macht- und Kraftkonstellationen gerate. Anders gesagt: Der Widerspruch löse sich in der schlichten Gegenüberstellung vom guten oder schlechten Gebrauch der Politik (oder der Verfassung) auf, übersetze sich in die Abwägung guter und schlechter legislativer und exekutiver Tätigkeit – um am Ende in die Frage des Personals abzudriften (vgl. Agnoli 1990, 15). Was bedeutet dies für das (kritische) Engagement an der Hochschule?

Politisches Engagement an der Hochschule äußert sich überwiegend als Kritik eines Neoliberalismus: Würde eine als neoliberal bezeichnete marktwirtschaftliche Effizienz innerhalb der staatlichen Bildungsinstitutionen identifiziert, so könne die neoliberale Verwaltung aufgehalten und echte Bildung verwirklicht werden. Das ist diffus. Die theoretischen Grundlagen dieser gesellschaftspolitischen Kritik können nicht überzeugen. Allzu oft fungiert „Neoliberalismus" als relativ beliebiger Platzhalter. Diesem einfachen Bild des Neoliberalismus entsprechen aber tatsächlich die Effekte desselben. Selbst da, wo das (kritische) Engagement undifferenziert Allgemeinplätze markiert, trifft es auf eine dennoch wirklich bestehende neoliberale Agenda. Hier zeigt sich das Problem, dass das Schlagwort des Neoliberalismus als ungenügender und dürftiger Allgemeinbegriff gebraucht wird: Er deckt mehr zu, als er erklärt. Dennoch hat dieser Gebrauch eine sinnvolle symbolische Funktion. Er zeigt das Problembewusstsein des realen Phänomens an, ohne die Erklärung zu besitzen. Es besteht hier der Widerspruch, dass bestimmte ökonomische Politiken jenseits der Hochschule entstehen, aber in der Hochschule zur Anwendung gebracht werden: also die autonome Eigenlogik der Hochschule durchfluten. Artikulierbar ist dies aber nur in den Maßstäben der Hochschule als Bildungsinstitution. Der gesamtgesellschaftliche Gehalt und die Funktion lassen sich im kritischen Engagement in der Hochschule mit den Mitteln der Hochschule nicht artikulieren.

Wenn die Hochschule als gesamtgesellschaftliche Institution verstanden wird, folgt daraus das zentrale Problem für das kritische Engagement. Die Kritik des Engagements an der Hochschule kann nicht auf dem Boden der Hochschule selbst bewältigt werden. Das Engagement muss sich entscheiden: Entweder es verlässt die Hochschule, oder es versucht die Hochschule selbst zu verändern. Beide Wege lassen sich in den Hochschulprotesten 1967/68 folgenreich nachzeichnen. Das bloße Engagement, das auf eine Verbesserung der Hochschule hinausläuft, zielt darauf ab, die Hochschule gemessen an einer Norm der guten und solidarischen Bildung zu verändern. Aber dies greift zu kurz. Die Norm guter Bildung als Kritik ist selbst in eine Aporie verwickelt:

Negativ ausgedrückt: Ein kritisches Engagement ist gemessen am Ideal guter Bildung in seiner Form und dem Inhalt als Selbstzweck ausgerichtet. Denn es zielt auf die eigene Norm und ist innerhalb der Norm gefangen. Selbst wenn gute Bildung verwirklicht wird, ist der äußere Antagonismus der Hochschule nicht aufgehoben. Denn auch gute Bildung wird den Antagonismus nicht lösen, denn dieser besteht nicht darin, dass gute Bildung fehlt.

Positiv ausgedrückt: Kritik der Norm und gute Bildung können eine Voraussetzung dafür sein, ein kritisches Bewusstsein zu erzeugen. Es kann daraus folgen, dass die Denkenden die Norm als aporetisch verstehen. Darauf zielen die Hochschule und eine gute Bildung aber nicht ab.

Mehr als das Aufzeigen dieser Aporien ist in der Form einer Debatte um die Grenzen und Bedingungen des Engagements nicht möglich. Es geht darum, dem vom Präsidium eingeforderten respektvollen Umgang nicht naiv nachzugeben. Als ob die guten Gründe des Präsidiums für Vielfalt, Gleichberechtigung und Ökologie nicht die Entscheidungsmacht verdecken würden, auf der sie beruhen. Für uns folgt aus unserer Kritik, dass der Antagonismus, über den die Engagierten und das Präsidium verhandeln, nicht an einem runden Tisch geklärt werden kann. Die Absichten der Verwaltung, auf einen rationalen Diskurs hinzuwirken, sind letztlich latent Techniken, die verdeckte Formen sozialer Herrschaft reproduzieren. Daher ist uns daran gelegen, das Engagement zu schärfen, damit es sich seiner eigenen Aporien bewusst wird. Die kritische Absicht des Engagements muss in anderer Form in Angriff genommen werden.

Die als die neue engagierte Jugend gefeierte Fridays-for-Future-Bewegung appellierte beim Sommerfest der Goethe-Universität 2019 in Richtung der Präsidentin Birgitta Wolff, dass endlich weitere Umweltschutzmaßnahmen durchgesetzt werden sollten. Auf der Bühne stehend, bedankte sich die Präsidentin für das „tolle Engagement" und lobte nebenbei die umweltrelevante Forschung der Hochschule. Später ging sie auf die Aktivsten zu, als diese das Präsidium „blockierten", und sprach mit einigen über deren Forderungen. Wir meinen, dass diese Geschehnisse sinnbildlich für unser hier Gesagtes stehen.

Literaturverzeichnis

Agnoli, Johannes 1990: Die Transformation der Demokratie – und andere Schriften zur Kritik der Politik. Freiburg.

Außerhalb, Charly 2010: Paradigmenwechsel. Anmerkungen zum Umzug der Uni Frankfurt. In: Bauer, Christoph u. a. (Hg.) 2010: Hochschule im Neoliberalismus. Kritik der Lehre und des Studiums aus Sicht Frankfurter Studierender und Lehrender. Frankfurt am Main.

Charta der Vielfalt 2020: Die Urkunde der Charta der Vielfalt im Wortlaut. https://www.charta-der-vielfalt.de/ueber-uns/ueber-die-initiative/urkunde-charta-der-vielfalt-im-wortlaut/ (Download 3.6.2020).

Demirović, Alex 2015: Wissenschaft oder Dummheit? Über die Zerstörung der Rationalität in den Bildungsinstitutionen. Hamburg.

Humboldt, Wilhelm von 1852: Ideen zu einem Versuch, die Gränzen der Wirksamkeit des Staates zu bestimmen. Breslau.

Kapfinger, Emanuel/Sablowski, Thomas 2010: Bildung und Wissenschaft im Kapitalismus. In: Bauer, Christoph u.a. (Hg.) 2010: Hochschule im Neoliberalismus. Kritik der Lehre und des Studiums aus Sicht Frankfurter Studierender und Lehrender. Frankfurt am Main.

Lagasnerie, Geoffroy de 2018: Michel Foucaults letzte Lektion. Über Neoliberalismus, Theorie und Politik. Wien.

Linke Liste 2015: „Feminismus macht man jetzt nicht mehr – an der Uni heißt das jetzt Diversity" (O-Ton eines Professors der Goethe Universität Frankfurt). In: AStA-Zeitung Wahlausgabe für die Studierendenparlaments- und Fachschaftsratswahlen 2015, 14. Frankfurt am Main. https://asta-frankfurt.de/sites/default/files/dateien/wahlausgabe-asta-zeitung/20150114astaffmwahlweb.pdf (Download 3.6.2020).

Schmidt, Thomas J. 2018: Präsidentin Birgitta Wolff: „Mehr Studenten bedeutet nicht weniger Qualität". In: Frankfurter Neue Presse online v. 16.7. https://www.fnp.de/lokales/praesidentin-brigitta-wolf-mehr-studenten-bedeutet-nicht-weniger-qualitaet-10380051.html (Download 3.6.2020).

Stapelfeldt, Gerhardt 2007: Der Aufbruch des konformistischen Geistes. Hamburg.

PHILIPP JACKS

4.2 Gewerkschaft als Motor? – Blick aus der Protestpraxis

Abstract:
Gewerkschaften sind in ihrer Grundausrichtung Institutionen des Protests und haben in ihrer langen Geschichte schon einige Protestkulturen miterlebt. Wie wirken Gewerkschaften in Protesten auf die Gesellschaft und wie wirken gesellschaftliche Veränderungen in die Gewerkschaften hinein?

Gewerkschaften sind aus einer sozialen Bewegung entstanden – der Arbeiterbewegung – und arbeiten seitdem immer wieder mit neueren sozialen Bewegungen zusammen. Frieden, Notstandsgesetze, Antifaschismus, soziale Gerechtigkeit, Asylrecht, Bildung, Klimaschutz, Geschlechter- und Chancengerechtigkeit sowie Stuttgart 21 sind nur einige der relevanten Themen. Mit der Sozialpartnerschaft vor rund 100 Jahren und der sozialen Marktwirtschaft vor rund 75 Jahren wurden Kompromisse eingegangen, die den Gewerkschaften einerseits mehr Mitspracherechte im politischen und wirtschaftlichen System verschafften. Gleichzeitig wurden sie zur Institution – und damit bürokratischer und unbeweglicher. In den vergangenen zehn bis zwanzig Jahren ist hier eine Trendwende zu beobachten: Die Erosion des traditionellen Parteien- und Vereinslebens führt auch innerhalb der Gewerkschaften mehr und mehr zu der Einsicht, dass bestimmte zentrale Gewerkschaftspositionen besser gemeinsam in Bündnissen mit Partnern durchgesetzt werden können.

Dabei müssen die Gewerkschaften immer den Spagat schaffen zwischen sozialer Bewegung (mit ihren oft spontanen und eigensinnigen Dynamiken und Akteur*innen) und institutionalisierter Massenorganisation (mit demokratischen Entscheidungsebenen wie auch widerstreitenden Prioritäten und Persönlichkeiten). Denn auch unter den gewerkschaftlich Aktiven, die sowohl ehrenals auch hauptamtlich tätig sind, gibt es unterschiedliche Auffassungen vom Selbstverständnis zwischen sozialer Bewegung und Institution.

Insbesondere die Gewerkschaftsjugend arbeitet häufig mit anderen außerparlamentarischen Akteuren zusammen. Und auch in immer größeren Teilen der „Erwachsenenwelt" setzt sich die Einsicht durch, dass die heutige Vielfalt der Initiativen, Verbände und Organisationen nicht zu einem Konkurrenzdenken und Gegeneinander führen darf. Vielmehr werden die zahlreichen thematischen Überschneidungen genutzt, um gemeinsam die Reichweite des jeweiligen Anliegens zu erhöhen und so eine größere Wirkungsmacht zu erzielen.

Die neue Vielfalt

Die Möglichkeiten, sich politisch zu engagieren, haben sich in den vergangenen Jahrzehnten rasant vermehrt. Während es früher eine überschaubare Menge von Angeboten gab (insbesondere Parteien, Gewerkschaften, Wohlfahrt), ist heute eine schier unendliche Vielfalt gegeben, zumeist hervorgegangen aus sozialen Bewegungen (Frauen, Migranten, Ökologie, Kinder, Antirassismus, Bürgerrechte, Arbeitsbedingungen …). Das führt unter anderem dazu, dass die einzelnen Vereine und Verbände einen Mitgliederrückgang haben.

Hinzu kommen die Möglichkeiten des Internets ab Mitte der 1990er-Jahre wie auch jene der Onlinemedien, insbesondere der sozialen Medien, etwa zehn Jahre später. Sie entsprechen dem Bedürfnis der (auch jüngeren) Menschen nach politischem Engagement auf einflussreichen Plattformen. Das mühsame Mobilisieren durch Flugblätter, Einzelansprachen und Telefonketten kann nun durch E-Mail-Verteiler und soziale Netzwerke deutlich effizienter, zielgruppengenauer und kostengünstiger umgesetzt werden. Während man zuvor oft von der Berichterstattung der Zeitungen abhängig war, kann nun ein kleines Posting, das den Nerv der Zeit trifft und von anderen User*innen geteilt wird, in kurzer Zeit eine enorme Reichweite bekommen. Außerdem ermöglicht das Internet niedrigschwellige inhaltliche Recherchen zu Randthemen, wie auch die Bildung von speziellen Interessengruppen sowie themenspezifische Diskussionsprozesse zwischen räumlich weit verteilten Teilnehmenden. So findet Politisierung außerhalb der traditionellen Rahmen von beispielsweise Parteien oder Verbänden statt: Man findet Menschen mit ähnlichen Interessen und Weltansichten und kann sich für seine spezifischen Themen engagieren.

Besonders beeindruckend hat sich diese Wirkungsmacht der digital vernetzen sozialen Bewegungen am 15. Februar 2003 manifestiert – zu einer Zeit, als die sozialen Bewegungen rund um Attac, Sozialforen, Anti-WTO und Anti-G8, Peoples' Global Action, MAI-Freihandelsabkommen und Antirassismus auf einem Höhepunkt waren. An diesem Tag fand die bis heute größte Demonstration der Menschheitsgeschichte statt: Rund um den Globus demonstrierten den Zeitzonen folgend über zehn Millionen Menschen in mehr als 60 Ländern und 600 Städten gegen den geplanten Angriff des Iraks durch die USA und Großbritannien. Da kann (bisher!) kein erster Mai und auch kein globaler Klimaaktionstag mithalten. Allein in Rom gab es damals drei Millionen Demonstrierende, in Barcelona mehr als eine Million, in London zwei Millionen. In Berlin kam immerhin eine halbe Million zusammen – für deutsche Verhältnisse eine enorme Zahl. In Städten wie New York (100.000), San Francisco (250.000), Bagdad (1.000.000), Damaskus (200.000) und Kalkutta (10.000) fanden ebenfalls Proteste statt, in Sydney mit 200.000 Teilnehmern die größte Demonstration der Stadtgeschichte. Etwa einen Monat später befahl George W. Bush allerdings trotzdem die Invasion des Iraks – die kriegsbegründenden Massenvernichtungswaffen wurden nie gefunden.

Gewerkschaftsjugend in Bewegung

Die Shell-Jugendstudie hat seit damals mehrfach festgestellt, dass junge Menschen sich wieder verstärkt politisch interessieren und engagieren. Gleichzeitig sinkt das Vertrauen der jungen Menschen in die institutionelle Politik deutlich. Allerdings: Mehr als 60% zwischen 18 und 24 Jahren finden Gewerkschaften und Betriebsräte wichtiger denn je. Sie haben ein solides Vertrauen zu Gewerkschaften – anders als zu Politik, Parteien, Kirchen, Banken und großen Wirtschaftsunternehmen Das heißt aber noch lange nicht, dass junge Menschen auch Mitglied einer Gewerkschaft werden. In ihrer Lebenswirklichkeit spielen Gewerkschaften bis zum Eintritt ins Erwerbsleben oft keine Rolle, außer ihre Eltern sind gewerkschaftlich engagiert. Das liegt unter anderem auch daran, dass Gewerkschaften in den Lehrplänen des Schulunterrichts eine viel zu geringe Rolle spielen. Vielen Menschen sind die Bedeutung, Ziele und Aufgaben von Gewerkschaften sowie deren grundsätzliche und systembedingte Funktion schlichtweg nicht bekannt.

Die DGB-Gewerkschaftsjugend hat diese Herausforderung früh in ihre Strategie eingebaut und entwickelt die neuen Ansprachekonzepte ständig weiter. In Betrieben und Verwaltungen, in den Berufsschule und Universitäten ist sie Sprachrohr und Interessenvertretung der jungen Menschen und steht mit ihnen im ständigen Dialog. Durch die Beteiligung an Aktionen in den Betrieben und in der Öffentlichkeit spüren viele junge Menschen zum ersten Mal in ihrem Leben, was es bedeutet, sich für seine eigenen Interessen, die Interessen der Belegschaft und der Gesellschaft einzusetzen und zu engagieren. Und sie nehmen Gewerkschaften als geeigneten Partner zur Verbesserung ihrer persönlichen Situation wahr.

Bewegung versus Institution

Junge Menschen, die sich in sozialen Bewegungen engagieren, sind meist noch nicht in politischen Verbänden, Netzwerken oder Parteien organisiert und möchten das auch häufig nicht. Sie wollen sich (erst einmal) keinen bestehenden Strukturen anschließen, da es in deren inhaltlich breit aufgestellten Programmen immer Punkte gibt, die nicht hundertprozentig der eigenen Vorstellung entsprechen oder mit denen man sich schlicht noch nicht beschäftigt hat. Eine neue soziale Bewegung beginnt zumeist als Ein-Punkt-Bewegung und ist vor diesem Hintergrund ein attraktives Angebot: unbelastet, dynamisch, frisch. Der persönliche Gestaltungseinfluss wird als besonders hoch wahrgenommen.

Ebenso niedrige Zugangs- und temporäre Beteiligungsmöglichkeiten für die vielseitig interessierte, heterogene Gruppe der jungen Erwachsenen zu schaffen ist auch erklärtes Ziel der Gewerkschaftsjugend. Die Voraussetzung dafür ist eine differenzierte, professionelle Ansprache mit Dialogen auf Augenhöhe entlang den persönlich relevanten Themen.

Eine wichtige Rolle spielt das Drei-Säulen-Modell der Gewerkschaftsjugenden: Eine erste Säule ist die klassische Tarifarbeit, um Auszubildende und junge Beschäftigte in Anknüpfung an ihre eigenen Interessen für Engagement zu begeistern und die persönlichen und allgemeinen Lebens- und Arbeitsbedingungen junger Menschen zu verbessern.

Eine zweite Säule ist die gewerkschaftliche Betriebsarbeit. Auch dort geht es darum zu zeigen, dass Engagement persönliche Bedingungen verbessern kann. Die Gewerkschaft soll im Betrieb erlebbar gemacht werden, wodurch ihre Aktionsfähigkeit gestärkt wird. Organizing und Empowerment sind hier die Stichworte.

Eine dritte Säule ist das gesellschaftspolitische Engagement. Hier können die Gewerkschaften zeigen, dass wir nicht nur die Interessenvertretung unserer Mitglieder sind, sondern aller Lohnabhängigen, genauso wie der ALG-II-Empfänger*innen, der alleinerziehenden Minijobber*innen ebenso wie der Studierenden, der scheinselbstständigen Kreativen und der Leiharbeiter*innen – wie auch deren Kolleg*innen, Männern, Frauen, Geschwistern und Eltern. Erst das Engagement im breiten gesellschaftspolitischen Feld macht uns als Akteur mit gesamtgesellschaftlichem Gestaltungsanspruch sichtbar und relevant.

Weil wir unsere Mitglieder meist nicht auf der Grundlage von Kosten-Nutzen-Rechnungen für eine Mitgliedschaft gewinnen (obwohl man den Gewerkschaftsbeitrag schon mit der ersten tariflichen Lohnerhöhung doppelt wieder drin hat), ist eine nachhaltige identitätsstiftende Bindung durch die Bearbeitung von aktuellen gesellschaftlichen Themen ein Weg, unseren Mitgliedern eine politische Heimat zu bieten, mit der sie sich identifizieren können. Allerdings haben die (Erwachsenen-)Gewerkschaften ein strukturelles Problem: Zwar können sich Interessierte beispielsweise in Betriebsgruppen engagieren, dort beschäftigt man sich aber in der Regel ausschließlich mit betrieblichen Themen. Wer sich für gesellschaftspolitische Themen engagieren will, findet innerhalb der Gewerkschaften keine offenen Gruppen, sondern meist nur auf vier Jahre gewählte Gremien mit einer sehr begrenzten Mitgliederzahl. Diese Hürde ist hoch. Dabei könnten die Gewerkschaften und insbesondere der Dachverband DGB mit ihren zahlreichen darüber hinausgehenden Themen gute Angebote machen. Projektgruppen haben allerdings das Problem, dass sie einen großen Betreuungsaufwand mit sich bringen und womöglich Positionierungen fernab der demokratischen Beschlusslage der Gewerkschaft erarbeiten.

Die Gewerkschaftsjugenden haben deshalb eine andere Form gefunden: Der „Jugendrat" oder der „Ortsjugendausschuss" sind offene Angebote für alle Interessierte. Hier können sich junge Mitglieder (und Noch-nicht-Mitglieder) bis zum Alter von 27 Jahren austauschen und engagieren. Neben politischer Bildung und Qualifizierung zur Mitbestimmung im Betrieb finden Diskussionen und Aktionen zu verschiedensten Themen in Eigenregie und bei Bedarf mit Unterstützung statt. Dabei geht es um die gesamte Bandbreite an Themen: betriebliche Probleme, Zustand der Berufsschulen, Verteilungsgerechtigkeit, Antifaschismus, Kapitalismuskritik.

Bündnisarbeit

Immer wieder arbeitet die DGB-Jugend, wie auch der DGB, in Bündnissen: gegen wirtschaftsliberale Freihandelsabkommen, gegen Rechtsextremismus, für ein solidarisches Europa, für Menschenrechte – um nur ein paar Bündnisse der vergangenen Jahre in Frankfurt am Main zu nennen. Mit dabei sind Verbände, Parteien, Initiativen, städtische Institutionen und viele mehr. So unterschiedlich deren Stoßrichtungen und Inhalte in Gänze sind, so einig sind sie sich beim jeweiligen Inhalt und handeln gemeinsam. So können wir punktuelle Ziele erreichen, die öffentliche Diskussion zu gesellschaftlich relevanten Themen deutlicher mitprägen und die öffentliche Wahrnehmung von Gewerkschaften erhöhen.

Darüber hinaus können wir die eigene Basis aktivieren und beteiligen, unsere Kampagnenfähigkeit stärken und nicht zuletzt eigene Wahrnehmungen kritisch hinterfragen. Die punktuelle inhaltliche Zusammenarbeit der Akteur*innen in Bündnissen schafft ein dauerhaftes Netzwerk, das auch für weitere Themen, gegebenenfalls in anderer Zusammensetzung, jederzeit aktiv werden kann. Gerade in Zeiten von wiedererstarkender rechtsradikaler und sozialchauvinistischer Gesinnung, in Zeiten hoher sozialer Ungleichheit weltweit und massenhafter prekärer Beschäftigungsverhältnisse und Lebenslagen ist es wichtig, ein solches Netzwerk fortschrittlicher Kräfte zu haben, um gemeinsam Zeichen zu setzen und inhaltliche Pflöcke einzuschlagen. Nur im Austausch in solch einem breiten Netzwerk können wir den tiefgreifenden Problemen der Gegenwart eine ausgewogene und grundsätzliche Alternative des demokratischen Miteinanders entgegenstellen.

Die konstruktive Rolle von Gewerkschaften in politischen Bündnissen wird von den Partnern geschätzt: Zum einen können sie notwendige Ressourcen bereitstellen, die ein Bündnis für effektive politische Arbeit und wirksame Aktionen benötigt (Material, Räumlichkeiten, Technik …). Unsere bis auf die kommunale Ebene reichenden Strukturen sind dabei oft hilfreich. Zum anderen können Gewerkschaften für politische Bündnisse wertvolle Türöffner sein: Sie werden als Gesprächspartner von Politik und Verwaltung anerkannt und ernst genommen. Und sie verfügen über die richtigen Kontakte zu politischen Parteien, um einem Bündnis den Weg zu ebnen und Protestveranstaltungen überhaupt erst zu ermöglichen. Wichtig sind in diesem Zusammenhang eine Zusammenarbeit auf Augenhöhe und die beiderseitige Zuverlässigkeit bei getroffenen Absprachen.

Immer wieder gibt es auch persönliche oder strategische Vorbehalte gegen Bündnisarbeit: Manchmal steht die thematisch relevante Gemeinsamkeit in einem Spannungsverhältnis zu inhaltlichen Gegensätzen in einem anderen Themengebiet oder anderweitigen Feld. Natürlich darf das Streben nach Bündnissen nicht in Beliebigkeit enden oder die Flanke nach rechts öffnen. Gerade dem DGB als Einheitsgewerkschaft, die nach den Erfahrungen des verlorenen Kampfes gegen den Nationalsozialismus gegründet wurde, sollte der Fokus auf das Gemeinsame eine Selbstverständlichkeit sein. Punktuelle Interessensgegensätze dürfen nicht zur Spaltung sozialer Bewegungen führen, die Grundstimmung muss solidarisch bleiben.

Natürlich muss den Gewerkschaften dabei bewusst sein, dass sie nicht für alle Probleme dieser Welt zuständig sind. Die zu bewältigenden Aufgaben sind groß, und wir müssen die schwierige Abwägung treffen, welche Themen die wichtigen und zielführenden sind.

Unser Ziel ist und bleibt das, was in der DGB-Satzung festgeschrieben ist: erstens die Vertretung der „gesellschaftlichen, wirtschaftlichen, sozialen und kulturellen Interessen der Arbeitnehmerinnen und der Arbeitnehmer", und schon als zweiter Punkt ist das Eintreten „für die weitere Demokratisierung von Wirtschaft, Staat und Gesellschaft" definiert. Unsere Gründungsväter und -mütter waren sich wohl der weitreichenden Bedeutung dieser Formulierung bewusst, da sie noch vor den weiteren Zielen sozialer Rechtsstaat, Gleichberechtigung und Frieden platziert wurde.

5. Protest weltweit – Internationale Perspektiven und Dimensionen

Vorbemerkungen der Herausgeber*innen

Bislang ging es in diesem Band um Protestbewegungen und -formen in Deutschland. Proteste als Ausdruck einer lebendigen Gesellschaft sind jedoch kein deutsches Phänomen, sie lassen sich überall auf dem Globus verorten. Je nach politischem System, Zusammensetzung der Gesellschaft, demografischen Größen und Anlässen stellen sie sich unterschiedlich dar – um nur einige Aspekte zu nennen.

Die folgenden Beiträge beschäftigen sich mit Protesten in der Ukraine, Bulgarien, Afghanistan und Chile und – in einer globalen Perspektive – weiteren Staaten. Sie zeigen länderspezifische Besonderheiten in der Entwicklung und Befriedung von Protesten.

Die ersten drei Beiträge stammen von Studierenden, die Proteste in Ihren Heimatländern beschreiben und die entsprechenden Bewegungen zum Teil selbst miterlebt haben. Proteste sind oft die Folge von Machtverschiebungen und veränderten politischen Konstellationen – die Autoren setzen sich damit auseinander, welche Rolle dabei studentische Beteiligungen spielten. Der vierte Beitrag gibt persönliche Einblicke in die Proteste in Chile, die die Autorin während eines Auslandssemesters miterlebte. Im Zentrum ihrer Beobachtungen steht der Einsatz für grundlegende Werte: Selbstbestimmung von Frauen, Verhinderung von Machtmissbrauch, Reduzierung sozialer Ungleichheit.

Der letzte Beitrag dieses Kapitels zeigt, wie unterschiedlich Menschen auf der ganzen Welt protestieren – für ihre Rechte, gegen Gewalt, gegen Umweltzerstörungen und gegen politische Ungerechtigkeiten. Wolfgang Kraushaar greift die These des Historikers Niall Ferguson auf, der zufolge Proteste und Protestbewegungen auf einer Kluft zwischen akademischer Bildung und damit verbundener Erwartungshaltung basieren sollen, und prüft ihre Stichhaltigkeit in Bezug auf die betrachteten Beispiele.

VLADISLAV EYLIN

5.1 Euromaidan – Protestkultur ukrainischer Studierender

Abstract:
Der Autor setzt sich mit der Bewegung auf dem Euromaidan 2013/2014 in Kiew auseinander, die zur Absetzung des ukrainischen Präsidenten und zur Unterzeichnung des Assoziierungsabkommens mit der EU führte. Welche Rolle spielte dabei die studentische Beteiligung?

Die Anfänge einer konfliktbeladenen Beziehung zwischen der Ukraine und der EU

Bereits seit dem 5. März 2007 arbeiten die EU und die Ukraine an einem gemeinsamen Assoziierungsabkommen (vgl. Worldwide News Ukraine 2012), um die Voraussetzungen für eine politische Assoziierung und wirtschaftliche Integration zu schaffen (vgl. Verheugen 2014). Obwohl die Verhandlungen nach 21 Verhandlungsrunden im Dezember 2011 abgeschlossen sind, wird die Paraphierung des Assoziierungsabkommens auf dem EU-Ukraine Gipfel am 19. Dezember 2011 von der Europäischen Kommission verschoben (vgl. Worldwide News Ukraine 2012; vgl. Bundeszentrale für politische Bildung 2012). Die Gründe lassen sich einerseits auf die Demokratiedefizite der Ukraine zurückführen. Andererseits ist die Verurteilung der ehemaligen Premierministerin und Oppositionsführerin Julia Timoschenko maßgebend für diese Entscheidung (vgl. Goncharenko/Sawizki 2011).

Nach mehreren Monaten des Stillstands beschuldigen am 5. März 2012 mehrere europäische Außenminister in der International Herald Tribune (heute International New York Times) die Ukraine, den Prozesses zur Unterzeichnung des Assoziierungsabkommens mit der EU zu blockieren (vgl. Bildt u.a. 2012). Noch am selben Tag gibt das ukrainische Außenministerium die Unterzeichnung des Abkommens bis Ende März 2012 bekannt. So wird am 30. März 2012 der Wortlaut des Assoziierungsabkommens zwischen den Verhandlungsführer*innen der EU und der Ukraine paraphiert (vgl. Bundeszentrale für politische Bildung 2012).

Am 19. Juli 2012 wird der Teil des Abkommens paraphiert, der die Freihandelszone betrifft (vgl. Europäische Kommission 2013, 2). Im Anschluss findet eine erneute zwischenzeitliche Aussetzung des Assoziierungs- und Freihandelsabkommens statt. Erst am 18. September 2013 kündigt die ukrainische Regierung durch einen formalen Beschluss die Beabsichtigung der Unterzeichnung des Assoziierungsabkommens im November 2013 an (vgl. Theise 2013).

Währenddessen hat sich Russland wiederholt gegen eine Integration der Ukraine an Europa ausgesprochen und infolgedessen im Spätsommer 2013 begonnen, die Ukraine in Richtung Zollunion[1] zu drängen (vgl. Euractiv Deutschland 2014). Hierfür hat Russland verschiedene Maßnahmen initiiert, um der Ukraine die bei einer Unterzeichnung des Assoziierungsabkommens mit der EU zu erwartenden Folgen vor Augen zu führen. Eine dieser Maßnahmen ist die Einführung von Warenkontrollen sowie die anschließende Verhängung eines Importstopps, der auf ukrainische Waren angeordnet wird (vgl. Deutsche Welle 2013).

Zusätzlich wird der Ukraine im Oktober 2013 mit der Einführung einer Visapflicht gedroht. Davon wären Hunderttausende Ukrainer*innen betroffen, die einer Arbeit in Russland nachgehen (vgl. Kappeler 2014, 336). Doch nicht nur mittels wirtschaftlicher Androhungen versucht Russland die Ukraine zur Zollunion zu bewegen, sondern auch durch die Ausnutzung von finanziellen Anreizen. Hierzu gehören vor allem die zollfreien Gas- und Öllieferungen sowie der uneingeschränkte Zugang zum russischen Markt für Agrarerzeugnisse und Lebensmittel (vgl. Malykin 2013; vgl. Küstner 2013). Zudem wird der Ukraine ein Kredit in Höhe von 750 Millionen US-Dollar gewährt (vgl. Goncharenko 2013).

Bis zu diesem Zeitpunkt hat die Ukraine das Assoziierungsabkommen samt Freihandelsabkommen mit der EU, aber auch die Zollunion zwischen Russland, Weißrussland und Kasachstan verhandelt. Weiterhin besteht Unklarheit darüber, ob die Ukraine das Assoziierungsabkommen am 28./29. November 2013 auf dem EU-Gipfeltreffen in Vilnius unterzeichnen wird. Bereits am 20. November 2013 teilt der ukrainische Präsident Viktor Janukowitsch in einem vertraulichen Gespräch mit EU-Erweiterungskommissar Štefan Füle mit, das Assoziierungsabkommen nicht unterzeichnen zu wollen (vgl. Kahlweit 2013). Einen Tag darauf veröffentlicht die ukrainische Regierung auf ihrer Website ein Dokument, das den Prozess der Vorbereitung des Assoziierungsabkommens zwischen der EU und der Ukraine aus Gründen der nationalen Sicherheit aussetzt (vgl. Sommerbauer/Laczynski 2013). Diese Entscheidung wird auf dem Gipfel der Östlichen Partnerschaft in Vilnius beibehalten, sodass am 29. November 2013 das

---

1   Zollbündnis zwischen Russland, Weißrussland und Kasachstan.

Assoziationsabkommen zwischen der EU und der Ukraine nicht unterzeichnet wird (vgl. Krökel 2013).

Der Euromaidan und die Partizipation der ukrainischen Studierenden

Die Ankündigung der Nichtunterzeichnung des Assoziationsabkommens löst am 21. November 2013 Bürger*innenproteste in der Ukraine aus, die den Namen Euromaidan tragen und sich zu einem monatelangen Ereignis entwickeln, das bis zum 26. Februar 2014 andauern wird (vgl. Johann 2018). Dabei setzt sich das Wort *Euromaidan* aus zwei Teilen zusammen: *Euro* steht für Europa, *Maidan* bezeichnet den Platz der Unabhängigkeit, der den Namen Majdan Nesaleschnosti trägt und zugleich den zentralen Schauplatz der Proteste darstellt (vgl. Heintz 2013). Bereits am ersten Tag des Euromaidans versammeln sich etwa 1.000 bis 2.000 Demonstrierende (vgl. Newsru 2013). Drei Tage später sind es schon Zehntausende Menschen, die in Kiew gegen die Nichtunterzeichnung des Assoziierungsabkommens mit der EU demonstrieren (vgl. Hammelehle/Lüpke-Narberhaus 2013).

Viele Nachrichtenportale sehen die Studierenden als treibende Kraft des Protests an. Tatsächlich nimmt auch eine Vielzahl von Studierenden am Protest teil. Jedoch kann keine eindeutige Zahl ausgewiesen werden. Verschiedene Quellen sprechen von mehreren Tausend Studierenden. Das deutsche Nachrichtenmagazin Der Spiegel nennt am 29. November 2013 die Zahl von etwa drei- bis fünftausend Studierenden, die am Protest in Kiew beteiligt seien (vgl. Eichhofer 2013a). Am 7./8. Dezember 2013 wird eine soziodemografische Umfrage der beiden privaten Institute Fond Demokratische Initiativen und Kiewer Internationales Institut erhoben, die eine Klassifizierung der beteiligten Demonstrierenden mittels Zufallsstichprobe vornimmt. Dadurch ergibt sich eine Gesamtbeteiligung seitens der Studierenden am 7./8. Dezember 2013 von 13,2 %. Bis Februar 2014 sinkt die Gesamtbeteiligung der Studierenden auf 6,2 % (vgl. Bundeszentrale für politische Bildung 2014). Unter der Berücksichtigung der 99 vorhandenen Hochschulen in Kiew ist die Gesamtbeteiligung der Studierenden auf dem Maidan als überschaubar einzustufen (vgl. Korinth 2014). Die Studierenden stellen in der Gesamtbetrachtung des Euromaidans keine treibende Kraft dar.

Trotzdem setzen sich viele Studierende im Rahmen der Proteste für ihre Überzeugungen und gegen Ungerechtigkeit ein. Die Gründe hierfür sind unterschiedlicher Natur. Die beiden zuvor genannten Institute weisen vor allem drei Beweggründe der Euromaidan-Aktivitäten aus: die Repression der Regierung gegen die Protestierenden (69,6 %), die Nichtunterzeichnung des Assoziierungsabkommens (53,5 %) und den Wunsch, das Leben in der Ukraine (langfristig) zu verändern (49,9 %) (vgl. Bundeszentrale für politische Bildung 2014).

Eine Unterzeichnung des Assoziierungsabkommens mit der EU hätte mehrere positive Effekte auf das Leben der ukrainischen Studierenden. Zum einen erhoffen sie sich durch das Assoziierungsabkommen eine Verbesserung der Wirtschaftslage der Ukraine (vgl. Eichhofer 2013b). Durch das Freihandelsabkommen würde die Ukraine ein Teil des europäischen Binnenmarkts werden, was sowohl den Abbau von Zöllen und Handelsschranken als auch die Schaffung neuer Jobs mit sich brächte. Damit einhergehend ergeben sich langfristig positive Auswirkungen auf das Einkommen (vgl. Eichhofer 2013a). Darüber hinaus würde das Abkommen mit der EU bedeuten, dass die Ukraine sich verpflichtete, Maßnahmen gegen Korruption und Vetternwirtschaft zu verabschieden, die seit dem Zerfall der Sowjetunion einen festen Bestandteil des unterfinanzierten Bildungssystems darstellen und zulasten der Qualität der Lehre gehen (vgl. Adler 2018).

So vielfältig die Gründe der Studierenden in der Ukraine für ihren Protest sein mögen, ist dennoch unverkennbar, dass eine Vielzahl von ihnen ein ausgeprägtes politisches Engagement vorweisen kann. In der Retroperspektive sind die Studierenden während des Euromaidans anderen Rahmenbedingungen ausgesetzt, als es beispielsweise bei der vorangegangenen Orangen Revolution der Fall war – vor allem Repressionen und einer Gewalt, die etwa 130 Tote und viele Verletzte zur Folge hat (vgl. Hassel 2018).

Die Proteste leisten schließlich einen wichtigen Beitrag dazu, dass es doch noch zum Abschluss des Assoziationsabkommens kommt. Nach der faktischen Absetzung des Präsidenten Viktor Janukowitsch am 27. Februar 2014 wird eine Übergangsregierung gebildet (vgl. Koval 2014), die am 21. März 2014 den politischen Teil des Abkommens mit den Staats- und Regierungschefs der Europäischen Union unterzeichnet (vgl. Europäischer Rat 2018). Der wirtschaftliche Teil des Abkommens wird am 27. Juni 2014 unterzeichnet (vgl. Brössler/Gammelin 2014). Zehn Jahre nach Beginn der gemeinsamen Arbeit am Assoziierungsabkommen zwischen der EU und der Ukraine tritt es durch den Beschluss des Europäischen Rats am 11. Juli 2017 in Kraft (vgl. Europäischer Rat 2017). Es legt das Fundament für eine langfristige politische Assoziierung und wirtschaftliche Integration.

Die Folgen des Assoziierungsabkommens

Der gesellschaftspolitische Umbruch, ausgelöst durch den Euromaidan, hat zu verschiedenen Reformen geführt, die positive Auswirkungen für die Studierenden der Ukraine haben. Eine davon ist das neu verabschiedete Hochschulgesetz. Zu den wesentlichen Veränderungen gehören der Kampf gegen die allgegenwärtige Korruption, eine bessere Finanzierung und stärke Autonomie der führenden Hochschulen wie auch die Angleichung an die europäischen und internationalen Standards (vgl. Klein 2015; vgl. Adler 2018).

Eine Beurteilung, ob die Maßnahmen und Folgen der verabschiedeten Reformen ausreichend sind, möchte ich an dieser Stelle nicht vornehmen, da sich die Thematik und die Folgen in diesem kurzen Umriss nicht ausreichend darstellen lassen. Dennoch wird deutlich, dass die Beteiligung der Studierenden auf dem Euromaidan eine wichtige Rolle gespielt hat. Auch wenn sie zahlenmäßig nicht die treibende Kraft darstellten, haben sie nachhaltig Einsatz gezeigt und ihre politischen Überzeugungen durchgesetzt.

Literaturverzeichnis

Adler, Sabine 2018: Korruption in der Ukraine. Der gekaufte Abschluss. In: Deutschlandfunk online v. 5.2. https://www.deutschlandfunk.de/korruption-in-der-ukraine-der-gekaufte-abschluss.1773.de.html?dram:article_id=410019 (Download 14.3.2020).

Bildt, Carl u.a. 2012: Ukraine's Slide. In: The New York Times online v. 4.3. https://www.nytimes.com/2012/03/05/opinion/05iht-edbildt05.html (Download 1.3.2020).

Bundeszentrale für politische Bildung 2012: Chronik des Assoziierungsabkommens zwischen der EU und der Ukraine. In: bpb online v. 6.6. https://www.bpb.de/internationales/europa/ukraine/137814/chronik-des-assoziierungsabkommen (Download 29.2.2020).

Bundeszentrale für politische Bildung 2014: Soziodemographie und Meinungsumfragen: Die Protestierenden auf dem Maidan. In: bpb online. https://www.bpb.de/internationales/europa/ukraine/179754/soziodemographie-und-meinungsumfragen-die-protestierenden-auf-dem-maidan (Download 14.3.2020).

Daniel Brössler/Cerstin Gammelin 2014: Abkommen zwischen EU und Ukraine. Durchlöchert von Tausenden Ausnahmen. In: Süddeutsche online v. 12.9. https://sz.de/1.2125659 (Download 12.5.2020).

Deutsche Welle 2013: Russland sperrt ukrainische Waren aus. In: DW online v. 15.8. https://p.dw.com/p/19QhK (Download 7.3.2020).

Eichhofer, André 2013a: Proteste in der Ukraine. Jugend hofft auf Europa. In: Spiegel online v. 29.11. https://www.spiegel.de/lebenundlernen/uni/studenten-in-ukraine-demonstrieren-fuer-europa-nicht-fuer-timoschenko-a-936223.html (Download 14.3.2020).

Eichhofer, André 2013b: Neuer Aufbruch am Maidan. In: Zeit online v. 26.11. https://www.zeit.de/politik/ausland/2013-11/ukraine-proteste-studenten/komplettansicht (Download 14.3.2020).

Euractiv Deutschland 2014: Russland-Ukraine: Putin verstärkt Druck zur Zollunion. In: Euractiv online v. 7.3. https://www.euractiv.de/section/ukraine-und-eu/news/russland-ukraine-putin-verstarkt-druck-zur-zollunion/(Download 7.3.2020).

Europäische Kommission 2013: Vorschlag für einen Beschluss des Rates über den Abschluss des Assoziierungsabkommens zwischen der Europäischen Union und ihren Mitgliedstaaten einerseits und der Ukraine andererseits. https://ec.europa.eu/transparency/regdoc/rep/1/2013/DE/1-2013-290-DE-F1-1.Pdf (Download 1.3.2020).

Europäischer Rat 2017: Ukraine: Rat nimmt Assoziierungsabkommen EU-Ukraine an. In: European Council online v. 11.7. https://www.consilium.europa.eu/de/press/press-releases/2017/07/11/ukraine-association-agreement/(Download 12.5.2020).

Europäischer Rat 2018: Europäischer Rat: Krise in der Ukraine und weitere Sanktionen im Mittelpunkt. In: European Council online v. 20./21.3. https://www.consilium.europa.eu/de/meetings/european-council/2014/03/20-21/ (Download 12.5.2020).

Goncharenko, Roman 2013: Wie Russland die Ukrainer vor der EU warnt. In: DW online v. 4.10. https://p.dw.com/p/19sex (Download 7.3.2020).

Goncharenko, Roman/Sawizki, Olexander 2011: Abkommen mit Ukraine nur unter Bedingungen. In: DW online v. 19.12. https://p.dw.com/p/13VnP (Download 29.2.2020).

Hammelehle, Sebastian/Lüpke-Narberhaus, Frauke 2013: Proteste in der Ukraine. Zehntausende demonstrieren für Europa. In: Spiegel online v. 24.11. https://www.spiegel.de/politik/ausland/ukrainer-demonstrieren-fuer-eine-annaeherung-an-die-europaeische-union-a-935373.html (Download 14.3.2020).

Hassel, Florian 2018: Die bitteren Früchte der Maidan-Revolte. In: Süddeutsche online v. 21.11. https://sz.de/1.4219128 (Download 14.3.2020).

Heintz, Jim 2013: Ukraine's Euromaidan: What's in a Name? In: The Washington Post online v. 2.12. https://archive.vn/20131202183315/http://www.washingtonpost.com/world/europe/ukraines-euromaidan-whats-in-a-name/2013/12/02/707851c2-5b31-11e3-801f-1f90bf692c9b_story.html (Download 14.3.2020).

Johann, Bernd 2018: Kommentar: Die unvollendete Revolution in der Ukraine. In: DW online v. 21.11. https://www.dw.com/de/kommentar-die-unvollendete-revolution-in-der-ukraine/a-46381210 (Download 7.3.2020).

Kahlweit, Cathrin 2013: Präsident Janukowitsch verweigert Unterschrift. In: Süddeutsche online v. 21.11. https://sz.de/1.1823789 (Download 7.3.2020).

Kappeler, Andreas 2014: Kleine Geschichte der Ukraine. München.

Klein, Eduard 2015: Analyse: Das neue Hochschulgesetz – Ist das ukrainische Hochschulsystem im Aufbruch? In: bpb online v. 1.6. https://www.bpb.de/207595/analyse-das-neue-hochschulgesetz-ist-das-ukrainische-hochschulsystem-im-aufbruch (Download 14.3.2020).

Korinth, Stefan 2014: Maidan: Der verklärte Aufstand. In: Telepolis v. 9.8. https://www.heise.de/tp/features/Maidan-Der-verklaerte-Aufstand-3366798.html (Download 7.3.2020).

Koval, Ilya 2014: Abschied vom „Kamikaze-Kabinett". In: Zeit online v. 26.8. https://www.zeit.de/politik/ausland/2014-08/ukraine-parlament-aufloesung (Download 12.5.2020).

Krökel, Ulrich 2013: Janukowitsch besteht die Mutprobe nicht. In: Zeit online v. 29.11. https://www.zeit.de/politik/ausland/2013-11/janukowitsch-osteuropa-europaeische-union (Download 14.3.2020).

Küstner, Kai 2013: EU-Gipfel in Vilnius. Die Ukraine zwischen den Stühlen. In: Tagesschau online v. 29.11. https://www.tagesschau.de/ausland/eu-gipfel-osteuropa110.html (Download 7.3.2020).

Malykin, Vitaliy 2013: EU und Russland locken Ukraine in die Zollunion – Wer bietet mehr?, In: Design4u Köln online v. 11.3. https://www.design4u.org/russland-gus/politik-und-geschehnisse-ukraine/eu-und-russland-locken-ukraine-in-die-zollunion-wer-bietet-mehr/ (Download 7.3.2020).

Newsru 2013: Противники приостановки евроинтеграции Украины в ночи вышли на улицы Киева Подробнее. In: Newsru online v. 22.11. https://www.newsru.com/world/22nov2013/ukr.html (Download 14.3.2020).

Pedosenko, Aleksey 2014: Chronologie der ukrainischen Revolution. In: Euromaidan Press online v. 8.6. http://euromaidanpress.com/2014/06/08/chronologie-der-ukrainischen-revolution/#more-11420 (Download 7.3.2020).

Sommerbauer, Jutta/Laczynski, Michael 2013: EU verliert Kampf um die Ukraine. In: Die Presse online v. 21.11. https://www.diepresse.com/1485225/eu-verliert-kampf-um-die-ukraine (Download 7.3.2020).

Theise, Eugen 2013: Ukraine legt sich auf EU-Assoziierung fest. In: DW online v. 18.9. https://p.dw.com/p/19k6W (Download 1.3.2020).

Verheugen, Günter 2014: Warum Helmut Schmidt irrt. In: Spiegel online v. 19.5. https://www.spiegel.de/politik/deutschland/ukraine-krise-helmut-schmidt-von-ex-eu-kommissar-verheugen-kritisiert-a-970150.html (Download 29.2.2020).

Worldwide News Ukraine 2012: Assoziierungsabkommen zwischen Ukraine und EU paraphiert. In: Cision PR Newswire v. 30.3. https://www.prnewswire.com/news-releases/assoziierungsabkommen-zwischen-ukraine-und-eu-paraphiert-145220435.html (Download 29.2.2020).

NIKOLAY ALEKSIEV

5.2 Studentischer Protest in Bulgarien – Vergleich zwischen 1989 und 2013

Abstract:
Der Autor erörtert Bedingungen, unter denen sich die Protestbewegungen 1989 und 2013 in Bulgarien entwickelten. Dabei geht er auf die innen- und außenpolitischen Aspekte ein, die hierzu beitrugen. Studierende spielten in beiden Protestbewegungen eine wichtige Rolle.

Gesperrte Eingänge, besetzte Hörsäle, entfallene Lehrveranstaltungen und Prüfungen, Rücktrittsforderungen und Anstrengungen für eine neue politische Ordnung: So könnte man die Lage an der Sofioter Universität, aber auch an zahlreichen anderen Universitäten in ganz Bulgarien im Herbst 2013 beschreiben. Die Unzufriedenheit der bulgarischen Bevölkerung mit ihrer Regierung hatte die Hochschulen erreicht (BBC 2013; Medarov 2016, 69). Für viele Bulgar*innen dürfte sich diese Beschreibung wie ein Déjà-vu lesen, denn sie könnte sich genauso gut auf die Lage an den bulgarischen Universitäten im Jahr 1989 beziehen. Damals riefen mehrere Hochschulgruppen, Studierendenvertreter*innen sowie Lehrende die Studierenden zu Protesten auf, weil sie die Unabhängigkeit der Universitäten durch die Regierung gefährdet sahen. Was damals als Widerstand gegen autoritäre Machtverhältnisse in der Bildung begann, entwickelte sich schnell zu einer gesamtgesellschaftlichen Bewegung gegen die andauernde neokommunistische Okkupation der staatlichen Macht (Tzvetkov 1992, 34).

Der folgende Bericht stellt einen diachronen Vergleich der studentischen Protestbewegungen im Jahr 1989 (und 1990) und 2013 dar. Die Proteste ab 1989 mobilisierten schnell die Gesamtbevölkerung und führten zu einem Rücktritt der Regierung, während die studentischen Proteste ab Sommer 2013 zwar erneut Widerstand gegen die Regierung erzeugten, aber nicht unmittelbar in deren Rücktritt mündeten. Die nachfolgende Analyse versucht diesen Unterschied durch den innerpolitischen Kontext in Bulgarien und die politischen Entwicklungen in Osteuropa zu erklären.

Endspurt zur demokratischen Wende (1989 – 1990)

Wie schon angedeutet, gab eine Studierendenbewegung im Winter 1989 den Aufschwung für gesamtgesellschaftliche Proteste gegen die bulgarische Regierung. Die Demonstrierenden forderten die Abschaffung des Machtmonopols der Bulgarischen Kommunistischen Partei (BKP) und den Rücktritt der Regierung. Obwohl das Machtmonopol der Partei schon im Januar 1990 aus der Verfassung gestrichen wurde (Angelov 1990), mussten die protestierenden Studierenden auf einen Rücktritt des Präsidenten Petar Mladenow bis Sommer 1990 warten (Los Angeles Times 1990).

Trotz der Abschaffung des Parteimonopols war keine fundamentale Änderung der Politik in Sicht, weswegen es im November 1990 einen zweiten Schwung der Proteste gegen die kommunistische Regierung gab. Erneut besetzten Studierende die Sofioter Universität, eine Form des Protests, die sich diesmal auf fast alle bulgarischen Universitäten ausbreitete, und damit war der Wendepunkt erreicht. Der wiederbelebte studentische Protest fand in allen gesellschaftlichen Gruppen Resonanz. Studierende, Gewerkschaften, Beamt*innen, alle beteiligten sich an dem landesweiten Massenstreik, der Bulgarien lahmlegte. Am 29. November 1990 trat schließlich die gesamte Regierung zurück. Die nachfolgenden Wahlen wurden von einem demokratischen Bündnis gewonnen (Wight/Fox 1998, 131 ff.). All das wäre nicht möglich gewesen, hätte sich der Widerstand nicht zum richtigen Zeitpunkt formiert. Doch welche nationalen und internationalen Ereignisse begünstigten den Erfolg von den Universitäten ausgegangenen Proteste?

Aus innenpolitischer Sicht war die Lage der kommunistischen Regierung durch andauernde wirtschaftliche Schwierigkeiten enorm erschwert. Jahrzehnte der Planwirtschaft, deren Ziele zum großen Teil von der Sowjetunion bestimmt wurden, hatten die bulgarische Wirtschaft in ein extremes Abhängigkeitsverhältnis gegenüber dem Rat für gegenseitige Wirtschaftshilfe (RGW) versetzt. Der durch die UdSSR eingeführte Übergang Bulgariens von der Agrar- zur Industriewirtschaft diente allein dem Nutzen des größeren Handelspartners (Jackson 1991, 206 f.; Wight/Fox 1998, 128 f.). Bulgarien fehlten die Rohstoffe für eine vollständig industrialisierte Wirtschaft, was dazu führte, dass das Land nicht nur vom Markt des RGW, sondern auch von den Rohstofflieferungen aus der UdSSR abhängig war (Wight/Fox 1998, 128 f.).

Die Ineffizienz einer solchen Beziehung bekam die Mehrheit der bulgarischen Politiker*innen, aber auch die gesamte bulgarische Gesellschaft nach 1989 zu spüren. Zu diesem Zeitpunkt waren die RGW-Staaten, darunter auch Bulgarien, extrem verschuldet. Wegen sinkender Exporte und eines steigenden Bedarfs an Importen (zum Beispiel der genannten Rohstoffe für die bulgarische Industrie) konnten sie nicht nur ihre Schulden nicht bezahlen, sondern akkumulierten noch stärker neue Schulden. All das mündete in einer schweren Wirtschaftskrise, die ab 1990 alle Staaten des RGW stark belastete. Den Höhepunkt fand die Krise im Mai 1990, als die bulgarische Währung um 250% abgewertet wurde. Die Warenpreise stiegen dramatisch; die Bürger*innen konnten sich selbst unerlässliche Lebensmittel nicht mehr leisten. Kurz darauf kam es zu den Massenprotesten und dem Rücktritt der Regierung.

Aus außenpolitischer Perspektive gab es im Grunde genommen zwei regionale Entwicklungen, die den Widerstand gegen die kommunistische Regierung in Bulgarien begünstigten. Zum einen durften die Regierenden und die Gesellschaften in Ländern wie der DDR, der Tschechoslowakei, Bulgarien und Rumänien die Ereignisse in Ungarn und Polen verfolgen, denn diese zwei Länder waren die ersten, die ihre kommunistischen Regimes durch Reformen weitgehend demontiert hatten (Karklins/Petersen 1993, 601). Dies ermutigte die Opposition in anderen Ländern. Sie hatte jetzt ein Beispiel dafür, dass Widerstand gegen eine kommunistische Partei nicht in Gewalt und Repressionen enden musste, wie es noch im Juni 1989 in China passiert war (Karklins/Petersen 1993, 589).

Zum anderen begünstigte die geschwächte Macht der Sowjetunion den Erfolg der Proteste in kleineren Satellitenstaaten wie Bulgarien, Rumänien und der Tschechoslowakei. In der Vergangenheit hatte die Sowjetunion nicht nur politisch, sondern durch den Warschauer Pakt auch geostrategisch und militärisch eine enorme Macht dargestellt, die Abweichungen vom offiziellen Kurs der Kommunistischen Partei der Sowjetunion (KPdSU) bestraft hatte. Dies wurde spätestens 1968 während des *Prager Frühlings* evident, als die Massenproteste gegen die Reformpläne der Kommunistischen Partei der Tschechoslowakei (KPTsch) durch den Einmarsch von Militäreinheiten aus mehreren Ländern des Warschauer Pakts unterdrückt wurden (Prečan 2008, 1667 ff.). Zwanzig Jahre später, Ende der 1980er-Jahre, war solch ein Einmarsch nicht mehr denkbar, zumal nach der Zurückweisung der Breschnew-Doktrin in den frühen Achtzigern (Karklins/Petersen 1993, 601). Für die Demonstrierenden in Bulgarien im Jahr 1989 bedeutete das, dass sie sich durch ihren Protest nicht gegen den gesamten Warschauer Pakt stellten, sondern allein gegen ihre durch die wirtschaftliche Krise geschwächte Regierung.

Der Erfolg des bulgarischen Widerstands gegen die kommunistischen Regierungen in den Jahren 1989 bis 1990 kann also auf zwei wesentliche Faktoren zurückgeführt werden. Auf der einen Seite gefährdete die schwere wirtschaftliche Krise die Lebensverhältnisse der Bulgar*innen, wodurch sich die Angst vor möglichen Repressionen infolge des Protests ausblenden ließ. Karklins und Petersen (1993) argumentieren, dass Massenproteste nur möglich seien, wenn die Kosten des Nichtprotestierens (die Ursprungslage bleibt unverändert) die Kosten des Protests (etwa Angst vor Repressionen) überstiegen, was in Bulgarien spätestens im Sommer 1990 der Fall war. Auf der anderen Seite war die außenpolitische Lage günstig für den Widerstand gegen die Regierung, da Hilfsmaßnahmen der UdSSR für die bulgarische Regierung nicht in Aussicht standen.

#ДAHCwithMe (2013)

Die Formen des Protests haben sich zwischen 1990 und 2013 nicht zuletzt durch die Einführung der sozialen Netzwerke verändert. Das Hashtag der bulgarischen Proteste aus dem Sommer 2013 lautete *#ДAHCwithMe* oder in lateinischen Buchstaben *#DANSwithMe*, wobei „ДAHC" das bulgarische Akronym für die Staatliche Agentur für Nationale Sicherheit und gleichzeitig ein Homofon des englischen „dance" ist – eine Anspielung auf die intransparente Ernennung des Medienmoguls Deljan Peewski zum Chef der Staatlichen Agentur für Nationale Sicherheit durch die damalige Minderheitsregierung der Bulgarischen Sozialistischen Partei (BSP) und der Bewegung für Rechte und Freiheiten (DPS) (Euronews 2013). Die später zurückgezogene Ernennung und der nachfolgende Einzug Peewskis ins Parlament waren die zwei Ereignisse, die zum Inbegriff der Korruption in der Minderheitsregierung wurden. Die Vermutung der Opposition war, dass die Regierung durch die wirtschaftlichen Interessen von Oligarchen um Peewski geleitet war (Ganev 2014, 36 f.). Was aber spielte sich im Sommer 2013 ab, und wie lassen sich die Ereignisse erklären?

Das Jahr 2013 war für die bulgarische Bevölkerung das Jahr des Protests. Im Februar 2013 hatten Massendemonstrationen gegen steigende Strompreise und das stagnierende Einkommensniveau den Rücktritt der Regierung um Ministerpräsidenten Bojko Borissow verursacht (Meznik 2017, 32 f.). Doch die Neuwahlen brachten keine Stabilität in die bulgarische Politik. Die neue Regierung, geleitet von der Bulgarischen Sozialistischen Partei und Ministerpräsidenten Plamen Oresharski, zeigte schon in den ersten Wochen, dass sie keinen wesentlichen Beitrag zur Korruptionsbekämpfung leisten kann. Es spielte sich ein bekanntes Szenario ab. Ein berüchtigter Oligarch wurde zum Chef des Sicherheitsdienstes ernannt und nachdem er vom Parlament nicht bestätigt wurde, zog er selber ins Parlament ein. Dieser Fall wurde durch die Medien in die Öffentlichkeit getragen und die Bevölkerung sah sich verpflichtet, erneut auf die Straße zu gehen.

In einem Versuch, den Protesten im Herbst 2013 neuen Schwung zu geben, besetzten die Studierenden der Sofioter Universität einige Hörsäle und später das gesamte Rektorat (Gueorguieva 2015, 33; Meznik 2017, 34). Die Proteste der Studierenden breiteten sich erneut auf fast alle bulgarischen Universitäten aus und liefen über mehrere Monate. Im Vergleich zu 1989 und 1990 hatten die Studierenden diesmal nur bedingt Erfolg mit ihrem Protest. Sie brachten zwar einen neuen Impuls in die Proteste ein und organisierten zwei Massendemonstrationen am 1. und 10. November 2013 in Zusammenarbeit mit mehreren Zivilorganisationen und Bündnissen (Gueorguieva 2015, 33). Einen Rücktritt der Regierung zog das jedoch nicht nach sich. Die Opposition musste bis zum Sommer 2014 auf den gewünschten Rücktritt warten, der sich nicht unmittelbar auf die zivile Unzufriedenheit zurückführen ließ (Meznik 2017, 34).

Im Gegenteil wurde der Rücktritt der Regierung von Plamen Orescharski, dem durch die BSP ernannten Ministerpräsidenten, eher durch Konflikte zwischen den Koalitionspartnern und die nationale Bankenkrise herbeigeführt (Deutsche Welle 2014; Meznik 2017, 34). Zum Zeitpunkt der europäischen Bankenkrise hatten auch mehrere bulgarische Banken Liquiditätsprobleme und wurden unter die Aufsicht der Bulgarischen Zentralbank gestellt. Es kam zu einem einzigen Bankausfall, nämlich dem der Corpbank, der sich aber nicht allein aus der Bankenkrise ergab, sondern auch aus Spekulationen und illegalen Handlungen der Geschäftsführung (Hope 2014). Angesichts der Beziehungen, die Deljan Peewski zur Führung der Corpbank unterhielt, ging die Bankenkrise mit einem schwerwiegenden Imageverlust der Regierung einher, und die Koalitionspartner konnten ihre Minderheitsregierung nicht weiterführen.

Fazit: Studierendenproteste im unterschiedlichen Kontext

Im Großen und Ganzen kann man sagen, dass der Erfolg der Studierendenproteste in Bulgarien stark abhängig war vom jeweiligen nationalen und internationalen Kontext. Während in den Jahren 1989 bis 1990 die Schwächung der Parteidiktatur, die andauernde Wirtschaftskrise der Staaten des RGW und die weniger aggressive Außenpolitik der UdSSR den Widerstand in Bulgarien begünstigten, sah die Situation im Jahr 2013 anders aus. Im Februar 2013 war die Regierung von Bojko Borissow bereits zurückgetreten, und die nach den Neuwahlen geformte Minderheitsregierung war an der Reihe zu versuchen, die Politik in Bulgarien zu stabilisieren. Unterstützt durch seine Beziehungen zu Oligarchen, regierte Plamen Orescharski trotz aller zivilen Unzufriedenheit. Erst mit der erneuten Intensivierung der im Jahr 2008 ausgebrochenen Wirtschaftskrise durch die europäische Bankenkrise im Jahr 2014 schwächte sich die Stellung der bulgarischen Regierung. Diesmal war der Rücktritt jedoch keine unmittelbare Folge von Massenprotesten, obwohl der Protest gegen die Regierung seit mehr als einem Jahr andauerte. Vielmehr ergab sich der Rücktritt der Minderheitsregierung aus dem fehlenden Konsenses zwischen den Koalitionspartnern, die im Parlament keine Unterstützung mehr von anderen Parteien bekamen.

Literaturverzeichnis

Angelov, Guillermo 1990: Bulgaria Abolishes Leading Role of Communists. In: UPI online v. 15.1. https://www.upi.com/Archives/1990/01/15/Bulgaria-abolishes-leading-role-of-communists/8951632379600/(Download 21.4.2020).

BBC 2013: Bulgaria Protests: Students Lock Up Sofia University. In: BBC online v. 11.11. Online verfügbar unter https://www.bbc.com/news/world-europe-24896793 (Download 21.4.2020).

Deutsche Welle 2014: Socialist-Backed Oresharski Cabinet Resigns in Bulgaria. In: DW online v. 23.7. https://p.dw.com/p/1ChR4 (Download 21.4.2020).

Euronews 2013: Will You #ДAHCwithMe? How Bulgarian Protesters Are Using Social Media. In: Euronews online v. 19.6. https://www.euronews.com/2013/06/19/will-you-dance-withme-how-the-bulgarian-protests-use-social-media (Download 21.4.2020).

Ganev, Venelin I. 2014: The Legacies of 1989. Bulgaria's Year of Civic Anger. In: Journal of Democracy Nr. 25. 334–5. https://www.journalofdemocracy.org/articles/the-legacies-of-1989-bulgarias-year-of-civic-anger/(Download 21.4.2020).

Gueorguieva, Valentina 2015: The Student Occupation of Sofia University in 2013. Communication Patterns for Building a Network of Support. In: Digital Icons Studies in Russian, Eurasian and Central European New Media Nr. 13. 29–50. https://www.digitalicons.org/issue13/the-student-occupation-of-sofia-university-in-2013/(Download 21.4.2020).

Hope, Kerin, 2014: Bulgarian Bank Faces Bankruptcy Proceedings. In: Financial Times online v. 11.7. https://www.ft.com/content/4b822076-091b-11e4-906e-00144feab7de (Download 21.4.2020).

Jackson, Marvin 1991: The Rise and Decay of the Socialist Economy in Bulgaria. In: Journal of Economic Perspectives Nr. 5. 203–209. https://www.aeaweb.org/articles?id=10.1257/jep.5.4.203 (Download 21.4.2020).

Karklins, Rasma/Petersen, Roger 1993: Decision Calculus of Protesters and Regimes. Eastern Europe 1989. In: The Journal of Politics Nr. 55. 588–614. https://www.journals.uchicago.edu/doi/10.2307/2131990 (Download 21.4.2020).

Los Angeles Times 1990: President of Bulgaria Quits Under Pressure. In: Los Angeles Times online v. 7.7. https://www.latimes.com/archives/la-xpm-1990-07-07-mn-144-story.html (Download 21.4.2020).

Medarov, Georgi 2016: When Is Populism Acceptable? The Involvement of Intellectuals in the Bulgarian Summer Protests in 2013. In: Contemporary Southeastern Europe Nr. 3. 67–86. http://www.contemporarysee.org/en/medarov (Download 21.4.2020).

Meznik, Michael 2016: 2013 – The Year of Bulgaria's Discontent. In: Österreichische Zeitschrift für Politikwissenschaft Nr. 45. 29–39. https://webapp.uibk.ac.at/ojs/index.php/OEZP/article/view/1914 (Download 21.4.2020).

Prečan, Vilém 2008: Dimensions of the Czechoslovak Crisis of 1967–1970. In: Europe-Asia Studies Nr. 60. 1659–1676. https://www.tandfonline.com/doi/full/10.1080/09668130802434299 (Download 21.4.2020).

Tzvetkov, Plamen S. 1992: The Politics of Transition in Bulgaria. Back to the Future? In: Problems of Communism Nr. 41. 34–43. https://heinonline.org/HOL/LandingPage?handle=hein.journals/probscmu41&div=47&id=&page= (Download 24.1.2020).

Wight, Jonathan B./Fox, M. Louise 1998: Economic Crisis and Reform in Bulgaria, 1989–92. In: Balkanistica Nr. 11. 127–146. https://scholarship.richmond.edu/economics-faculty-publications/35/ (Download 21.4.2020).

SAMIULLAH NAIMI

5.3 Protestkultur in Afghanistan

Abstract:
An Beispielen aus der jüngeren Geschichte Afghanistans zeigt der Autor, wie sich die Herausbildung von Protestformen unter verschiedenen Herrschaftsformen entwickelt. Dabei verdeutlicht er, dass Proteste stets mit der Gefährdung von Leib und Leben einhergehen

Mein Heimatland Afghanistan liegt zwischen den Bergen und dem Plateau in der Mitte Asiens. Angesichts seiner besonderen Lage war es in allen Epochen der Geschichte der Schauplatz großer Ereignisse. Mächtige Könige haben es erobert und nach ihrem Willen regiert. Im Laufe der Zeit, als die politische Situation geeignet und die Gesellschaft intellektuell gewachsen war, haben die Menschen demonstriert, um ihre Forderungen vorzubringen. Manchmal sind sie auch auf die Straßen gegangen, um ihr Land, die nationale Souveränität und die nationale Ehre zu verteidigen, und manchmal, um ihre Rechte einzufordern. In der jüngeren Geschichte Afghanistans gab es friedliche Proteste, von denen ich hier berichten möchte.

Straßendemonstrationen gegen die königliche Regierung

In April 1952, als die königliche Regierung in den Parlamentswahlprozess in Kabul eingreifen und verhindern wollte, dass die wirklichen Vertreter*innen des Kabuler Volkes ins Parlament einziehen würden, nahmen Menschen aus allen Alters- und Gesellschaftsgruppen – Regierungsbeamt*innen ebenso wie Schüler*innen und Studierende – an einem zivilen Protest teil.

Die Protestierenden wurden von der Regierung schwer unterdrückt und erreichten ihr Ziel nicht. Die Zivilbewegung war aber die Grundlage für andere Bewegungen zukünftiger Generationen, ein Warnsignal für die tyrannische Regierung und ein Zeichen für das politische Erwachen der damaligen Gesellschaft. Das Land bewegte sich wie andere Länder auf der Welt mit dem Konvoi der Zeit vorwärts.

Sturz der Monarchie

Die Menschen bildeten linke und rechte politische Parteien, die zu dieser Zeit von revolutionären Bewegungen beeinflusst waren, und versuchten, politische Veränderungen im Land herbeizuführen. Eine Folge der Bemühungen der neuen Parteien waren die innerhalb von fünf Jahren aufeinanderfolgenden Staatsstreiche. Durch den Militärputsch im Juli 1973 wechselte die Staatsform von der Monarchie zu einer Republik und später im April 1978 zu einer demokratischen Republik. Da es jedoch keine politischen und bürgerlichen Freiheiten gab, mussten die Menschen immer wieder für ihre politischen und zivilen Ziele gegen die Regierungsorgane im Zentrum und in den Provinzen des Landes demonstrieren, was oft Gewalt hervorrief und viele das Leben kostete.

Ein Beispiel waren die Proteste in Herat im März 1974 gegen die Regierung, die unter der Schirmherrschaft der Sowjetunion stand. Tausende Menschen strömten auf die Straßen von Herat und sangen Parolen gegen die Regierung und ihre Politik. Die Demonstrationen riefen grausame Reaktionen hervor. Hunderte wurden verletzt und kamen ums Leben, viele wurden in Gefängnisse gesteckt. Anschließend gingen in einem beispiellosen, mutigen Schritt Mädchen und Frauen, die von den Machthabern drastisch unterdrückt wurden, auf die Straßen von Kabul, um gegen ausländische Streitkräfte zu protestieren, woraufhin viele von ihnen inhaftiert und gefoltert wurden.

Mit der Verschärfung der Bürgerkriege und politischen Unruhen im Jahr 1979 konnten keine friedlichen Straßendemonstrationen und Bürgerrechtsforderungen mehr stattfinden. Viele Jahre lang litten die Menschen in Afghanistan nun unter dem schweren und irreparablen Leid, dem Tod von Tausenden in den Städten und der Zerstörung von Ortschaften und Siedlungen bis hin zur Vertreibung und Migration in andere Länder. Wirtschaftliche und militärische Errungenschaften wurden zerstört, das Land verfiel zur Ruine. Die internationale Gemeinschaft vergaß Afghanistan.

Ereignisse nach dem 11. September

Mit den Terroranschlägen vom 11. September 2001 tauchte Afghanistan wieder im Bewusstsein der USA und der internationalen Gemeinschaft auf. US-amerikanische Soldaten und die Nato begannen einen Krieg gegen die Regierung der Taliban. Die US-Regierung und ihre Verbündeten hatten das Ziel, die Terrororganisation al-Qaida zu bekämpfen, die von der Taliban unterstützt wurde. Infolge dieses Angriffs löste sich die Taliban-Regierung in Afghanistan auf und wurde zerstört. Es folgte die Einsetzung einer Interimsregierung unter Präsident Hamid Karzai auf der parallel stattfindenden ersten Petersberger Afghanistan-Konferenz. Diese Übergangsregierung hatte die Aufgabe, innerhalb von zwei Jahren unter anderem eine freie Präsidentschaftswahl zu ermöglichen.

Die Islamische Republik Afghanistan wurde gegründet und eine neue Regierung auf den Grundsätzen der Demokratie aufgebaut. Presse und freie Medien nahmen ihre Arbeit auf, ebenso wie Schulen und Universitäten, die zuvor eine Weile nicht funktioniert hatten. Mädchenschulen wurden eröffnet, um auch jener Hälfte von Kindern, der Bildung vorher verwehrt geblieben war, eine Ausbildung zu ermöglichen. Nach den neuen Gesetzen erhielten alle Bürger*innen des Landes, sowohl Männer als auch Frauen, das Recht auf friedliche Demonstrationen.

Proteste gegen Gewalt, Ungerechtigkeit und Terrorismus

Mit dem neuen politischen Raum und einer wiederbelebten Medienkultur erwachte das politische Bewusstsein vieler Menschen neu, doch hielt diese Situation nicht lange an. Infolge der politischen Einmischung anderer Länder befand sich Afghanistan erneut in einem unerwünschten Krieg. Bewaffnete Gruppen begannen in den meisten Teilen des Landes Unsicherheit hervorzurufen und gegen die Regierung zu kämpfen. Im November 2015 wurden in der südlichen Provinz Zabul sieben Zivilist*innen, darunter ein kleines Mädchen, von bewaffneten Gruppen als Geiseln genommen und zwei Monate später brutal enthauptet. Aus Protest gegen diese Gewalt gingen Tausende von Menschen aus allen Schichten auf die Straßen und trugen unter starkem Regen schwere Totenschreine zum Präsidentenpalast. Viele der Trauernden verbrachten eine kalte Nacht im Regen neben den Särgen und nahmen tags darauf an einem Aufmarsch teil, der in Anlehnung an das gemarterte Mädchen „Tabassom-Revolution" genannt wurde.

Einige Zeit später, im Juli 2016, nahmen junge Männer und Frauen an einer weiteren Demonstration in Kabul teil und forderten Gerechtigkeit von der Regierung. Der Protest begann als Reaktion auf die Umleitung des von Turkmenistan importierten Stroms von Bamiyan, einer Provinz im Zentrum des Landes, nach Salang, einem Gebiet in Norden. Unter die versammelten Demonstrant*innen mischten sich drei Selbstmordattentäter und zündeten Sprengsätze. Bei dem Vorfall wurden mehr als 80 Personen getötet und mehr als 200 weitere verletzt.

Im Vergleich zu vielen anderen Ländern wird hier ein entscheidender Unterschied sichtbar. Wo Bürger*innen anderswo friedlich an Demonstrationen teilnehmen können, riskieren die Menschen in Afghanistan auf der Straße ihr Leben. Manche kehren nie zurück. Aus diesem Grund traut sich ein Großteil der Bevölkerung trotz vieler Probleme, Ungerechtigkeiten und Diskriminierungen oft nicht, für seine Rechte zu protestieren. Jugendliche und Studierende benutzen soziale Medien, um ihre Botschaften und Slogans mit der Welt zu teilen. Es kommt zu einem Dilemma: Einerseits versuchen die Menschen, große Menschenansammlungen zu verhindern. Andererseits müssen sie etwas tun, um gehört zu werden. Als Beispiel werde ich den Fall einer Bewegung schildern, die es in meiner Stadt gegeben hat.

Helmand ist seit 17 Jahren eine äußerst unsichere Provinz. Bei einer Explosion auf einem Spielplatz, die im März 2018 durch einen Selbstmordattentäter ausgelöst wurde, kamen viele unschuldige Menschen ums Leben. Vorfälle wie dieser waren für einige Personen vor Ort nicht mehr länger zu ertragen. Eine Gruppe von Betroffenen begann ihren zivilen Protest mit dem Aufbau eines Sitzzelts am Tatort. Im April 2018 marschierten die acht Demonstrant*innen dann von Helmand aus zu Fuß in die Landeshauptstadt, um gegen die allgemeine Unsicherheit zu protestieren, nachdem sie im Zeltlager einen Hungerstreik durchgeführt hatten.

Die Bewegung wurde „Konvoi des Friedens" genannt. Die Protestierenden forderten andere Menschen auf, sich ihnen anzuschließen. 38 Tage lang gingen sie die heiße, beschwerliche und unsichere Strecke von Helmand nach Kabul zu Fuß. Weitere Personen aus verschiedenen Provinzen schlossen sich der Karawane an. Bei der Ankunft in Kabul war die Bewegung auf rund 100 Demonstrant*innen angewachsen, die die Überzeugung vertraten, dass nur das afghanische Volk den dauerhaften und zerstörerischen Krieg im eigenen Land beenden könne. Sie forderten, einen bereits vereinbarten Waffenstillstand um mehrere Monate zu verlängern, um den Weg für Friedensgespräche zwischen der Regierung und der bewaffneten Opposition zu ebnen und eine Lösung für die schwelenden Konflikte zu finden. Außerdem bauten die Demonstrant*innen Sitzzelte vor den Botschaften derjenigen Länder, die in den Krieg in Afghanistan verwickelt sind, sowie vor dem Büro der Vereinten Nationen, um diese aufzufordern, sich für den Frieden einzusetzen.

An den genannten Beispielen lässt sich zeigen, wie tief die Kultur friedlicher Demonstrationen in Afghanistan verankert ist. Die Menschen in unserer Gesellschaft wissen, dass sie den zuständigen Behörden und der Welt ihre Rechte vermitteln können, wenn sie auf die Straße gehen, auch wenn sie sich dabei, anders als in anderen Ländern, nicht ihres Lebens sicher sein können. Die Regierung ist nicht in der Lage, Sicherheit zu gewährleisten. Bei jeder Demonstration ist

Angst im Spiel – aber auch die Hoffnung, mit der eigenen Courage zu einer besseren Zukunft für die nächsten Generationen in Afghanistan beizutragen.

Literaturverzeichnis

Erfani, Masoma 2015: Reflexion der „Tabassom-Revolution" in den Weltmedien. In: Etilaatroz online v. 20.11. https://www.etilaatroz.com/29674 (Download 4.4.2020).

Ghubar, Ghulam Muhammad 1973/2001: Afghanistan in the Course of History. Herndon.

Karimi, Mohammad Halim 2016: Rally Attack Be Probed by International Fact-Finding Panel. In: Pajhwok Afghan News online v. 27.6. https://www.pajhwok.com/en/2016/07/27/rally-attack-be-probed-international-fact-finding-panel (Download 4.4.2020).

Tolo News 2018: Helmand Peace Convoy Arrives in Kabul. In: Tolo News online v. 18.6. https://tolonews.com/afghanistan/helmand-peace-convoy-arrives-kabul (Download 7.4.2020).

ELIF ÜSTÜNER

5.4 Eine revolutionäre Generation – Wie junge Menschen Chile verändern

Abstract:
Die Autorin gibt einen persönlichen Einblick in die Proteste in Chile, die sie während eines Auslandssemesters an verschiedenen Orten des Geschehens miterlebte. Im Zentrum ihrer Beobachtungen steht der Einsatz für grundlegende Werte: Selbstbestimmung von Frauen, Verhinderung von Machtmissbrauch, Reduzierung sozialer Ungleichheit.

„Ich bin gerade am Seminarhaus R vorbeigelaufen. Polizist*innen haben das Gebäude geräumt und deine Kommiliton*innen mitgenommen." Diese Nachricht erreichte mich am Morgen des 18. Juni 2019 auf meinem Handy. Zu dieser Zeit war ich bereits zehn Monate als Austauschstudentin an der Universidad de La Frontera in Temuco, Chile. Ich studiere Jura. Die Neuigkeit überraschte mich nicht. Ich war es inzwischen gewohnt, umgeben zu sein von politisch sehr aktiven Studierenden – und entsprechenden Einsätzen der Polizei.

Gleich zu Beginn meines Semesters im August 2018 war mir vom Auslandsbüro mitgeteilt worden, dass aufgrund eines Streiks der Beginn meines Unterrichts auf unbestimmte Zeit verschoben werde. Erst später erfuhr ich den Grund für den Streik.

„Educación no sexista y libre de abusos" (Bildung ohne Sexismus und Missbrauch) war das Motto des rund dreimonatigen Bildungsstreiks (vgl. Betancour 2018). Auslöser war die Anzeige einer Rechtswissenschaftsstudentin aus Santiago de Chile gegen ihren Professor, dem sie sexistische Handlungen und Missbrauch vorgeworfen hatte. Ihr Fall hatte landesweit eine Solidaritätswelle anderer Studentinnen ausgelöst. Innerhalb kürzester Zeit befanden sich fast alle Universitäten und einige Oberstufenschulen im Streik. Studiengebäude wurden besetzt, es wurde verhandelt. Am Ende erreichte die Studentin, dass der betroffene Professor sein Amt als Studienleiter aufgab. Doch gab es auch danach immer wieder feministische Proteste und Aktionen, die von Studentinnen organisiert wurden. Inzwischen trauten sich viele junge Frauen, die sexuell missbraucht wurden und sich von der Justiz allein gelassen fühlten, die Täter öffentlich zu denunzieren – eine Anklage, die in der Landessprache als „Funa" bezeichnet wird.

Andere unterstützten diese Frauen und posteten im Netz Kommentare wie „Ich glaube dir", „Du bist nicht allein" oder „Sie werden alle fallen".

Damals, 2018, fragte ich mich, warum für etwas so Selbstverständliches gestreikt werden muss. Über drei Monate. Ich fragte mich, wie es sein muss, Tausende Euro an Studiengebühren zu zahlen und am Ende nicht einmal den Unterricht besuchen zu können, weil die Grundrechte nicht geschützt sind. Und ich fragte mich, wie es möglich war, dass ein ganzes Land in den Streik ging, weil offenbar so viele Studierende die Studentin aus Santiago de Chile verstehen konnten. Eines war klar: Dies war kein Einzelfall.

Ich wurde mir meiner europäischen Privilegien bewusst, und ich schämte mich. Ich schämte mich, weil ich wütend war. Ich war wütend, dass ich durch die Streiks mein Recht auf Unterricht und Bildung nicht wahrnehmen konnte. Ich war wütend, weil mein Auslandssemester plötzlich endete und ich von zehn Monaten noch nicht einmal vier Monate Unterricht gehabt hatte. Ich schämte mich dafür, dass ich Angst hatte, wenn ich in die Universität ging. Immer wenn meine Kommilitonen protestierten, gab es gewaltsame Auseinandersetzungen mit der Polizei. Mal auf dem Unigelände, mal in der Innenstadt. Alles total sinnlos, dachte ich oft – und schämte mich dann für meine unkonstruktiven Gedanken. Ich wusste es einfach nicht besser.

Im November 2018 besuchte ich die erste Versammlung der Angehörigen meines Studiengangs an der Universität. Ich verstand nicht viel, mein Spanisch war noch nicht gut genug. Die Diskussionen waren emotionsgeladen. Ich bekam nur mit, dass eine Abstimmung stattfand. Ja, nein, Enthaltung. Das Ergebnis war einstimmig: Jura geht in den Streik – unbefristet. Der Grund: Ein Mann namens Camilo Catrillanca war am 14. November 2018 von einer Spezialeinheit der Polizei durch einen Kopfschuss getötet worden. Er war mit seinem 15-jährigen Neffen auf dem Weg zur Feldarbeit gewesen. Den Anlass für den Polizeieinsatz hatte ein vermeintlicher Autodiebstahl geliefert, an dem Catrillanca angeblich beteiligt gewesen war (vgl. Bonnefoy 2018).

Der 24-jährige Catrillanca hatte der Volksgruppe der Mapuche angehört. Die Mapuche sind ein indigenes Volk, das vor allem in Argentinien und Chile lebt. Catrillanca war der Sohn des Präsidenten der Mapuche-Gemeinschaft Ignacio Queipul Millanao (vgl. Mapuexpress 2018). Bereits als Jugendlicher war er politisch aktiv und nahm an Schülerprotesten teil. Er beteiligte sich beispielsweise am „Pinguin-Aufstand" 2011, der die Einrichtung von Stipendien bewirkte (vgl. BBC News Mundo 2018). Der erste „Pinguin-Aufstand" war 2006 von Oberstufenschüler*innen angeführt und später von Studierenden unterstützt worden (vgl. Ramírez u.a. 2016).

Catrillancas Tod und die Auflösung des Falls wurden von den chilenischen Behörden widersprüchlich behandelt. Landesweit brachen Proteste aus. Vor allem meine Kommiliton*innen sahen sich in der Pflicht, ein Zeichen für eine gerechte juristische Aufklärung zu setzen. Es folgten der Ausschluss beteiligter Offiziere aus dem Polizeidienst und der Rücktritt des Regionalgouverneurs (vgl. Bonnefoy 2018). Eine strafrechtliche Verhandlung findet derzeit statt (vgl. Salgado 2020). Im Mai 2019, mitten in meinem zweiten Auslandssemester, wurden die Studierenden meines Studiengangs zu einer weiteren Versammlung zusammengerufen. Erstaunlicherweise waren erneut mehr als hundert Kommiliton*innen anwesend. Thema waren die Defizite am Fachbereich: fehlende Sachbücher, mangelnde Unterrichtsqualität, zu hohe Studiengebühren. Während eine Gruppe Studierender sich mit der Direktion austauschte, besetzte eine andere das Seminargebäude. Die Situation spitzte sich zu, es wurde die Polizei gerufen. Die Studierenden ließen sich schließlich widerstandslos mitnehmen.

Zeitgleich schlug die chilenische Regierung die Abschaffung von Oberstufenpflichtfächern wie Sport und Geschichte vor (vgl. Lara 2019). Dagegen ging Studierende, Schüler*innen und Lehrer*innen in ganz Chile auf die Straßen und protestierten. Chile hat eine der höchsten Raten übergewichtiger Menschen und muss nach wie vor die Diktatur unter Augusto Pinochet (1973–1990) aufarbeiten, weshalb der Sinn und Nutzen beider Schulfächer eigentlich auf der Hand liegt. In vielen Universitäten wurden Gebäude besetzt, es kam zu gewaltsamen Zusammenstößen mit Polizist*innen. Der Protest dauerte knapp zwei Monate, die Kontroverse setzt sich bis heute fort. Der nationale Bildungsrat hält am Vorschlag der Fächerabschaffung fest (vgl. El Dínamo 2019), viele Kommunen wehren sich noch (vgl. Cordero 2019).

Ich beschäftigte mich immer mehr mit der Politik des Landes und dem, was meine Kommiliton*innen und Freund*innen dort beschäftigte. Ich war es nicht gewohnt, so viele politische Handzettel, Plakate und Wandbilder zu sehen. Eines Tages gab es vor der erziehungswissenschaftlichen Fakultät einen großen Menschenauflauf, in der Mitte zwei junge Männer, die sich ein Rap-Battle lieferten. Die Themen: Armut, Kampf und soziale Ungerechtigkeit.

Temuco ist eine Stadt im Süden Chiles und die Hauptstadt von Araucanía, der ärmsten Region des Landes. Der Kontrast zwischen den unterschiedlichen sozialen Gruppen könnte nirgends stärker sein. Die Region ist geprägt vom Kampf der Mapuche, die sich mehr Rechte und Unabhängigkeit wünschen, geprägt von Studierenden, die sich eine faire und kostenlose Bildung wünschen, und geprägt von Frauen, die auf die Rückstände in puncto Frauenrechte aufmerksam machen.

Angesichts dieser zahlreichen Bewegungen war ich oft erstaunt, dass ich offenbar die Einzige war, die wahrzunehmen schien, wie politisch aktiv die junge Generation um mich herum war. Wenn ich meine Kommiliton*innen nach ihrer Selbstwahrnehmung fragte, war deren Antwort immer gleich: Nein, politisch aktiv sind wir nicht, da ging mehr. Und als ich einmal die Direktorin am Fachbereich Journalismus, Sandra Lopez Dietz, darauf ansprach, sagte sie: „Nein, ich denke nicht, dass die jungen Menschen politisch aktiv genug sind. Eine Änderung des Bildungssystems oder neoliberalen Wirtschaftssystems werden sie nicht erreichen."

Mit dieser Antwort flog ich zwei Tage später zurück nach Deutschland. Keine drei Wochen später brach am 18. Oktober 2019 die Revolution in Chile aus – ausgelöst durch Oberstufenschüler*innen. Anlass war eine Fahrpreiserhöhung um 30 Pesos in der Hauptstadt Santiago de Chile. Indem die Schüler*innen über die Schranken der Verkehrsstationen sprangen, setzten sie ein Zeichen gegen ihren Missmut (vgl. Boddenberg 2019). Dem folgten Studierende und Arbeiter*innen. „Es geht nicht um 30 Pesos, es geht um 30 Jahre Machtmissbrauch", war später auf vielen Plakaten zu lesen.

Die Wut der Chilen*innen über die soziale Ungerechtigkeit brachte Personen im ganzen Land auf die Straße. Seit dem 18. Oktober 2019 ist so gut wie jeden Tag protestiert worden. Bisher sind mehr als 30 Menschen bei Auseinandersetzungen ums Leben gekommen. Tausende sind verletzt worden oder haben durch Geschosse ihre Sehkraft verloren. Zentausende sind zeitweise festgenommen worden (vgl. Tagesschau 2020). Die Proteste haben erreicht, dass das Referendum für eine Verfassungsänderung angesetzt wurde. Die derzeitige Verfassung stammt noch aus der Zeit der Militärdiktatur (vgl. McGowan 2020).

Wenn ich auf meine Auslandserfahrung zurückblicke, hätte ich mir einen intensiveren Aufenthalt kaum vorstellen können. In Chile habe ich Freund*innen und Familie gefunden. Ich bewundere die kämpfende Gesellschaft der Chilen*innen, eine Gesellschaft, die stärker und einiger denn je ist. Mir bleibt, von ihr zu lernen.

Literaturverzeichnis

BBC News Mundo 2018: Camilo Catrillanca: quién era el joven „guerrero mapuche" cuya muerte por un disparo de la policía generó protestas en Chile. In: BBC News Mundo online v. 16.11. https://www.bbc.com/mundo/noticias-america-latina-46233851 (Download 16.4.2020).

Betancour, Felipe 2018: Líderes de las tomas feministas: „Esta lucha será a nivel nacional en educación". In: Publimetro Chile online v. 9.5. https://www.publimetro.cl/cl/noticias/2018/05/09/

lideres-las-tomas-feministas-esta-sera-la-lucha-nivel-nacional-educacion.html (Download 16.4.2020).

Boddenberg, Sophia 2019: „Ich will Gerechtigkeit für Chile". In: Zeit Campus online v. 15.11. https://www.zeit.de/campus/2019-11/massenproteste-schueler-aufstand-chile-sozialreformen-unzufriedenheit (Download 16.4.2020).

Bonnefoy, Pascale 2018: Killing of Indigenous Man in Chile Spurs Criticism of Security Forces. In: The New York Times online v. 25.11. https://www.nytimes.com/2018/11/25/world/americas/indigenous-killing-chile-land.html (Download 16.4.2020).

Cordero, Paolo 2019: 15 comunas de Chile seguirán con Historia y Educación Física como ramos obligatorios. In Meganoticias online v. 17.6.

https://www.meganoticias.cl/nacional/265011-15-comunas-de-chile-seguiran-con-historia-y-educacion-fisica-como-ramos-obligatorios.html (Download 16.4.2020).

El Dínamo 2019: CNED defendió que Historia y Educación Física sean electivos en 3° y 4° medio. In: El Dínamo online v. 10.6. https://www.eldinamo.com/educacion/2019/06/10/cned-defendio-que-historia-y-educacion-fisica-sean-electivos-en-3-y-4-medio/(Download 16.4.2020).

Lara, Emilio 2019: Entra Filosofía, salen Historia y Ed. Física: plan obligatorio para 3º y 4º medio cambiará en 2020. In: Bío Bío Chile online v. 24.5. https://www.biobiochile.cl/noticias/nacional/chile/2019/05/24/entra-filosofia-sale-historia-plan-obligatorio-para-3o-y-4o-medio-cambiara-a-partir-de-2020.shtml (Download 16.4.2020).

Mapuexpress 2018: Camilo Catrillanca, una vida de lucha por el Pueblo Mapuche, In: Mapuexpress online v. 15.11. https://www.mapuexpress.org/2018/11/15/camilo-catrillanca-una-vida-de-lucha-por-el-pueblo-mapuche/(Download 16.4.2020).

McGowan, Charis 2020: Chile Moves to Postpone Constitutional Referendum Amid Coronavirus Crisis. In: The Guardian online v. 19.3. https://www.theguardian.com/world/2020/mar/19/chile-postpone-constitutional-referendum-coronavirus-crisis (Download 16.4.2020).

Ramírez, Felipe u.a. 2016: 2006–2016: Las transformaciones en la escena educacional chilena. In: Universidad de Chile online v. 19.5. https://www.uchile.cl/noticias/121706/2006-2016-las-transformaciones-en-la-escena-educacional-chilena (Download 16.4.2020).

Salgado, Daniela 2020: En julio se reanudaría juicio oral por el homicidio de Camilo Catrillanca. In: Bío Bío Chile online v. 14.4. https://www.biobiochile.cl/noticias/nacional/region-de-la-araucania/2020/04/14/en-julio-se-reanudaria-juicio-oral-por-el-homicidio-de-camilo-catrillanca.shtml (Download 16.4.2020).

Tagesschau 2020: Erneut Ausschreitungen in Chile. In: Tagesschau online v. 3.3. https://www.tagesschau.de/ausland/chile-proteste-137.html (Download 16.4.2020).

WOLFGANG KRAUSHAAR

5.5 Ein Blick zurück nach vorn – Globale Protestbewegungen 2019[1]

Abstract:
2019 war ein Jahr globaler Proteste und Protestbewegungen. Aktivistinnen und Aktivisten wiesen auf ihre Unzufriedenheit und auf regionale, nationale und globale Problemstellungen mit sehr unterschiedlichen Protestformen und -themen hin. Dieser Beitrag fasst einen Teil dieser Proteste und Protestbewegungen auf der ganzen Welt zusammen und zeigt, wie unterschiedlich Menschen auf der ganzen Welt für ihre Rechte, gegen Gewalt, gegen Umweltzerstörungen und gegen politische Ungerechtigkeiten protestieren. Wolfgang Kraushaar setzt sich abschließend mit der Frage auseinander, ob all die verschiedene Proteste und Protestbewegungen auf einer großen Kluft zwischen akademischer Bildung und damit verbundener Erwartungshaltung basieren, wie der Historiker Niall Ferguson thesenhaft formulierte.

Im vergangenen Jahrzehnt gab es zwei internationale Protestbewegungen, die einen besonders starken Eindruck hinterlassen haben – die Arabellion und die Occupy-Bewegung. Beide waren kurz hintereinander entstanden, die eine im Dezember 2010 in Tunesien und die andere im September 2011 in New York, genauer in Manhattan. Ihre Verläufe hätten allerdings kaum unterschiedlicher sein können. Gescheitert sind sie zumindest in ihrem Kern beide, aber um welchen Preis! Während die Occupy-Bewegung, die ja eigentlich vorhatte, die Wall Street zu besetzen, um gegen die rücksichtslose Politik von Banken und Börsen zu protestieren und in der Finanzpolitik entsprechende Änderungen zu erreichen, bereits in ihrem ersten Anlauf erfolglos geblieben war, zog sich die Niederschlagung des Arabischen Frühlings über Jahre hin, wurde fast in Blut und Tränen erstickt und mündete schließlich in Syrien, Libyen und dem Jemen in Bürgerkriege, die noch immer nicht beendet sind.

Im Jahr 2019 gab es weder eine Neuauflage der Arabellion noch der Occupy-Bewegung. Dafür aber zwei andere bemerkenswerte Protestphänomene, die dem zu Ende gegangenen Jahrzehnt ihren Stempel aufdrückten. Zum einen die von

---

1   Im folgenden Beitrag wird auf Wunsch des Autors auf das Gender-Sternchen verzichtet und statt dessen mit männlicher und weiblicher Form gegendert.

der schwedischen Schülerin Greta Thunberg initiierte Klimaschutzbewegung Fridays for Future, die sich binnen weniger Monate weltweit auszubreiten und insbesondere in Deutschland Hunderttausende auf die Straße zu bringen vermochte; zum anderen eine schier unglaubliche Fülle von Protestbewegungen auf nationaler Ebene, die sich auf vier verschiedenen Kontinenten formierten und auch in einigen arabischen beziehungsweise muslimisch geprägten Staaten eine wichtige Rolle spielten (vgl. Böge u.a. 2019, 14–21). Das sollte Grund genug für einen Rückblick auf die jüngste Vergangenheit sein. Allerdings nur bezogen auf die zweitgenannten Strömungen, um einen möglichst sinnfälligen Eindruck von der Vielgestaltigkeit der Proteste und ihren mutmaßlichen Wurzeln zu bekommen.

Weltweite und globale Protestbewegungen – Ein Überblick zu den Protesten des Jahres 2019

Selbst in Europa gab es 2019 erstaunlich vielfältige und zum Teil auch heftige Protest- und Widerstandsbewegungen. Die Gründe dafür waren zumeist landesspezifisch bedingt. In Großbritannien etwa gingen wiederholt Hunderttausende auf die Straße, weil die Regierung das Verlassen der Europäischen Union, den sogenannten Brexit, angekündigt hatte. Obwohl im März 2019 allein in London mehr als eine Million Bürgerinnen und Bürger gegen die Absicht der konservativen britischen Regierung protestiert hatten, konnten die Brexit-Gegner den Austritt ihres Landes aus der EU nicht verhindern.

In Polen, wo sich seit 2015 die nationalkonservative PiS-Partei an der Macht befindet, kommt es immer wieder zu regelrechten Protestwellen, die sich insbesondere gegen Reformvorhaben der Regierungspartei richten, mit denen diese staatliche Institutionen weiter unter ihre Kontrolle zu bringen versucht. Dabei brechen zunehmend Konflikte um die Unabhängigkeit der Justiz auf. In Reaktion darauf hatte die EU-Kommission in Brüssel bereits in der Vergangenheit mehrere Vertragsverletzungsverfahren gegen die Warschauer Regierung in Gang gebracht und entsprechende Klagen vor dem Europäischen Gerichtshof erhoben. Im Dezember 2019 trat nun ein sich aus verschiedenen Bürgerinitiativen zusammensetzendes Komitee zur Verteidigung der Demokratie in Aktion, dass die Öffentlichkeit zu Protestmärschen für die Unabhängigkeit der Justiz zu mobilisieren vermochte. Die Mitglieder befürchteten, dass die für die Demokratie unverzichtbare Gewaltenteilung durch eine Gesetzesmaßnahme der PiS-Regierung in Gefahr gerate, mit der Richter sanktioniert werden könnten, wenn sie die Entscheidungskompetenz eines anderen Richters, Gerichts oder einer anderen Kammer in Zweifel ziehen. Bei den Protesten spielte auch eine Rolle, dass ein Rechtsstreit zwischen dem Obersten Gericht und der Regierung wegen eines anderen auf Widerstand gestoßenen Gesetzesvorhabens ausgebrochen war. Im Herbst waren zudem Abertausende von Polinnen und Polen durch die Straßen gezogen, um zu verhindern, dass Lehrende künftig wegen der Erteilung von Sexualkundeunterricht zu Haftstrafen von bis zu drei Jahren verurteilt werden könnten. Der Oberste Gerichtshof gelangte zu dem Schluss, dass der Gesetzentwurf nicht mit dem Unterrichtsauftrag der Schulen vereinbar sei. Die Abgeordneten der PiS-Partei ließen sich von diesem Urteil jedoch nicht beirren und setzten die Arbeit an dem Vorhaben unbeeindruckt weiter fort.

Im Nachbarland Tschechien versammelte sich im Juni auf der nahe der Hauptstadt oberhalb der Moldau gelegenen Letná-Ebene eine Viertelmillion Bügerinnen und Bürger, um den Rücktritt von Premierminister Andrej Babiš zu fordern, einem Multimillionär, dem die Demonstrierenden die unrechtmäßige Inanspruchnahme von EU-Subventionen vorwarfen. Der Ort war wegen seiner hohen Symbolkraft ausgewählt worden. Dreißig Jahre zuvor hatten dort einige der wichtigsten Kundgebungen der Samtenen Revolution stattgefunden, mit denen es schließlich gelungen war, das kommunistische Regime zu Fall zu bringen. Die Demonstrierenden glaubten nicht zuletzt auch deshalb an dieses historische Erbe anknüpfen zu können, weil Babiš, der später die populistische Partei ANO aus der Taufe gehoben hatte, damals nicht nur Mitglied der Kommunistischen Partei, sondern auch informeller Mitarbeiter des tschechoslowakischen Geheimdienstes gewesen sein soll.

Eine der bemerkenswertesten Protestbewegungen spielte sich mit der Slowakei in einem anderen osteuropäischen Land ab, das zwei Jahre lang durch einen offenbar politisch beeinflussten Doppelmord erschüttert wurde. Als sich durch eine posthum veröffentlichte Reportage herausgestellt hatte, dass der im Februar 2018 zusammen mit seiner Freundin erschossene Investigativjournalist Ján Kuciak offenbar deshalb zur Zielscheibe geworden war, weil er Verbindungen zwischen Mitgliedern der an der Regierung befindlichen sozialistischen Smer-Partei und italienischen Mafia-Clans recherchierte, waren Massendemonstrationen gegen Korruption und den Missbrauch von Fördergeldern der Europäischen Union sowie der Rücktritt von Ministerpräsident Fico, mehrerer seiner Kabinettsmitglieder und des Polizeipräsidenten die Folge. Zu den Demonstrierenden zählte auch die liberale Rechtsanwältin Zuzana Čaputová, die zuvor jahrelang für eine Umweltschutzorganisation gearbeitet hatte. Anhänger der Bewegung für eine „anständige Slowakei" kamen nun auf die Idee, dass am besten sie sich um die vakant gewordene Präsidentschaft bewerben solle. Sie trat daraufhin an und gewann zur allgemeinen Überraschung im März 2019 die

Wahl mit großem Vorsprung vor ihrem Konkurrenten, dem EU-Kommissar Maroš Šefčovič. Es war überhaupt das erste Mal, dass in einem ost- bzw. mitteleuropäischen Land eine Frau an die Spitze des Staates gewählt worden war. Fast alle Kommentare waren sich darin einig, dass dies der seltene Fall gewesen sein dürfte, in dem auch eine Vertreterin der Zivilgesellschaft durch eine Protestbewegung ins Präsidentenamt hätte gehievt werden können.

Von ähnlichen Motiven, die die Protestierenden in der Slowakei bewegten, ließen sich ebenfalls Zehntausende von Demonstrierenden leiten, die in Rumänien gegen Korruption protestierten. Sie zogen in der Hauptstadt Bukarest mit Nationalfahnen und Transparenten, auf denen Slogans wie „Korruption tötet" zu lesen war, vor die Regierungszentrale, prangerten die angebliche Inkompetenz der Politikerinnen und Politiker an und verlangten den Rücktritt von Ministerpräsidentin Viorica Dăncilă.

In Spanien gingen währenddessen wieder einmal Hunderttausende katalanischer Separatisten auf die Straße. Einige ihrer Anführerinnen und Anführer waren wegen angeblicher Volksverhetzung von der Justiz zu Freiheitsstrafen verurteilt worden. Der schon seit Langem schwelende Konflikt um die Unabhängigkeit Kataloniens war im Oktober 2017 durch ein umstrittenes, vom Regionalparlament durchgeführtes Referendum zur Machtfrage mit der Zentralregierung in Madrid zugespitzt worden.

In Italien trat die durch einen in Bologna durchgeführten Flashmob ins Rollen gekommene Sardinen-Bewegung, die sich wegen des unter Demonstrierenden häufiger herrschenden Engegefühls kurzerhand nach Dosenfischen benannt hat, gegen den rechtspopulistisch eingestellten, inzwischen aber abgelösten Innenminister Matteo Salvini an.

Auf der Mittelmeerinsel Malta führte die Empörung darüber, dass Teile der politischen Machtelite in die Ermordung einer regierungskritischen Journalistin verstrickt waren, zu einer anhaltenden Welle an Demonstrationen. Sie zogen eine massive Regierungskrise nach sich, die vom Rücktritt eines Ministers, über die Remission des Stabschefs von Premierminister Joseph Muscat bis zur Ankündigung von dessen eigenem Rücktritt reichte.

Die in Frankreich im November 2018 gestartete Gelbwestenbewegung, die Samstag für Samstag zunächst gegen die erhöhte Besteuerung von Kraftstoffen und dann mehr und mehr auch für soziale Gerechtigkeit insgesamt auf die Straßen ging und sich die unter Autofahrerinnen und Autofahrern gebräuchlichen Warnwesten als Symbol auserkoren hatte, schaffte es nicht nur, die Hauptstadt Paris, sondern auch ganze Regionen des Landes in Atem zu halten. Ihre Fähigkeit, in großer Regelmäßigkeit Hunderttausende zu mobilisieren, hielt bis zum

Frühsommer 2019 an und erschöpfte sich erst, als der Unmut gegenüber den von Staatspräsident Emmanuel Macron angekündigten Reformen mehr und mehr in Extremismus und Gewalt umschlug. Abgelöst wurde sie fast genau ein Jahr nach ihrer Gründung durch eine neuerliche Massenbewegung, die sich nun gegen die von Macron geplante Rentenreform formierte. Maßgeblich durch die Gewerkschaften mitgetragen schaffte sie es, noch mehr Demonstrierende als zuvor auf die Straße zu bringen, sie in einem Generalstreik zu konzentrieren und große Teile des öffentlichen Nah- und Fernverkehrs wochenlang und bis über die Jahreswende hinweg zum Erliegen zu bringen. Doch auch diese brach sich an der Übermacht des Präsidenten vorerst die Zähne aus.

Ein anderer Schwerpunkt des Protestgeschehens lag in Nordafrika, dem Nahen und dem Mittleren Osten. Dort hatte es 2019 ebenfalls aus ganz unterschiedlichen Gründen Aufmärsche, Blockade-Aktionen und Straßenkämpfe mit Sicherheitskräften gegeben, insbesondere in Algerien, im Libanon, im Irak und in Iran. Im mittleren der drei Maghrebstaaten strömten die Einwohner auf die Straßen, weil sie verhindern wollten, dass Präsident Abd al-Aziz Bouteflika für eine fünfte Amtszeit kandidierte und deshalb Korruption und Vetternwirtschaft weiter zunehmen würden. In dem am Mittelmeer gelegenen Zedernstaat bildete mit dem Widerstand gegen die Besteuerung von Whatsapp-Telefonaten im Grunde genommen eine Kleinigkeit den Anlass, der die Menschen auf die Straßen trieb. Im Zweistromland war es seit der von den USA 2003 angeführten Militärintervention, die zum Sturz des Saddam-Hussein-Regimes und einer dauerhaften Destabilisierung der gesamten Region geführt hatte, zu einem regelrechten Aufstand gegen die politische Klasse gekommen, der zu einem gegen Korruption und Arbeitslosigkeit gerichteten Marsch geführt hatte. Und in der Islamischen Republik bestand der Auslöser von Massenprotesten in einer drastischen Erhöhung von Benzinpreisen, deren Niederschlagung zum Tod vieler Protestierender – Insider sprechen von bis zu 1.500 Opfern – geführt hat.

Die wohl spektakulärste Entwicklung aber hat sich wohl in dem ebenfalls muslimisch geprägten, im Nordosten des afrikanischen Kontinents gelegenen Sudan zugetragen. Die Unruhen in dem armen und von Hungersnöten bedrohten Land, die seit dem Aufbruch des Arabischen Frühlings im Jahr 2011 nicht mehr zum Erliegen gekommen waren, richteten sich in erster Linie gegen das autoritäre Regime von Staatspräsident Umar al-Baschir. Die Tatsache, dass dieser seine Ankündigung, nicht mehr zu einer weiteren Präsidentschaftswahl antreten zu wollen, im Jahr 2015 widerrief und die Wahlen unter zweifelhaften Umständen gewann, führte weiter zu Empörungs- und Protestaktivitäten. Gestiegene Brotpreise verschärften zur Jahreswende 2018/19 die soziale Situation erneut. Als sich al-Baschir wegen der ständig weiter aufflammenden Demonstrationen und Unmutsäußerungen nicht mehr anders zu helfen wusste, als seine Regierung völlig umzubesetzen, für ein ganzes Jahr einen Notstand auszurufen und eine Verfassungsänderung anzukündigen, die ihm eine nochmalige Amtszeit hätte bescheren sollen, löste er damit eine beispiellose Dynamik aus. Als in der Bevölkerung die Proteste noch ein weiteres Mal an Intensität zunahmen, intervenierte das Militär, das eine unkontrollierbare Destabilisierung befürchtete, setzte ihn ab und steckte ihn schließlich ins Gefängnis. Als nun eine von Offizieren gebildete Übergangsregierung ankündigte, dass sie vorhabe, die Macht zwei Jahre in ihren Händen zu behalten und diese nicht an eine zivile Regierung abgeben zu wollen, führte das zu neuen Demonstrationen. Der Konflikt endete vorläufig mit einem Kompromiss, auf den sich das Militär und die Opposition einigten, indem sie einen „Souveränen Rat" bildeten, der das Land bis zur Abhaltung von Neuwahlen regieren soll.

Die wohl umfassendsten und am längsten anhaltenden Proteste spielten sich 2019 zweifelsohne in der chinesischen Sonderverwaltungszone Hongkong ab, der einstigen britischen Kronkolonie, deren Demokratie- und Freiheitsverständnis von Anfang an nur bedingt kompatibel mit der durch eine kommunistische Staatspartei regierten Volksrepublik China war. Nachdem die Regenschirm-Bewegung, die vor allem die Durchführung einer freien Direktwahl des örtlichen Regierungschefs forderte, dort im Herbst 2014 schon einmal ihre außerordentliche, über mehrere Monate anhaltende Mobilisierungsfähigkeit unter Beweis gestellt hatte, erfuhren derartige Autonomiebestrebungen fünf Jahre später noch einmal eine gewaltige Steigerung. Auslöser der Dauermobilisierung war nun die Ankündigung eines Auslieferungsgesetzes, durch das Straftatverdächtige jederzeit ohne die Aufrechterhaltung bestimmter rechtsstaatlicher Garantien hätten ausgeliefert werden können.

Allein an vier Tagen in den Monaten Juni und August beteiligte sich jeweils mehr als eine Million Bürgerinnen und Bürger an den Massenumzügen. Als am 18. August 1,7 Millionen Einwohner durch die Hochhausschluchten zogen, waren das knapp 23 % der Hongkonger Bevölkerung. Die Demonstrierenden ließen es sich auch nicht nehmen, bei einer ihrer Manifestationen einen Tag in Erinnerung zu rufen, der ihnen wie ein Menetekel erschien – die blutige Niederschlagung der studentischen Demokratisierungsbewegung am 4. Juni 1989 auf dem Pekinger Platz des Himmlischen Friedens durch Einheiten der chinesischen Armee. Selbst als Regierungschefin Carrie Lam keine andere Möglichkeit mehr sah und im Oktober die vollständige Rücknahme des Auslieferungsgesetzes ankündigte, führte das zu keinem Abebben der Bewegung.

Das Misstrauen gegenüber dem chinesischen Staat und der kommunistischen Partei war dafür einfach zu groß geworden. Stattdessen forderte man Lams Rücktritt, die Einrichtung einer unabhängigen Untersuchungskommission zur Polizeigewalt und die Freilassung aller politischen Gefangenen. Eine besondere Hürde vermochte das Protestlager im November zu nehmen. Bei den Bezirksratswahlen gelang es den prodemokratischen, sich mit der Protestbewegung identifizierenden und diese auch unterstützenden Kräften bei einer Rekordwahlbeteiligung von 71 %, mit 388 von 452 zu vergebenden Sitzen mehr als 85 % zu erringen. Wahlbeobachter sprachen anschließend von einem regelrechten „Erdrutschsieg". Auch wenn die Einflussmöglichkeiten des Parlaments begrenzt sind, wurde die Legitimität der Bewegung damit erheblich gestärkt. Auch zum Jahreswechsel hielten die Proteste mit Hunderttausenden Teilnehmenden weiter an. Erst durch die Ausbreitung des Corona-Virus und erste in Hongkong zu verzeichnende Todesopfer war man zu einer Demobilisierung bereit, um der drohenden Pandemie keine unnötige Nahrung zu bieten.

Auch Indien, das mit 1.350 Millionen Einwohnerinnen und Einwohnern China als bevölkerungsreichstes Land der Erde fast eingeholt hat, wurde 2019 von Unruhen erschüttert. Dort führte insbesondere der von der muslimischen Bevölkerungsgruppe als diskriminierend angesehene Citizenship Amendment Act zu Massenprotesten und heftigen Straßenschlachten. Im Februar 2020 wurden bei drei Tagen andauernden Kämpfen in der Hauptstadt Neu-Delhi nach Behördenangaben mindestens 23 Personen, darunter ein Polizist, getötet und 189 verletzt. Nationalistisch eingestellte Hindus, deren Parole „Jai Shri Ram" (Lang lebe der Gott Ram) lautete, sollen Muslime angegriffen und diese sich wiederum zu wehren versucht haben. Delhis Chief Minister Arvind Kerjiwal bezeichnete die Situation als „besorgniserregend" und forderte die Regierung auf, zur Eindämmung der Ausschreitungen eine Ausgangssperre zu verhängen, deren Einhaltung von der Armee kontrolliert werden müsse.

Zudem flammten wegen der nicht abreißenden Serie an Gewaltverbrechen gegenüber Frauen und Mädchen erneut Proteste auf. Die indische Öffentlichkeit befindet sich in dieser Hinsicht seit 2012 gewissermaßen in einem dauerhaften Alarmzustand. Damals hatte die Gruppenvergewaltigung einer jungen Frau nicht nur für Schlagzeilen, sondern auch für einen regelrechten Weckruf gesorgt. Sie war in Delhi auf der Heimfahrt von einem Kinobesuch von einer Gruppe junger Männer überfallen und vergewaltigt worden und schließlich ihren dabei erlittenen inneren Verletzungen erlegen. Die Empörung darüber war in der Bevölkerung so groß, dass Hunderttausende auf die Straße gegangen waren und sich auch die Politik dem nicht hatte entziehen können.

Weil immer mehr Menschen die Verhängung längerer Haftstrafen sowie die strafrechtliche Verfolgung von Voyeurismus, Stalking und Frauenhandel forderten, war es zu einer Reihe von Gesetzesänderungen gekommen. Darüber hinaus wurde sogar ein halbes Dutzend von Spezialgerichten ins Leben gerufen, um die Flut derartiger Delikte in Form von Schnellverfahren bewältigen zu können. Als nun im November 2019 ein weiterer, besonders abschreckender Fall publik wurde, bei dem in einem Vorort von Hyderabad eine junge Tierärztin von vier Männern vergewaltigt und anschließend mit Benzin übergossen und verbrannt worden war, kam es in Neu-Delhi, Bangalore und Hyderabad erneut zu Großdemonstrationen. Da die vier mutmaßlichen Mörder im Zuge einer Tatortbegehung von der Polizei bei einem angeblichen Fluchtversuch erschossen worden waren, kam der Verdacht auf, dass es sich dabei um einen Akt von Lynchjustiz gehandelt haben könnte.

In Lateinamerika, wo sich in Nicaragua und Venezuela zwei linksgerichtete Regime bereits seit mehreren Jahren von Oppositionsbewegungen unter Druck gestellt sehen und deshalb in einer massiven Krise befinden, sind fast zur gleichen Zeit in den drei Andenstaaten Bolivien, Ecuador und Chile große Proteste ausgebrochen. In dem erstgenannten Land lösten Wahlmanipulationen die Unruhen aus, die schließlich dazu führten, dass Präsident Evo Morales nach Mexiko ins Exil ging und Platz für eine Übergangsregierung machte. Im zweitgenannten Land bestand der Grund des Aufruhrs in der vollständigen Streichung von Subventionen auf Diesel- und Benzintreibstoff, der Präsident Lenín Moreno schließlich zur Ausrufung des Notstands und zur Verlagerung des Regierungssitzes nötigte. International am interessantesten war aber vielleicht der Aufstand, der den südlichsten Andenstaat erfasst hatte, jenes Land, das anderthalb Jahrzehnte lang durch eine Militärdiktatur unter General Augusto Pinochet geprägt war und das zum Vorreiter und zugleich auch zum Experimentierfeld einer neoliberalen Wirtschaftsordnung hatte werden können. Die Studierenden, die auch in Chile den Kern der Bewegung ausmachen, bekannten ein ums andere Mal, dass es ihnen nicht allein um die Rücknahme von Preiserhöhungen im öffentlichen Nahverkehr, sondern um einen Aufstand gegen das neoliberale System insgesamt gehe.

Doch die in der Presse geäußerte Vermutung, dass man es nun vielleicht mit einem „lateinamerikanischen Frühling" zu tun habe, verkennt, dass sich die beiden größten Staaten Südamerikas in den Händen von rechtsgerichteten und konservativen Kräften befinden. Dort gab es ebenfalls Massendemonstrationen, allerdings solche, die sich gegen die Umklammerung der Zivilgesellschaft durch autoritäre Regime wenden.

Insbesondere in Brasilien, wo sich der Rechtsnationalist und überzeugte Neoliberale Jair Bolsonaro, ein ehemaliger Fallschirmjäger, an der Macht befindet, hat sich das gesellschaftspolitische Klima maßgeblich verdüstert. Mit seinen rassistischen, frauen- und schwulenfeindlichen Ausfällen versucht er immer wieder aufs Neue die vermeintliche Normalität so zu verschieben, dass den Betroffenen kaum eine andere Wahl bleibt als zu versuchen, sich selbst dagegen zur Wehr zu setzen.

Am stärksten konzentrierten sich die Aktionen auf Proteste gegen radikale Kürzungen im Bildungsbereich. Unter der Parole „Bücher ja, Waffen nein" hatten sich im Mai gegen den als militaristisch verrufenen Präsidenten mehrere Millionen Einwohnerinnen und Einwohner einem historisch erstmals im Bildungssektor durchgeführten Generalstreik angeschlossen. Insbesondere die Angehörigen staatlicher Universitäten hatten sich daran beteiligt, weil sie damit ein Zeichen für die öffentliche Bildung setzen wollten.

Auch im Nachbarland Argentinien war es zu zahlreichen Demonstrationen gegen die Politik des konservativen, aus einer Unternehmerfamilie stammenden Staatspräsidenten Mauricio Macri gekommen. Seitdem das Land 2018 mit einer der höchsten Inflationsraten weltweit in eine Rezession geschlittert ist, haben Arbeitslosigkeit und Armut sowie die sozialen Spannungen insgesamt enorm zugenommen. Vor dem auf der Plaza de Mayo in Buenos Aires gelegenen Präsidentenpalast hatten sich wiederholt Tausende von Demonstrierenden zu sogenannten „Ruidazos" (Lärmprotesten) versammelt, um wegen der Wirtschaftskrise die Ausrufung eines „Nahrungsmittelnotstands" durch die Regierung zu fordern. Einen von der Opposition ausgearbeiteten Gesetzentwurf, mit dem eine Grundversorgung der ärmeren Bevölkerungsteile mit Lebensmitteln garantiert werden soll, hat Macris Regierung jedoch mit dem Argument abgelehnt, dass sie bereits die Besteuerung von Grundnahrungsmitteln gesenkt habe.

Wer die Vielfältigkeit all dieser sich rund um den Globus abspielenden Protestbewegungen miteinander vergleicht, der wird einerseits zwar erkennen, dass es konkrete Motive wie etwa die Empörung über Korruption oder Machtmissbrauch gibt, die häufiger auftauchen, und dass es insofern um das Misstrauen gegenüber Machthabern sowie Staaten und Institutionen geht, dass andererseits aber kein einigendes Band zwischen den tiefer liegenden Ursachen herauszufinden ist. Die länderspezifisch auftretenden Proteste scheinen auf den ersten Blick also diversen Ursprungs zu sein. Lediglich die besonders hervorgehobene Rolle von Studierenden und akademisch Qualifizierten, die in den Bewegungen häufig als Wortführerinnen und Wortführer auftreten, sticht ins Auge. Insgesamt aber bleibt die Frage nach dem Allgemeinen, nach dem, was die divergenten

Strömungen von Empörung, Protest und Widerstand miteinander verbindet, weiter offen.

Ein „Überschuss an jungen qualifizierten Leuten"? – Ein Fazit

Einer der wenigen Wissenschaftlerinnen und Wissenschaftler, die sich diese Frage nicht nur gestellt, sondern auch zu beantworten versucht haben, ist der ebenso marktradikal wie konservativ eingestellte britische Historiker Niall Ferguson. Ihm war aufgefallen, dass aus dem Jahr 2016 stammende Daten der Weltbank einen möglichen Zusammenhang zwischen Bildung und Protestbereitschaft verraten (vgl. Ferguson 2019). Im Vergleich zu den Achtzigerjahren, argumentierte er, sei der Anteil von jungen Erwachsenen mit Hochschulbildung im Verhältnis zu ihrer Altersgruppe stark angestiegen – in Ägypten von 15 auf 34 %, in Ecuador von 25 auf 64, in Frankreich von 34 zu 64, in Hongkong von 13 zu 72 und in Chile gar von 18 auf 90 %. Demnach hätten sich, folgert er, Proteste insbesondere dort ausgebreitet, wo eine große Kluft zwischen akademischer Bildung und damit verbundener Erwartungshaltung aufgetreten sei. Fergusons These lautet, dass es „eigentlich um die Diskrepanz zwischen dem beispiellosen Überangebot an Absolventen und der Nachfrage nach ihnen" gehe. Unter dieser Annahme, so seine Schlussfolgerung, sei es der „Überschuss an jungen qualifizierten Leuten", der zuletzt weltweit so massenhaft auf die Straßen gegangen sei. Damit aber komme es aus seiner Perspektive bei den jeweiligen Protesten gar nicht so sehr auf ihre Inhalte und die den Aktionen zugrunde liegenden Motive an, sondern auf die darin verborgene Funktionalität. Die globalen Proteste stellten in erster Linie das Resultat einer Dysfunktion zwischen Ausbildung und der Absorption der Ausgebildeten durch den Arbeitsmarkt dar.

Die von Ferguson verfochtene Hypothese soll maßgeblich durch die Lektüre eines Aufsatzes angeregt worden sein. Die Historikerin Lenore O'Boyle hatte 1970 die überaus steile These vertreten, dass sich die (freilich allesamt gescheiterten) bürgerlichen Revolutionen im Europa des Jahres 1848 durch einen „Exzess" in der Ausbildung junger Männer erklären ließen (O'Boyle 1970, 471–495). Die Quintessenz ihrer Argumentation fasste Ferguson nun in einem Artikel der Neuen Zürcher Zeitung mit den Worten zusammen, dass „zu viele Männer für eine kleine Zahl bedeutender und angesehener Stellen ausgebildet wurden, so dass einige Männer sich entweder mit Unterbeschäftigung abfinden mussten oder mit Positionen, die sie als unter ihren Fähigkeiten ansahen" (vgl. Ferguson 2019). Genau darin bestehe mehr als anderthalb Jahrhunderte später das Problem, und zwar nicht nur in Europa, sondern in verschiedenen Teilen der Welt.

Fergusons Auffassung kommt dem von dem Autor dieses Textes 2012 publizierten Ergebnis, dass man es sowohl bei der Arabellion als auch bei der Occupy-Bewegung im Kern mit einem „Aufruhr der Ausgebildeten" zu tun gehabt habe (Kraushaar 2012), oberflächlich betrachtet ziemlich nahe. Schließlich waren auch die Proteste der Jahre 2011/2012 vor allem von akademisch qualifizierten jungen Erwachsenen initiiert worden, denen der Zugang zu ihren Qualifikationen angemessenen Berufsfeldern ganz überwiegend versperrt gewesen war.

Im Gegensatz zu Fergusons Interpretation ist dieses Phänomen in besagter Analyse jedoch nicht darauf reduziert worden, dass es sich bei den Protesten um das Ergebnis einer strukturell angelegten Dysfunktion zwischen Ausbildung und Arbeitsmarkt handle. Eine solche Betrachtungsweise würde den für diese Probleme als konstitutiv unterstellten Zusammenhang mit der neoliberalen Ökonomie ausblenden, beziehungsweise ihn als objektiv gegeben ansehen und im Gegensatz dazu Protestmotive wie Enttäuschung, Wut und Empörung über eine massenhaft verbreitete berufliche Perspektivlosigkeit zu Epiphänomenen eines systemisch bedingten Widerspruchs degradieren.

Literaturverzeichnis

Böge, Friederike u. a. 2019: Tage des Zorns. Auf der ganzen Welt begehren junge Menschen gegen ihre Regierung auf. Was verbindet die Proteste? In: Frankfurter Allgemeine Woche v. 29.11. 14–21.

Ferguson, Niall 2019: Überall auf dem Globus begehren junge Leute gegen ihre Regierungen auf: Was vereint die Rebellen von Barcelona über Beirut bis Hongkong?, Neue Zürcher Zeitung online v. 29.10. https://www.nzz.ch/feuilleton/niall-ferguson-aufruhr-ueberall-2019-das-jahr-der-rebellen-ld.1518194 (Download 10.5.2020).

Kraushaar, Wolfgang 2012: Aufruhr der Ausgebildeten. Vom Arabischen Frühling zur Occupy-Bewegung. Hamburg.

O'Boyle, Lenore 1970: The Problem of an Excess of Educated Men in Western Europe. 1800–1850. In: The Journal of Modern History Nr. 4. 471–495

REBECCA PFLANZ

6. Schöne neue Welt – Protesträume im Netz

Abstract:
Protestformen wandeln sich mit der Zeit und existieren in vielen verschiedenen kulturellen Bereichen. Kein Wunder, dass auch der digitale Raum als Ort für Protest genutzt wird. Doch auch hier gibt es Gelingensbedingungen. Welche das sind und wie digitaler Protest funktioniert und in die analoge Welt hineinwirkt, wird im folgenden Beitrag dargestellt.[1]

2010 veröffentlichte der damalige Präsident der Vereinigten Staaten – Barack Obama – den ersten Tweet in der Geschichte der US-amerikanischen Präsidenten (Pillot de Chenecey 2019). Dieser wenn auch kleine, so doch „historische" Moment lässt sich als Indikator des Aufbruchs in eine neue Ära politischer und gesellschaftlicher Kommunikation betrachten, die sich unter anderem ausschlaggebend auf die politische Partizipation und Strukturen des Protests ausgewirkt hat: Protest spielt sich für die junge Generation heute größtenteils online ab. Fridays for Future organisieren sich per Videocall, und die neuesten Tweets von Greta Thunberg und Luisa Neubauer werden mit einem Klick „geteilt" und verbreitet (Hecking 2020). Das Internet bietet eine Möglichkeit der Massenmobilisierung, wie es sie vorher nie gab. Dabei tritt eine Frage in den Vordergrund: Ist jetzt alles einfacher? Wenn sich Massen online mobilisieren lassen, können wir dann alle zu Hause bleiben? Braucht es Straßenproteste überhaupt noch? Es stellt sich die Frage, wo die Möglichkeiten, aber auch die Grenzen des digitalen Aktivismus und Protests liegen und inwiefern Onlineaktivismus-Tools wie Petitionsplattformen andererseits realen gesellschaftlichen und politischen Wandel herbeiführen beziehungsweise beeinflussen können.

Basierend auf der Annahme, dass die Entwicklung des partizipativen Internets der vergangenen Jahre zu einer wachsenden Abneigung gegen Onlineinhalte geführt hat, fokussiert sich dieser Beitrag auf die Suche nach jenen Faktoren, die das *Vertrauen* in Onlinepetitionsplattformen als Instrument des Protests

---

1   *Basierend auf einer tiefergehenden Studie im Rahmen einer Masterarbeit zum Thema „Vertrauen in Onlinepetitionsplattformen", werden die wichtigsten Voraussetzungen für das Gelingen von Online Protesten näher erklärt.*

maßgeblich beeinflussen. Denn wo sich auf der einen Seite Massen bewegen lassen, ist das Internet auf der anderen Seite zum Inbegriff von „Fake News" und unglaubwürdigen Marketingaktivitäten geworden. Eine virtuelle Welt, in der jede*r die eigene Meinung preisgeben kann (Pillot de Chenecey 2019). Politische Führungspersönlichkeiten wie US-Präsident Donald Trump tragen durch die Verleugnung und Diskreditierung objektiver Fakten massiv zu dieser Entwicklung bei. Mit „alternativen Fakten" lässt Trump die Grenzen zwischen Wahrheit und subjektiver Wahrnehmung verschwimmen und zielt so strategisch darauf ab, das Vertrauen in jede Institution oder journalistische Aussage zu vernichten, die im Widerspruch zu seiner eigenen stehen könnte (Ebner 2019; Clarke/Grieve 2019). Für immer mehr Menschen wirkt diese Welt realitätsfern. Onlineinhalten lässt sich nicht mehr trauen.

Anhand von Beobachtungen, einer Umfrage und Nutzer*innengesprächen im Rahmen einer tiefer gehenden Masterarbeitsstudie, wird in diesem Beitrag der Frage auf den Grund gegangen, wie hoch in dieser „neuen Realität" das *Vertrauen* der Menschen in ein Onlineaktivismus-Tool ist, dessen Grundidee auf einem „Klick-für-Support"-Mechanismus beruht. Dabei wird eine wichtige Erkenntnis ans Licht gebracht: Zu einem bestimmten Grad tragen Onlinepetitionsplattformen dazu bei, aktiven Protest anzuregen. Sie tragen jedoch potenziell gleichermaßen dazu bei, aktiven Protest durch den sogenannten „Klicktivismus" – Aktivismus per Button-Klick – zu verhindern. Die Implikationen und eine mögliche Umgehensweise mit dieser Erkenntnis werden in diesem Beitrag diskutiert.

Forschungsansätze zur Dynamik von Onlineräumen

2003 veröffentlichten Steinle und Wippermann eine Trendforschung, in der sie zu dem Schluss kommen, dass die Welt am Rand einer neuen Generation der „Netzwerkkinder" (später: Generation Y) angelangt sei. Auf diese Erkenntnis gründet sich ihre Theorie des „Sofortvertrauens der Netzwerkkinder". Die Autor*innen beschreiben die neue Generation als eine, die von politischem Desinteresse und Ignoranz geprägt sei und sich inaktiv und passiv verhalte: „Keine Generation, die Barrikaden niederreißen will" (Steinle/Wippermann 2003, 22). Das Internet zu Beginn des 21. Jahrhunderts wird als Ausweg gesehen. Ein schnelllebiger Onlineraum, der unmittelbares Feedback bietet und Möglichkeiten schafft, in Sekundenschnelle Aktionen zu organisieren und Massen zu mobilisieren. Ein Tool, dem die neue Generation vertraut und in dem die Autor*innen das Potenzial einer Wiederherstellung politischen Interesses sehen, das Aktivismus und Protest neu aufflammen lassen könnte.

In den Jahren nach dieser früh beschriebenen Theorie eines neuen politischen Aktivismus, angetrieben durch die Entwicklungen des partizipativen Internets, haben sich unter anderem Onlinepetitionsplattformen als ein solches Tool des Onlineprotests etabliert. Das Erstellen und Unterzeichnen von Petitionen ist keine neue Form des politischen Engagements und Aktivismus, sondern wird seit Langem als Instrument der gesellschaftlichen Meinungsbildung angewandt (della Porta/Diani 2006). In den vergangenen Jahren hat die digitale Technologie zunehmend dazu geführt, dass die Petition von der traditionellen „Stift-auf-Papier"-Form in die Onlinewelt übertragen wurde und so zu einem Rückgang von Offlineunterschriften und einer raschen Vermehrung von Onlineunterschriften führte (Halpin u. a. 2018; Puschmann u. a. 2017). Mit mehr als 265 Millionen Nutzer*innen weltweit ist Change.org die größte Onlinepetitionsplattform für sozialen und politischen Wandel. Die Trendforschung von Steinle und Wippermann (2003) mit ihrer Theorie des „Sofortvertrauens" in das Internet ist mittlerweile jedoch annähernd 20 Jahre alt. Das digitale Zeitalter hat sich seitdem mit unglaublicher Geschwindigkeit entwickelt und verändert, soziale Medien sind entstanden, und die Zugänglichkeit des Internets hat mit der Einführung von Smartphones ein neues Level erreicht. Im Zuge dieser rapiden Entwicklungen hat sich die Wahrnehmung von Online- und Social-Media-Inhalten massiv gewandelt.

Diese Beobachtung bestätigend, beschäftigt sich ein großer Anteil neuer Forschung auf unterschiedliche Art und Weise mit dem Konzept des *Vertrauens* in der digitalisierten Welt und dem Vertrauen in Onlineaktivismus-Tools (Pillot de Chenecey 2019; Edelman 2018; Schumann/Klein 2015; Sánchez-Villar u. a. 2017; Correia Loureiro u. a. 2017). Pillot de Chenecey (2019, 17) hat den Begriff der „Post-Wahrheit-Welt" geprägt, wobei „Post-Wahrheit" definiert wird als „Umstände, in denen objektive Fakten weniger Einfluss auf die öffentliche Meinungsbildung haben als emotionale und persönliche Überzeugungen". Das moderne Leben wird dieser Studie zufolge von einem breiten Misstrauen in Onlineinhalte bestimmt, entstanden aus der Fülle an „Fake News" und „unglaubwürdigen Marketingaktivitäten" sowie der Masse an digitalen Informationen, mit denen Nutzer*innen täglich konfrontiert werden. Nutzer*innen, so der Autor, reagierten auf solche Entwicklungen zunehmend mit einem „Verlangen nach der Wahrheit" (Pillot de Chenecey 2019, 97). In einer tiefer gehenden Studie stellen Schumann und Klein (2015) das Mobilisierungspotenzial von Onlinepetitionsplattformen infrage. Sie argumentieren, dass diese neuen Formen des Protests Entwicklungen wie „Slacktivismus" oder auch „Klicktivismus" begünstigen. Die schnelle, einfache und risikofreie Teilnahme an kollektiven Onlineaktionen führt nach Ansicht der Autor*innen zu einem abnehmenden Engagement offline, da die einfachen Onlinebemühungen als substanzielle aktivistische Unterstützung angesehen würden (Schumann/Klein 2015). Anstatt auf die Straße zu gehen, werden das Bedürfnis nach kollektiven Aktionen und der Drang zu helfen einfach schnell von zu Hause aus befriedigt – der Klick auf einen Button genügt.

Diese Bewegungen hin zu einer „Post-Wahrheit-Welt" und dem von Schumann und Klein (2015) beschriebenen „Klicktivismus" sind klare Anzeichen für einen Wandel in den Vertrauensstrukturen des digitalen Protests über die vergangenen Jahre. Inwiefern die von Steinle und Wippermann (2003) beschriebene Theorie eines „neuen Zeitalters des Sofortvertrauens" im Internet der heutigen Zeit noch Relevanz hat, ist daher eine wichtige Frage auf die nun näher eingegangen wird. Durch lange Nutzer*innengespräche und Gruppensitzungen mit einer bunten Mischung an Menschen – die Onlinepetitionsplattformen entweder oft nutzen, ab und zu nutzen, oder auch noch nie genutzt haben – ließen sich einige wichtige Faktoren erkennen, die bei der Vertrauensbildung in Onlinepetitionen eine maßgebliche Rolle zu spielen scheinen. Alle folgenden Zitate stammen aus diesen Gesprächen.

Die vier Vertrauensfaktoren des digitalen Protests

Fragen wie „Was bringt das überhaupt?" und „Was ist eigentlich die konkrete Wirkung von Onlinepetitionen?", die während der Recherche immer wieder aufkamen, bestätigen wachsende Zweifel an webbasierten Inhalten und machen Raum für vier Hauptfaktoren, die unabdingbar zu sein scheinen, wenn man in der heutigen „Post-Wahrheit-Realität" Vertrauen in Onlinepetitionsplattformen herstellen will:

1) *Transparenz*: die empfundene Wichtigkeit der Bereitstellung konsistenter, glaubwürdiger und unparteiischer Informationen zur stärkeren Vertrauensbildung,
2) *Authentizität*: die Kraft persönlicher Geschichten von Petitionsstarter*innen ohne zweifelhafte Hintergrundmotivationen,
3) *Bewusstseinsschaffung:* die wahrgenommene Notwendigkeit von mehr Sensibilisierungsmaßnahmen, basierend auf der weitverbreiteten Ansicht, dass es nicht genügend Aufklärung über den Sinn und die Wirkung von Onlinepetitionsplattformen gebe,
4) *Greifbarkeit: die wahrgenommene Notwendigkeit einen Bezug zwischen (un-)greifbaren) Onlinepetitionen und „handfesten" Offline-Aktionen herzustellen.*

Diese eng miteinander verflochtenen und einander ergänzenden Vertrauensfaktoren scheinen zusammen das Vertrauen in Onlinepetitionsplattformen zu definieren, und bieten Einblicke in deren Zukunftsfähigkeit. Nur wenn Onlinepetitionsplattformen es schaffen, alle vier Faktoren gleichermaßen zu gewährleisten, könnte man sagen, sind sie für die immer deutlicher werdende „Post-Wahrheit-Realität" und das wachsende Misstrauen in Onlineinhalte gewappnet. Als besonders wichtig, bezogen auf die genannten Entwicklungen der vergangenen Jahre, entpuppt sich der vierte Faktor Greifbarkeit. Er kann als ausschlaggebendster Punkt für eine erfolgreiche Vertrauensbildung in Onlinepetitionsplattformen angesehen werden, weshalb es sich lohnt, detaillierter auf ihn einzugehen.

Greifbarkeit als neues Vertrauensmaß

Viele Personen scheinen im Zusammenhang mit Onlinepetitionen ein hohes Maß an Anonymität zu verspüren. Das damit oft verbundene ungute Gefühl entsteht hauptsächlich aufgrund fehlender „handfester Aktionen" und der Tatsache, dass man weder die Petitionsstarter*innen noch das Team der Onlinepetitionsplattform je kennenlernt, sondern alles auf der Onlineebene stattfindet. Das Bedürfnis nach mehr „Greifbarkeit" bezieht sich in diesem Sinne auf ein offensichtlich starkes Verlangen nach 1) sichtbareren, materiellen *„Offlineaktionen"* und 2) einer umfangreicheren *Einbeziehung der Nutzer*innen*, um die Anonymität bloßer Onlineunterschriften gewissermaßen auszugleichen. Angesichts der „Post-Wahrheit"-Entwicklungen ist es keine Überraschung, dass sich heute ein Wunsch vieler Menschen nach *Offlineaktionen* abzeichnet. Vorbei ist die Zeit emotionsgeladener Werbekampagnen. An ihre Stelle tritt ein Verlangen nach „Wahrheit", nach vertrauenswürdigen Aktionen, bei denen die Wirkung der eigenen Unterstützung – sei es eine Unterschrift oder eine Spende – am besten direkt wahrgenommen werden kann, anstatt in einem intransparenten Dschungel der Onlinewelt zu verschwinden. Mit Blick auf das partizipative Internet, in dem die Grenzen zwischen objektiven Fakten und subjektiver Wahrnehmung immer mehr verschwinden, reichen online mobilisierende Maßnahmen nicht mehr aus, um als Petitionsplattform Vertrauen zu den Menschen/potentiellen Nutzer*innen aufzubauen. Diese verwirrende Wirklichkeit, in der jeder Tweet und jede Informationsquelle mit Skepsis betrachtet werden müssen, spiegelt sich hervorragend in dem folgenden Zitat eines Gesprächsteilnehmers:

„*Ich denke, bis zu einem gewissen Grad ist meine Generation davon geprägt – mit all den sozialen Medien, mit denen wir aufwachsen. Irgendwann differenziert man nicht mehr so richtig. Einfach wegen dieses Überangebots an so vielen verschiedenen Nachrichten, Geschichten, Beiträgen, es gibt zig verschiedene Möglichkeiten, an etwas teilzunehmen, und vor allem auf Facebook, weiß Gott, dass die Hälfte davon gefälschte Nachrichten sind oder in die falsche Richtung gehen.*"

Eine große Rolle in diesem Zusammenhang spielen „Social Media Fatigue" (Social-Media-Müdigkeit) und „Klicktivismus". Die Idee des „Klicks für Support" scheint für viele Menschen zu abstrakt zu sein. Es überwiegt oft die Wahrnehmung, dass politisches Engagement durch einen Klick „zu einfach" sei und den Bezug zur Realität verliere. Das lässt bei Vielen das Gefühl entstehen, dass es zwar oft eine Masse an Petitionen auf Petitionsplattformen gebe, die man zwar per Klick unterstützen kann, die daraufhin allerdings im Dschungel der Onlinewelt verloren gehen und nicht weiter verfolgt werden. In dieser Hinsicht wird oft beanstandet, dass einem als Nutzer*in auch keine Möglichkeit dazu gegeben werde, sich abgesehen von der Unterschrift für eine Petition einzusetzen. In direkter Verbindung dazu steht der Wunsch nach „weniger Petitionen" und stattdessen einer stärkeren Einbeziehung der Nutzer*innen. Es scheint weitverbreitete Einvernehmlichkeit darüber zu geben, dass der Mangel an aktiver Nutzer*inneneinbeziehung von Onlinepetitionsplattformen oft ein mangelndes Vertrauen in Onlinepetitionen nach sich zieht. In diesem Sinn werden Onlinepetitionsplattformen von manchen Menschen als „überflüssiger Mittelsmann" wahrgenommen, der zwischen ihnen und dem aktiven, selbstbestimmten Protest für ein Thema steht. Diese Erkenntnis zeigt sich in einem Verlangen nach mehr Möglichkeiten der aktiven Beteiligung, über die Ein-Klick-Unterschrift hinaus. Da wollen Menschen aktiv protestieren, Kontakt zu Petitionsstarter*innen aufnehmen, ihre Meinung mit anderen interessierten Unterstützer*innen austauschen und gemeinsam Aktionen planen. Eine immer wiederkehrende Forderung zur Ermöglichung einer verstärkten Nutzer*innenbeteiligung lautet, Diskussionstools auf Onlinepetitionsplattformen einzubinden. So ließen sich Petitionsplattformen zu „sozialen Medien" erweitern, die es den Nutzer*innen ermöglichen würden, mehr Eigeninitiative zu zeigen und sich untereinander zu vernetzen.

Diese Erkenntnisse lassen eine neue Sichtweise auf die Theorie des „Sofortvertrauens der Netzwerkkinder" zu. Trotz der unbestrittenen Bedeutung des Internets, das die Strukturen des Protests über die vergangenen Jahre maßgeblich geformt und beeinflusst hat, wird deutlich, dass sich die These von Steinle und

Wippermann (2003) in der heutigen Zeit nicht mehr bestätigen lässt. Die Wahrnehmung und insbesondere das Vertrauen unserer Gesellschaft in das Internet als Instrument für soziale und politische Veränderung hat sich über die vergangenen Jahre erheblich geändert. Das „Sofortvertrauen der Netzwerkkinder" wurde ersetzt durch eine breite Skepsis in Bezug auf Onlineinhalte.

Vom „Klicktivismus" der Power-Nutzer*innen

Interessanterweise treffen Forderungen wie der Wunsch nach einer stärkeren Nutzer*inneneinbeziehung, einem Diskussionstool oder mehr Offlineaktionen nicht auf alle Menschen zu. Ganz im Gegenteil: Beobachtungen, Nutzer*innenaussagen, sowie eine Umfrage mit Onlinepetitionsnutzer*innen, decken klare und unerwartete Unterschiede zwischen zwei großen Nutzer*innengruppen auf. Dabei kann zwischen solchen Nutzer*innen unterschieden werden, die fast jede Petition unterschreiben, die ihnen „über den Weg läuft" (hier Power-Nutzer*innen genannt), und jenen, die nur gelegentlich oder nie Onlinepetitionen unterschreiben (hier Casual- und Nicht-Nutzer*innen genannt). Diese beiden Gruppen unterscheiden sich maßgeblich in ihrer Wahrnehmung von Onlinepetitionsplattformen als Mittel des Protests und lassen interessante Schlussfolgerungen zu dem von Schumann und Klein (2015) entwickelten „Klicktivismus"-Argument zu.

Es lässt sich erkennen, dass gerade die Nutzer*innen, die ständig Petitionen unterschreiben, keine Notwendigkeit sehen, sich weiter für ein Thema zu engagieren. Für diese Power-Nutzer*innen befindet sich das Unterzeichnen einer Petition offenbar noch im akzeptablen Bereich ihrer aktivistischen Bemühungen. Sobald es aber darum geht, Petitionen weiterzuverbreiten oder an Aktionen teilzunehmen, scheint dies außerhalb der Grenze ihres Möglichen zu liegen. Im Vergleich dazu scheinen Nutzer*innen, die selten oder nie Petitionen unterschreiben (Casual- und Nicht-Nutzer*innen), einen weitaus größeren Mangel an Greifbarkeit von Onlinepetitionsplattformen zu empfinden. Sie vermissen Möglichkeiten, sich über ihre Unterschrift hinaus für ein Thema einzusetzen, stellen die Macht eines einzigen Klicks infrage und zeigen ein wesentlich größeres Interesse an Diskussionstools oder Foren als Power-Nutzer*innen.

Das Ende der Straßenproteste?

Bezogen auf die am Anfang gestellte Frage, inwiefern Onlinepetitionsplattformen aktiven Protest anfeuern oder ihn durch den entstehenden „Klicktivismus" umgekehrt verhindern, lässt sich an dieser Stelle ein interessantes Resümee ziehen: Tatsächlich scheinen Onlinepetitionsplattformen bei einer kleinen Nutzer*innengruppe, den Power-Nutzer*innen, zu einer Abnahme des aktiven Protests zu führen, da sie die Ein-Klick-Unterschrift mehrheitlich als ausreichende Unterstützung für ein Thema betrachten. Sie scheinen keine Notwendigkeit zu sehen, ihre wertvolle Zeit für aktivere Formen des Protests – wie etwa zivilen Ungehorsam, Demonstrationen oder Mahnwachen – einzusetzen. In dieser Hinsicht bestätigt sich das „Klicktivismus"-Argument von Schumann und Klein (2015). Stehen wir also am Ende einer Ära des aktiven Protests und der Straßenproteste, weil unsere Gesellschaft zunehmend „zu faul" wird oder „keine Zeit" mehr hat, sich über eine Unterschrift hinaus zu engagieren? Würden alle Menschen so denken, dann lautete die Antwort womöglich Ja.

Wichtig zu beachten ist allerdings, dass die Power-Nutzer*innengruppe im Gesamtbild nur einen relativ kleinen prozentualen Anteil von ca. 10 % – maximal 20 % der Onlinepetitionsnutzer*innen ausmacht und auch nicht alle Power-Nutzer*innen in das gleiche Muster fallen. Zudem haben Onlinepetitionsplattformen b ei einer weitaus größeren potenziellen Nutzer*innengruppe – bestehend aus Personen, die Onlinepetitionsplattformen entweder selten oder nie nutzen (Casual- und Nicht-Nutzer*innen) – durchaus großes Potenzial, aktiven Protest noch weiter anzuregen – vorausgesetzt, die Möglichkeiten der Plattformen würden erweitert. Bislang fühlen sich diese Personen von Onlinepetitionen noch nicht überzeugt und sind wegen der wahrgenommenen „mangelnden Greifbarkeit" und fehlenden Möglichkeiten, sich aktiv zu beteiligen, als Zielgruppe größtenteils unberührt geblieben. Dieses Zitat eines Gesprächteilnehmers ist hier sehr passend:

> „Ich denke einfach, dass es bis zu einem gewissen Grad eine Grenze dessen gibt, was man tatsächlich mit nur einem Klick erreichen kann, indem man einfach seinen Namen auf irgendeine Liste setzt. Es dauert nicht lange, es ist schnell erledigt, aber: Was ist eigentlich die Wirkung dahinter?"

Fazit: Online und Offline kombinieren!

Die Entwicklung des partizipativen Internets in den vergangenen Jahren hat die Kommunikation und damit die Art und Weise, mit der heute Informationen ausgetauscht werden, erheblich verändert. Wie dieser Beitrag anhand der vier Vertrauensfaktoren Transparenz, Authentizität, (Marken-)Bewusstsein und Greifbarkeit veranschaulicht, hat diese „Post-Wahrheit"-Entwicklung auch das Vertrauen der Menschen in Onlineinhalte beeinflusst. Insbesondere für das

Konzept und den Erfolg von Onlinepetitionsplattformen hat dies weitreichende Auswirkungen.

Onlinepetitionsplattformen in ihrer jetzigen Form tendieren dazu, solche Menschen anzusprechen, die keine Notwendigkeit sehen, ein Thema über die Ein-Klick-Bemühungen ihrer Onlineunterschrift hinaus aktiv zu unterstützen (Power-Nutzer*innen). Einer der Hauptkritikpunkte an Onlinepetitionsplattformen bezieht sich auf die Unfähigkeit, über diesen kleinen Nutzer*innenkreis hinauszugehen. Es wird kritisiert, dass Onlinepetitionsplattformen ihr eigentliches Ziel – die Stärkung der Demokratie und die „Ermächtigung der vielen" – potenziell untergraben, indem sie letztlich nur einer kleinen Gruppe Einfluss auf politische und gesellschaftliche Entscheidungen ermöglichen. Wie dieser Beitrag zeigt, haben Onlinepetitionsplattformen allerdings sehr wohl das Potenzial, über diesen kleinen Kreis hinauszugehen und aktiven Protest weiter anzuregen. Eine große Zielgruppe – bestehend aus Menschen, die einen Klick als zu wenig Aufwand empfinden und tendenziell Schwierigkeiten haben, an seine Wirkung zu glauben – scheint bisher weitgehend unerschlossen. Sie könnte potenziell erreicht werden, wenn Onlinepetitionsplattformen mehr Möglichkeiten der *Nutzer*innenneinbindung* böten und ihre *„greifbare Wirkung"* stärkten. Um dies zu realisieren, müssten Onlinepetitionsplattformen in ihrer jetzigen, größtenteils webbasierten Form des „Klicks für Support" an die neuen Gegebenheiten einer „Post-Wahrheit-Realität" angepasst werden.

Dieses Ziel ließe sich beispielsweise durch die Einbindung eines in die Plattform integrierten Diskussionstools verwirklichen. Die damit ermöglichte Vernetzung von Unterstützer*innen und Petitionsstarter*innen durch das gemeinsame Planen von Aktionen und das Austauschen von Wissen und Kontakten würde eine Einbindung der Nutzer*innen weit über die Ein-Klick-Unterschrift hinaus ermöglichen. Dadurch ließe sich nicht nur der aktive Protest weiter vorantreiben, sondern es ließen sich gleichzeitig neue, bislang unerreichte Nutzer*innengruppen gewinnen. Zeitgleich sollten sich Onlinepetitionsplattformen bemühen, sich von einem alleinigen Fokus auf die Onlinesphäre zu entfernen. Ausschließlich online mobilisierende Maßnahmen scheinen in der „Post-Wahrheit-Realität" nicht länger auszureichen, um die Greifbarkeit der Plattformen und das Vertrauen in sie als Instrumente des Protests herzustellen.

Die Zukunft von Onlinepetitionsplattformen liegt also zu einem großen Teil in einer stärkeren Integration von Online- und Offlinemaßnahmen. Zu den wichtigsten konkreten Ideen, die während der Nutzer*innengespräche immer wieder aufkamen und daher eine große Rolle spielen, gehören:

1) die Teilnahme an oder Ausrichtung von Events und Aktionen,
2) die aktive Präsenz bei Straßenfesten und Festivals mit einem Stand, der über den Sinn, den Zweck und die Wirkung von Onlinepetitionen informiert,
3) die Organisation von Workshops.

Eine Maßnahme, die diesbezüglich breite Aufmerksamkeit genießt und offenbar als besonders wichtig empfunden wird, ist ein stärkerer Fokus auf die junge Generation durch Präsentationen und Workshops an Schulen und Universitäten. Gerade der jungen Generation wird viel Potenzial zugeschrieben, wenn es darum geht, sich aktiv für positive gesellschaftliche und politische Veränderung einzusetzen – es ist diejenige, die unsere Zukunft maßgeblich bestimmen wird.

Literaturverzeichnis

Baptista, Nuno Tiago/Rodrigues, Ricardo Gouveia 2018: Clustering Consumers Who Engage in Boycotting. New Insights into the Relationship Between Political Consumerism and Institutional Trust. In: International Review on Public and Nonprofit Marketing Nr. 15. 87–104. https://doi.org/10.1007/s12208-018-0192-8 (Download 27.4.2020).

Clarke, Isobelle/Grieve, Jack 2019: Stylistic Variation on the Donald Trump Twitter Account. A Linguistic Analysis of Tweets Posted Between 2009 and 2018. In: PLOS ONE Nr. 14. 1–27. https://doi.org/10.1371/journal.pone.0222062 (Download 12.4.2020).

Correia Loureiro u.a. 2017: Exploring Sources and Outcomes of Trust and Commitment to Nonprofit Organizations. The Case of Amnesty International Portugal. In: International Journal of Nonprofit and Voluntary Sector Marketing Nr. 23. 1–12. https://doi.org/10.1002/nvsm.1598 (Download 8.4.2020).

della Porta, Donatella/Diani, Mario 2006: Social Movements. An Introduction. Oxford.

Ebner, Noam 2019: Begun, The Trust War Has. Teaching Negotiation When Truth Isn't Truth. In: Negotiation Journal Nr. 35. 207–210. https://doi.org/10.1111/nejo.12259 (Download 29.4.2020).

Edelman 2018: Earned Brand. An Annual Global Study of How Brands Earn, Strengthen and Protect Their Relationships with Consumers. https://www.edelman.com/sites/g/files/aatuss191/files/2018-10/2018_Edelman_Earned_Brand_Executive_Summary_Brochure.pdf (Download 29.4.2020).

Edelman 2019: 2019 Edelman Trust Barometer. https://www.edelman.com/sites/g/files/aatuss191/files/2019-02/2019_Edelman_Trust_Barometer_Global_Report.pdf (Download 29.4.2020).

Halpin, Darren u.a. 2018: Online Petitioning and Politics. The Development of Change.org in Australia. In: Australian Journal of Political Science Nr. 53. 428–445. https://doi.org/10.1080/10361146.2018.1499010 (Download 1.4.2020).

Hecking, Claus 2020: Frühling ohne „Fridays for Future". In: Spiegel online v. 17.4.

https://www.spiegel.de/panorama/gesellschaft/fridays-for-future-in-der-corona-krise-wie-geht-es-jetzt-weiter-a-317fd440-4e90-4664-909b-30d592b2dee6 (Download 28.4.2020).

Lindner, Ralf/Riehm, Ulrich 2011: Broadening Participation Through E-Petitions? An Empirical Study of Petitions to the German Parliament. In: Policy & Internet Nr. 3. 1–23. https://doi.org/10.2202/1944-2866.1083 (Download 12.4.2020).

Pillot de Chenecey, Sean 2019: The Post-Truth Business. How to Rebuild Brand Authenticity in a Distrusting World. New York.

Puschmann, Cornelius u.a. 2017: Birds of a Feather Petition Together? Characterizing E-Petitioning Through the Lens of Platform Data. In: Information, Communication & Society Nr. 20. 203–220. https://doi.org/10.1080/1369118X.2016.1162828 (Download 1.4.2020).

Sánchez-Villar, Juan u.a. 2017: Blog Influence and Political Activism. An Emerging and Integrative Model. In: Spanish Journal of Marketing Nr. 21. 102–116.

https://doi.org/10.1016/j.sjme.2017.02.002 (Download 3.4.2020).

Schoene, Matthew 2017: Urban Continent, Urban Activism? European Cities and Social Movement Activism. In: Global Society Nr. 31. 370–391. https://doi.org/10.1080/13600826.2016.1203295 (Download 29.4.2020).

Schumann, Sandy/Klein, Olivier 2015: Substitute or Stepping Stone? Assessing the Impact of Low-Threshold Online Collective Actions on Offline Participation. In: European Journal of Social Psychology Nr. 45. 308–322. https://doi.org/10.1002/ejsp. 2084 (Download 3.4.2020).

Steinle, Andreas/Wippermann, Peter 2003: Die neue Moral der Netzwerkkinder. München.

KYRA NASTASSJA FURGALEC, CHARLOTTE NZIMIRO,
REBECCA FREITAG, NANNA-JOSEPHINE ROLOFF

6.1 Petition oder Protest? – Blick aus der Protestpraxis

Abstract:
Onlinepetitionen gibt es viele. Doch was bewirken sie? Diese Frage richtet sich auf den Gegenstand der Petition ebenso wie auf diejenigen, die sie ins Leben rufen. In diesem Beitrag schildern vier Aktivistinnen ihre Erfahrungen, ihre Erfolge und ihre persönlichen Lehren.

TrueDiskriminierung und sonst nichts

Von Kyra Nastassja Furgalec

Die Kampagne „Nehmt True Fruits aus eurem Sortiment!" auf der Plattform Change.org sowie die dazugehörige Social-Media-Kampagne entstanden spontan im Februar 2019. Sie richteten sich gegen das Marketing des Smoothieherstellers „True Fruits", der in Vergangenheit immer wieder von zahlreichen Kritiker*innen dafür kritisiert wurde, sich sexistischer, rassistischer, ableistischer sowie anderweitig diskriminierender Werbe- und Marketinginhalte zu bedienen. True Fruits selbst gibt an, dass die kritisierten Inhalte als Humor zu verstehen seien.

Besonders auf den Social-Media-Kanälen des Unternehmens artikuliert sich immer wieder Protest. So auch in besagtem Februar, als ich bei Instagram auf die Diskussion zu einer vergangenen österreichischen Werbekampagne des Unternehmens aufmerksam wurde, die rassistische Darstellungen beinhaltete. Dabei zeigte sich True Fruits trotz der massiven Kritik nicht einsichtig, sondern würdigte Kritiker*innen im Gegenteil sogar öffentlich herab, bezeichnete sie als „Pissnelken" sowie als zu „dumm" und „humorbehindert" (True Fruits 2019), um den zweifelhaften Humor zu verstehen. Nachdem ich einige Tage lang erfolglos versucht hatte, mit dem Unternehmen bei Instagram zu diskutieren, fiel der Startschuss für #TrueDiskriminierung.

Sowohl in Deutschland als auch in Österreich wird auf die Selbstkontrolle der Werbebranche gesetzt, was die Einhaltung von ethischen und moralischen

Standards in der Werbung betrifft. Darüber wachen soll der jeweilige Werberat. Die bei Beanstandungen zur Verfügung stehenden Maßnahmen der Werberäte sind jedoch rechtlich nicht bindend. Trotz wiederholter Problematisierung diskriminierender Werbeinhalte durch die Organe der Europäischen Union sowie die Parlamentarische Versammlung des Europarats (vgl. Holtz-Bacha 2011) besteht noch immer kein rechtlicher Schutz vor diskriminierender Werbung. Die Petition adressierte daher die unmittelbaren Handelspartner*innen von True Fruits mit der Aufforderung, die Produkte des Unternehmens auszulisten. Um Druck auf True Fruits auszuüben, wurde dies mit der gesellschaftlichen Verantwortung begründet, der sich Werbende bewusst sein sollten. Als Teil der Kulturindustrie nimmt Werbung eine Doppelrolle ein. Sie spiegelt gesellschaftliche Werte nicht nur, sondern nimmt auch aktiv Einfluss auf deren Wandel. Dementsprechend dient Werbung ebenso „der Orientierung der Menschen, vermittelt Wert- und Normvorstellungen" und „liefert Verhaltensvorbilder" (Holtz-Bacha 2011, 16). Werbetreibende sind aufgefordert, dieser Verantwortung gerecht zu werden – so auch True Fruits.

Die Besonderheit von #TrueDiskriminierung liegt meines Erachtens in der Form des Protests, den ich übrigens klar als solchen definiere. Neben der eingangs genannten Petition fungierte der Instagram-Account „TrueDiskriminierung" als zentraler Ort und Werkzeug der Kampagne, mit dem ich unterschiedliche Ziele verfolgte. Neben der Mobilisierung weiterer Petitionsunterzeichner*innen ging es darum, die Problematik diskriminierender Werbung im öffentlichen Bewusstsein zu platzieren, Wissen über die Hintergründe der unterschiedlichen Diskriminierungsformen zu vermitteln sowie Unterstützer*innen zu gemeinsamen aktivistischen Aktionen zu mobilisieren und mit weiteren Initiativen und Personen zu vernetzen. Die Kampagne stellte somit auch eine Form von emanzipatorischer und feministischer Gegenöffentlichkeit her, die ich in Anbetracht des besonders in den sozialen Medien stattfindenden Kulturkampfs von rechts (vgl. Mobile Beratung in Thüringen 2019) als wichtig erachte. Denn ohne an dieser Stelle ausführlich darauf eingehen zu können, reproduzierte auch True Fruits mit entsprechender Rhetorik und Diskursstrategie die entsprechenden Framings einer vermeintlichen linken Meinungsdiktatur und inszenierte sich im Kampf um die kulturelle Hegemonie als Verfechter der Meinungsfreiheit (vgl. Frasl 2019).

Rückblickend betrachtet, bewerte ich selbst – wie auch viele aktive Unterstützer*innen der Kampagne – das kollektive Handeln während der Kampagne als empowernd und motivationsstiftend im Hinblick auf die Bereitschaft, sich zukünftig aktivistisch und politisch einzubringen. Viele Unterstützer*innen berichteten von einem politisierenden Effekt, den die Kampagne auf sie hatte, weil sie beispielsweise verstanden, dass nicht nur sie individuell von Sexismus betroffen sind, sondern dass diesem Phänomen ein strukturelles Machtungleichverhältnis zugrunde liegt. Oder sie berichteten davon, dass sie durch die Kampagne auf unterschiedliche mediale Diskriminierungsformen aufmerksam wurden und ein politisches Bewusstsein dafür entwickelten. Besonders interessant ist dabei auch, dass sich dieses Bewusstsein sowie die Handlungsbereitschaft nicht nur auf den digitalen Raum zu beschränken schienen. Häufig berichteten Unterstützer*innen, dass sie sich durch vermitteltes Wissen und erlebte Motivation auch in ihrer täglichen Lebenswelt befähigt sahen, unterschiedliche Diskriminierungen zu erkennen und sich gegebenenfalls aktiv antidiskriminierend zu positionieren, Wissen weiterzugeben und in den Diskurs zu treten.

Entscheidend für die beschriebenen positiven Effekte war sicherlich der Erfolg der Kampagne, den ich selbst als hoch bewerte. In der DACH-Region erschienen in der Süddeutschen Zeitung, dem Standard, Stern und weiteren renommierten Medien zahlreiche Presseartikel über die Kampagne. Die Petition unterzeichneten mehr als 60.000 Menschen. Die Studierendenwerke Bonn, Stuttgart, Thüringen und Bochum kamen der Petitionsforderung nach und listeten alle True-Fruits-Podukte aus, ebenso das Schweizer Unternehmen Globus. Darüber hinaus etablierte sich der Hashtag #TrueDiskriminierung, um auch über True Fruits hinaus auf diskriminierende Inhalte aufmerksam zu machen. Durch die Vernetzung auf Instagram entstand eine große internationale Community mit mehr als 13.000 Follower*innen, die nicht nur Solidarität vorlebt, sondern auch die Möglichkeiten von Onlineaktivismus aufzeigt, Wissen vermittelt, unterschiedliche marginalisierte Gruppen zusammenbringt und ihnen eine reichweitenstarke Plattform bietet.

Mit dem Ergebnis der Kampagne bin ich zufrieden, da sie weitaus mehr Erfolg und Reichweite erzielt hat, als ich es vorab für möglich gehalten hatte. Da ich zuvor noch keine Erfahrungen im Bereich des Onlineaktivismus gesammelt hatte, war ich umso überraschter von den Resultaten. Innerhalb nur weniger Monate entstand eine breite Öffentlichkeit für die Problematik diskriminierender Werbung, und der Diskurs darüber drang Artikeln und Berichten zufolge bis in die Marketingbranche selbst hinein. Verdeutlicht hat sich für mich aber auch die Notwendigkeit derartiger digitaler Öffentlichkeiten als Gegengewicht zur zunehmenden Vereinnahmung von Diskursen und Kulturkämpfen von rechts (vgl. Mobile Beratung in Thüringen 2019), besonders in den Social Media. So war es angesichts der beschriebenen Rhetorik von True Fruits zwar naheliegend, aber doch überraschend für mich, dass sich im Verlauf der zunehmenden Kritik an True Fruits auch Teile einer rechtsextremistischen Gruppierung einschalteten und zur Unterstützung von True Fruits mobilisierten.

Aus der Kampagne nehme ich außerdem die Erkenntnis mit, dass ich mich in Zukunft weniger an einzelnen Akteur*innen abarbeiten, sondern meinen Fokus vielmehr auf die Adressierung zugrunde liegender Probleme legen möchte, um auf nachhaltige und strukturelle Veränderungen hinzuwirken. Selbstverständlich ersetzt der digitale Protest dabei klassische politische Protestformen nicht. Er erscheint mir aber nicht nur als gewinnbringende Ergänzung, sondern auch als notwendige Raumnahme und Demokratieverteidigung in der digitalen Welt, wenn wir diese nicht den rechten menschen- und demokratiefeindlichen Strömungen überlassen wollen.

Literaturverzeichnis

Frasl, Beatrice 2019: So funktioniert das perfide Marketing von True Fruits – und so zeigt sich der Widerstand im Netz. In: Stern online v. 19.8. https://www.stern.de/neon/wilde-welt/gesellschaft/true-fruits-werbung--so-funktioniert-die-perfide-masche-dahinter-8855784.html (Download 3.5.2020).

Holtz-Bacha, Christina 2011: Stereotype? Frauen und Männer in der Werbung. Wiesbaden.

Mobile Beratung in Thüringen 2019: Kampf um die „kulturelle Hegemonie". Die extrem rechte Organisation „Ein %" und die AfD. In: INDES. Zeitschrift für Politik und Gesellschaft Nr. 3. 101–109. https://doi.org/10.13109/9783666800290.101 (Download 3.5.2020).

True Fruits 2019: Liebe Freunde, liebe vermeintlich Diskriminierte, liebe Dumme, (…) In: Facebook v. 14.2. https://www.facebook.com/true.fruits.no.tricks/posts/liebe-freunde-liebe-vermeintlich-diskriminierte-liebe-dummeuns-erreichen-zurzeit/10156203725490914/(Download 3.5.2020).

Protest 4.0 gegen Rassismus

Von Charlotte Nzimiro

Deutschland hat ein großes Rassismus-Problem. Gegen den Rassismus gegen Schwarze Menschen wird viel zu wenig bis gar nichts unternommen. Mein ganzes Leben habe ich mit Rassismus zu kämpfen, denn ich bin Afrodeutsche, Tochter eines Nigerianers und einer Deutschen. Man fühlt sich oftmals nicht gesehen, allein gelassen, stigmatisiert und nicht „Mensch genug" in dieser Gesellschaft, und der deutsche Staat trägt einen signifikanten Teil dazu bei.

Nach wie vor wird die Kolonialgeschichte nicht aufgearbeitet; der erste von Deutschland verübte Völkermord an den Herero und Nama (1904–1908) im heutigen Namibia wird totgeschwiegen, nicht offiziell anerkannt und weder in Schulen noch in der öffentlichen Politik thematisiert. Ich musste mir das Wissen darüber selbst aneignen. Deutschland weigert sich bis heute, Reparationszahlungen zu leisten.[1] Aus der deutsch-afrikanischen Geschichte werden keine Lehren gezogen. Unsere Sprache enthält noch viele rassistische Worte aus der Kolonialzeit, unter anderem das N-Wort, das durch die Kolonialzeit, Gräueltaten und die sogenannte Rassenlehre geprägt ist, Schwarze Menschen entmenschlicht, und den Rassismus gegen Schwarze bis heute fördert.

Am 20. Dezember 2019 habe ich die Petition „Rechtliche Anerkennung, dass der Begriff ‚N*ger' rassistisch ist" innerhalb von wenigen Minuten mit ein paar Klicks auf Change.org erstellt. Sie war mein persönlicher Weg, meine Wut, meine Angst und mein Anliegen in die Welt hinauszuschreien, in der Hoffnung, dass ich gehört werden würde. Auslöser war das Urteil des Landesverfassungsgerichts Mecklenburg-Vorpommern am Tag zuvor, das nach Einspruch gegen den Ordnungsruf geurteilt hatte, dass das N-Wort nicht immer abwertend gemeint sei und es auf den Kontext ankomme.[2] Der AfD-Abgeordnete Nikolaus Kramer hatte das Wort mehrfach im mecklenburgischen Landtag zur Beschreibung eines afrikanischen Asylbewerbers genutzt.[3] Die Richter*innen gaben ihm Recht, räumten dem Rassismus somit Spielräume ein und missachten die grausame Historie hinter dem N-Wort.

---

1 Süddeutsche Zeitung 2019: US-Gericht weist Klage zu deutschen Kolonialverbrechen ab. In Süddeutsche online v. 7.3. https://sz.de/1.4359508 (Download 3.5.2020).
2 Landesverfassungsgericht Mecklenburg-Vorpommern: Urteil v. 19.12.2019. Az.: LVerfG 1/19. 9. https://www.mv-justiz.de/static/MVJ/Gerichte/Landesverfassungsgericht/Entscheidungen/2019/1%20-%2019%20Urteil%2019.12.2019.pdf (Download 3.5.2020).
3 Ebd. 2.

Es ist ein Schlag ins Gesicht, von einer staatlichen Instanz, von der man sich Schutz wünscht, ein Urteil wie dieses zu lesen. Es führt uns abermals vor Augen, dass wir anscheinend nicht zählen, weder unsere Menschenwürde noch unsere seelische sowie körperliche Unversehrtheit. Einer jeden Person sollte mittlerweile bewusst sein, dass nach Worten Taten folgen. So oft haben wir es schon erlebt, auch am eigenen Leib: Polizeigewalt, Rechtsextremismus, Alltagsrassismus, Ausgrenzung, Benachteiligung.

Eines meiner vielen Erlebnisse war, dass Nazis vor unserem Haus in Hannover hielten und meinen Vater und unsere Familie bedrohten. Sie beschimpften uns mit dem N-Wort. Mein Vater rief nicht die Polizei, da er oft die Erfahrung gemacht hatte, dass man nicht ernst genommen wird und als schwarze Person nicht unbedingt Hilfe erwarten kann. Unsere Nachbar*innen schauten nur tatenlos aus ihren Fenstern. Solche Vorkommnisse sind keine Einzelfälle. Hinzu kommt der Alltagsrassismus in Form von erschwerter Wohnungs- und Jobsuche, Vorurteilen und körperlichen Übergriffen.

Mittlerweile hat die Petition mehr als 159.000 Unterschriften, nicht nur von Schwarzen, sondern auch von Menschen anderer Ethnien. Prominente Unterstützer*innen sind ebenfalls darunter: Joy Denalane, Aminata Touré, Max Herre, Olli Schulz, Motsi Mabuse, Aminata Belli. Aminata Belli und ich haben die Petition gemeinsam weiter vorangetrieben. Bei einem Thema wie diesem ist es wichtig, dass man nicht allein kämpft. Durch die mediale Aufmerksamkeit bekommt man viele Anfeindungen, und natürlich werden auch Rechtsextreme auf einen aufmerksam.

Die Wirkung der Onlinepetition war außerordentlich. Ein Protest 4.0, wenn man so will, nicht nur politisch, sondern auch menschlich. Die Aktion führt vor Augen, wie wichtig es ist, dass Protest jederzeit sofort stattfinden kann und unbürokratisch abläuft. Protest in Form einer Petition ist ein kraftvolles Mittel, etwas zu bewegen, weil er Menschen eine Anlaufstelle bietet.

Viele Medien griffen das Thema auf und trugen die Diskussion weiter in die Mitte unserer Gesellschaft. Ein wichtiger Schritt, denn Rassismus muss für alle sichtbar gemacht und angeprangert werden – ganz gleich, wo und in welcher Form er auftritt. Nur durch stetige Konfrontation und Aufklärung kann sich etwas verändern. Gerade unsere Regierung, die als Vorbild fungieren sollte, muss mit ihren blinden Flecken konfrontiert werden. Mit einer Petition und öffentlichem Druck zwingt man sie in die Auseinandersetzung.

Für Aminata und mich stand fest, dass wir den Protest auch auf die Straße bringen wollten. Da wir diesbezüglich keinerlei Erfahrung hatten, war es schön und ermutigend, dass wir hierfür Mitstreiter*innen fanden. In Köln bildete sich beispielsweise eine Initiative, die die erste „N-Wort stoppen"-Demonstration mit 200 Teilnehmenden auf die Beine stellte. Die zweite Demonstration, meine erste selbst organisierte, fand in Hamburg mit mehr als doppelt so vielen Teilnehmenden statt.

Die Demonstration kostete mich am meisten Kraft. Ich hatte kein festes Organisationsteam, sondern war auf spontane Helfer*innen angewiesen. Hinzu kam eine unheimliche Angst, dass von den 160 zugesagten Teilnehmenden nur 50 Leute kommen würden. Am Ende waren es mehr als 400 Menschen. Als ich die Menschenmasse sah, fiel mir eine Riesenlast von den Schultern. Ich weinte. So viele Schwarze Menschen, die für ihre Rechte auf die Straße gingen – traurig und schön zugleich.

Am Anfang der Petition stand ich allein da, doch man ist nicht allein. Sobald man den ersten Schritt wagt und ein Anliegen hat, von dem viele Menschen betroffen und berührt sind, kommen Personen auf einen zu, die bereit sind, einen zu unterstützen und einen Teil des langen Weges gemeinsam zu gehen. Das gibt Kraft und beweist, dass wirklich jede*r etwas tun kann. Alles, was man für den Protest 4.0 braucht, ist eine Internetverbindung, ein Smartphone und der Wille, etwas zu verändern.

Bei alledem habe ich gelernt, unbeirrt meinen Weg zu gehen, trotz Hasskommentaren und unfreundlichen Nachrichten. Das Ziel ist viel größer als ich. Ich wünsche mir, dass künftige Generationen in einer besseren Welt großwerden, in der jede Person einfach Mensch sein kann, die gleichen Rechte und den gleichen Schutz genießt und die gleiche Achtung entgegengebracht bekommt, ungeachtet dessen, ob sie Schwarz ist oder nicht.

Trotz der mehr als 159.000 Unterschriften steht noch viel politische und öffentliche Arbeit an. Nichts soll dem Zufall überlassen werden. Wenn unsere Petition übergeben wird, dann soll dies mit dem Wissen geschehen, dass wirklich alles getan wurde.

All in for Climate Action

Von Rebecca Freitag

„You could get shot!", schrieb mir ein kenianischer Aktivist in einer Whatsapp-Gruppe, als ich die Idee von einem Klimastreik in Nairobi das erste Mal äußerte. Die Organisation des Streiks bescherte mir anstrengende Tage bei den lokalen Behörden und schlaflose Nächte voller Sicherheitsbedenken. Mir wurde bewusst, dass friedlicher und sicherer Straßenprotest, wie wir ihn in Deutschland gewohnt sind, in den meisten Teilen der Erde keine Selbstverständlichkeit ist. Am 15. März 2019, dem ersten globalen Streiktag von Fridays for Future, war es dann so weit. Wir organisierten den ersten kenianischen Schüler*innenprotest vor dem Gelände des UN-Umweltprogramms in Nairobi.

In meiner Zeit als deutsche UN-Jugenddelegierte für Nachhaltige Entwicklung waren mir die strukturellen Nachteile von uns jungen Menschen gegenüber den älteren, mächtigen Staats-und Regierungschef*innen deutlich geworden: Wir verfügen weder über eine starke internationale Interessensvertretung noch über finanzielle Mittel und einflussreiche Kontakte. Unsere Vertretung auf internationalen Konferenzen beruht größtenteils auf ehrenamtlicher Arbeit. International betrachtet, können es sich auch eher junge Menschen aus dem globalen Norden „leisten", sich aktivistisch zu engagieren. Dabei leben 90 % der Unter-30-Jährigen im globalen Süden.

Ich fragte mich: Wie können wir eine Brücke zwischen den Straßenprotesten und den Vereinten Nationen – insbesondere dem anstehenden UN-Klimagipfel im September 2019 in New York – schlagen? Wie können Menschen aus der ganzen Welt gefahrlos partizipieren? Und wie können dabei insbesondere junge Menschen aus dem globalen Süden teilnehmen, denen der Protest auf der Straße zum Teil verwehrt ist? Ich beantwortete diese Fragen mit dem Raum, in dem die junge Generation einen Vorsprung hat: dem digitalen.

Mit einer Handvoll junger UN-Engagierter kam ich auf die Idee, eine globale Sammelpetition auf dem Petitionsportal Change.org aufzusetzen. Die Ergebnisse wollten wir den Politiker*innen beim UN-Klimagipfel überreichen. Vereint in der Forderung nach Klimaschutzmaßnahmen, die uns unter 1,5 Grad Erderwärmung halten sollten, setzten junge Menschen in etlichen beteiligten Ländern Petitionen auf. Es entstand ein Movement mit national spezifischen Forderungen. Innerhalb weniger Monate bestand unser Team aus 100 freiwilligen jungen Klimaaktivist*innen aus fünf Kontinenten. Unsere Kampagne formierte sich unter AllinforClimateAction-Change.org – der Name „All in for

Climate Action" drückte nicht nur den Wunsch aus, dass die Regierungschefs „all in" fürs Klima gehen, sondern dass auch wir alles fürs Klima geben. Zusammen starteten wir 90 Petitionen, die am Ende von mehr als 1,5 Millionen Menschen unterschrieben wurden.

Wir kommunizierten über Whatsapp-Gruppen, organisierten uns über wöchentliche Videocalls und arbeiteten gemeinsam in Onlinedokumenten. Die geringe Hemmschwelle und der ständige Zugang der besagten Kanäle erleichterten uns die Zusammenarbeit. Ohne uns jemals „in echt" getroffen zu haben, vertrauten und unterstützten wir uns gegenseitig: im Aufsetzen der Petitionen, im Campaigning, im Bespielen sozialer Medien, im Gesprächstraining für Treffen mit Politiker*innen. Egal zu welcher Uhrzeit, ein Teil der Erde war immer wach. Mal war es Youssef aus Marokko, mal Anni aus Thailand, Durlabh aus Pakistan, Nele aus Belgien oder Andres aus Kolumbien, der beziehungsweise die sich den auftretenden Problemen widmete.

Ein Teil unserer Onlinekampagne bestand darin, sichtbar zu machen, wie divers der Klimaprotest neben den Schulstreiks in den beteiligten Ländern aussah: Aufklärungsarbeit in argentinischen Schulen, Social-Media-Kampagnen mit Bollywoodstars, Bäumepflanzen mit Kindern in Kenia. Die Onlinevernetzung ermöglichte uns, unsere vereinte Stimme lauter werden zu lassen und unseren Forderungen mehr Nachdruck vor der internationalen Gemeinschaft zu verleihen. Online- und Offlineprotest ergänzten und verstärkten sich. Offline fand der Klimaprotest an Freitagen oder vor dem UN-Gebäude in New York mit „All in for Climate Action"-Plakaten statt. Das Protestvideo ging über unsere Onlinekanäle viral.

Die Motivation für unsere digitale Arbeit hielt über Monate an. Das Netz bot denjenigen einen Raum, Forderungen und Protest zum Ausdruck zu bringen, denen es in der Offlinewelt nicht möglich war. Anders als auf den Straßen Nairobis musste bei „All in for Climate Action" keine*r um sein Leben fürchten, wenn er oder sie sich für mehr Klimaschutz einsetzte. Neben nationalen und internationalen Medienberichten verhalf uns die Kampagne zu Gesprächen mit Politiker*innen, die sonst kaum denkbar gewesen wären. Zusammen mit anderen Vertreter*innen von Jugendumweltorganisationen und -bewegungen, die ebenfalls die Petition unterstützten, sprach ich beispielsweise mit den Mitgliedern des deutschen Klimakabinetts. Auch in anderen Ländern und während des UN-Klimagipfels in New York trugen wir Minister*innen und Diplomat*innen unsere Forderungen vor. Diese Gespräche waren für uns eine effektive Ergänzung zu der offiziellen Übergabe der 1,5 Millionen Unterschriften an die stellvertretende UN-Generalsekretärin Amina Mohammed.

Trotz dieser Erfolge ist es frustrierend, dass keine klare Wirksamkeit der Kampagne zu sehen ist. Wir können schwer sagen, wie viel sie zu dem Ergebnis des Klimagipfels oder anderen nationalen Beschlüssen beigetragen hat. Aber die Klimakrise ist eine sehr komplexe Krise. Es braucht Protest aus allen Richtungen und von allen Akteur*innen.

Ich sehe die Kampagne „All in for Climate Action" als ein Puzzlestück innerhalb der großen Klimagerechtigkeitsbewegung. Sie hat Menschen eine Plattform für Protest und Forderungen gegeben, die nicht auf die Straße gehen konnten; sie hat zur Vernetzung geführt; sie hat die digitalen Möglichkeiten genutzt. Wir haben die Stimme der internationalen Jugend zum UN-Klimagipfel nach New York getragen.

Die Periode ist kein Luxus

Von Nanna-Josephine Roloff

Eine Gesetzesänderung ist niemals nur eine Kleinigkeit. Gesetze sind die festgeschriebenen Werte unserer Gesellschaft. Sie legen den Rahmen fest, innerhalb dessen wir uns bewegen. Sie geben uns Freiheiten, sie schaffen Grenzen. Sie sorgen für Ordnung und Gerechtigkeit. Doch was ist gerecht, und was ist ungerecht? Wir leben in einer Demokratie, die sich unter anderem dadurch auszeichnet, dass sie sich fortwährend mit dieser Frage beschäftigt. In einer funktionierenden Demokratie ist die Gesellschaft stets auf der Suche nach einer besseren Form, nach gerechteren Regeln und Gesetzen, die ihren Werten entsprechen. Um am Leben zu sein, braucht die Demokratie Menschen, die an dieser Debatte teilhaben, die sich einmischen und für ihre Interessen kämpfen. Leider gilt dabei zu häufig: Wer die größere Lobby hat, gewinnt und bestimmt, was gerecht ist.

Nun kann man sich fragen, ob es sich als Einzelperson überhaupt lohnt, in diesem Spiel mitzuspielen oder ob man das Feld lieber den großen Playern überlässt: denen, die finanziell und personell gut gerüstet auf den Plan treten und professionell den Diskurs bestimmen. Viel besser ist es aber, sich ein Thema, eine Komplizin und eine Plattform zu suchen und sich für seine Interessen starkzumachen. Wenn unsere Kampagne gegen die hohe Besteuerung von Tampons, Binden und Co. eines beweist, dann dies: Unsere Demokratie funktioniert. Es lohnt sich immer, für etwas zu kämpfen, an das man glaubt. Mit einer Petition auf Change.org haben wir es geschafft, dass die Öffentlichkeit über das Tabuthema Menstruation spricht und darüber diskutiert, wie viel Geld der Staat an der weiblichen Periode verdienen darf. Resultiert ist diese Debatte in einer Gesetzesänderung, konkret einer Senkung des Umsatzsteuersatzes auf Menstruationsprodukte von 19 auf 7 %, in Kraft getreten am 1. Januar 2020.

Wir waren nicht die ersten, die sich daran gestört haben, dass auf Tampons bisher eine höhere Steuer fällig wurde als auf Hotelübernachtungen, Lachskaviar oder Schnittblumen. Aber wir waren diejenigen, die sich in dieses Thema verbissen haben. Wir wollten all jenen eine Stimme geben, die aufgrund ihrer Monatsblutung von einer steuerlichen und damit systemischen Diskriminierung betroffen waren. Sicher hätten wir uns auch ein anderes feministisches Projekt suchen können. Doch um unseren Teil zu einer gleichberechtigteren Gesellschaft beizutragen, haben wir uns für die Abschaffung der Tamponsteuer entschieden.

Mit der Entscheidung für eine öffentliche Petition betraten wir ein uns völlig unbekanntes Terrain. Schnell griff die Presse unsere Forderung auf und verbreitete sie im ganzen Land in unterschiedlichen gesellschaftlichen Milieus. Uns erreichten alle Arten von Rückmeldungen – von Liebeserklärungen bis zur Empfehlung einer Hysterektomie. Auf die plötzliche Öffentlichkeit hatten wir uns nicht eingestellt, niemand hatte uns gesagt, dass uns so viel Liebe und so viel Hass gleichzeitig entgegenschlagen würde. Wir lernten aus dieser Diskussion, sammelten alle Gegenargumente und führten jede erdenkliche Debatte. Nicht Widerstand oder Verweigerung waren angesagt, sondern die Fähigkeit des Zuhörens: Was sagen unsere Gegner*innen, und was sagen sie nicht? Wir legten eine enorme Lernkurve hin, nicht nur im Steuerrecht, sondern auch in grundlegenden feministischen Fragen und in der Medienarbeit. In weniger als zwei Jahren gaben wir mehr als 28 Interviews in Zeitung, Fernsehen und Radio. Mehr als 200 Artikel erschienen allein 2019 über unsere Initiative. Von der taz über den Spiegel bis zur Bild-Zeitung berichtete nahezu jedes relevante deutsche Medium über uns zwei Hamburgerinnen, die der Tamponsteuer den Kampf angesagt hatten. Doch dabei blieb es nicht, denn die Medien sind nur eine der Säulen unserer Demokratie. Sie orchestrieren die Debatte, deren Umsetzung passiert aber woanders.

Schon früh suchten wir daher das Gespräch mit der Politik. Zunächst besprachen wir uns mit den uns bekannten sozialdemokratischen Hamburger Bundestagsabgeordneten. Schnell wurde klar, dass wir damit allein nicht weiterkommen würden. Wir erweiterten den Gesprächskreis, indem wir uns nicht nur an unsere eigene Partei, sondern an alle demokratischen Parteien wandten und überall Unterstützer*innen zu gewinnen versuchten. In jedem Gespräch verfolgten wir eine andere Taktik, doch das Ziel blieb immer dasselbe. Wir passten uns denjenigen an, mit denen wir sprachen; wir studierten ihre Stärken und Schwächen. Wir gingen nicht radikal oder provokant vor. Wir trugen Bluse und Ballerinas, und das kam an. Marcus Weinberg, Hamburger Abgeordneter für die CDU im Bundestag, machte sich nach Gesprächen mit uns in seiner Partei für unsere Forderung stark und erreichte, dass die Finanzpolitiker*innen der Unionsfraktion sich im Juni 2019 öffentlich per Pressemitteilung für eine Steuersenkung einsetzten. Der erste große Meilenstein unseres Erfolgs.

Weitere Gespräche mit Mitarbeiter*innen des Bundestags, Unternehmen und Nichtregierungsorganisationen wie dem Menstrual Health Hub folgten. Wir gingen eine Allianz mit unterschiedlichen Akteur*innen des Tamponmarkts ein, die Tampontax Alliance. Sie sollte unserem Anliegen Gewicht verleihen und den Protest bündeln, doch die Zusammenarbeit mit den Mitgliedern wurde durch individuelle Interessen Einzelner erschwert. Zudem sorgte das Verhältnis zwischen unserem ehrenamtlichen politischen Engagement und den wirtschaftlichen Interessen innerhalb der Partnerschaft für Spannungen. Wie die gesamte Kampagne war auch dieses Projekt unbekanntes Terrain, aus dem wir für zukünftige Kampagnen gelernt haben.

Was wir am Weltfrauentag 2018 gestartet hatten, fand im Oktober 2019 mit einer langersehnten Einladung ins Bundesfinanzministerium den finalen Höhepunkt. Der amtierende Finanzminister Olaf Scholz und seine Staatssekretärin Bettina Hagedorn empfingen uns zum Vier-Augen-Gespräch und sprachen ihre Anerkennung aus. Unsere Kampagne habe es überhaupt erst möglich gemacht, über eine Gesetzesänderung nachzudenken. Am 7. November 2019 entschied der Bundestag über die Gesetzesänderung, am 29. November 2019 stimmte auch der Bundesrat dem Gesetz zu. Dass es überhaupt so weit gekommen ist, haben wir den fast 200.000 Menschen zu verdanken, die unsere Forderung über Change.org mitgetragen haben, den Journalist*innen, die über uns berichtet haben, und den Politiker*innen, die verstanden haben, dass es um mehr ging als zwölf Steuerprozentpunkte.

Eine Gesetzesänderung ist niemals nur eine Kleinigkeit. Sie bedeutet eine Änderung des Wertegerüsts einer Gesellschaft. Bei der Tamponsteuer ging es um die Beseitigung einer fiskalischen Diskriminierung von Menschen mit Uterus. Die Betonung liegt dabei auf „einer". Denn der Protest für eine gleichberechtigte, sozial gerechte und nachhaltig wirtschaftende Demokratie geht weiter.

BENNO HAFENEGER

7. Bildung, Identität, Kultur – Protestieren will gelernt sein?

Abstract:
Blickt man weit zurück in die Sozialgeschichte der Jugend und das Verhältnis der jeweiligen jungen Generation zur (Erwachsenen-)Gesellschaft, dann ist ein Merkmal, dass es in den gesellschaftlichen Beziehungsdynamiken zeitbezogen schon immer (wieder) Protest gab. Die Dimension „Protest" durchzieht die Zumutungen und Prozesse des Erwachsenwerdens, konfrontiert die Gesellschaft mit sich selbst und gehört geradezu signifikant zur Jugendphase beziehungsweise zu adoleszenten Dynamiken. Ein weiteres Merkmal war und ist, ob und wie sich die Jugendpolitik und schulischen und außerschulischen jugendpädagogischen Einrichtungen zu der jeweiligen Protestkultur verhalten haben; das gilt dann auch für das Feld der politischen Bildung mit ihren Trägern, Angeboten und Formaten. Beiden Merkmalen geht der Autor dieses Beitrags nach.

Jugendphase

Protest und adoleszente Dynamiken entwickeln sich mit der historischen Herausbildung der Jugendphase als eigenständiger und signifikanter Lebensphase, als umrissener Statuspassage im Lebenslauf und in der generationellen Ordnung. Dabei wird die Jugendphase zunächst als „Moratorium" mit ihren zentralen Merkmalen „Lebensalter" und „Entwicklungsaufgaben" beim Übergang ins Erwachsenenalter verstanden, und wir blicken in der Moderne und Spätmoderne nunmehr auf über 200 Jahre Jugendgeschichte und immer auch auf konflikthafte Generationenverhältnisse und -beziehungen (u. a. Mitterauer 1986; Zinnecker 2003; Hurrelmann/Quenzel 2013; King 2013).

Mit der entwickelten Moderne wird jugendtheoretisch eine zunehmende Ausdifferenzierung und Entgrenzung, Entstandardisierung und Entstrukturierung sowie Heterogenität der langen und sensiblen, mit vielen Übergängen verbundenen Jugendphase (bis weit in die höheren Altersstufen) über lange und unterschiedliche epochengeschichtliche Zeiträume konstatiert und empirisch belegt. Diese Prozesse halten bis heute als ambivalente Dynamiken einer zugleich verdichteten und beschleunigten „spätmodernen Jugend" (Ecarius 2020) in Zeiten der digitalen Transformation an; und sie haben sich historisch in vielfältige und unterschiedliche Jugenden – unter anderem Milieus, Protestkulturen beziehungsweise jugendkulturelle Ausdrucksformen, Lebensentwürfe, -weisen und -stile – differenziert (vgl. Ferchhoff/Dewe 2016; Heinen u.a. 2020).

Diese Entwicklungen sind eingebettet in die jeweils zeitbezogenen Ambivalenzen und Erfahrungswelten. Einerseits sind es die jeweiligen gesellschaftlichen Verhältnisse und Zumutungen (Restriktionen und Herrschaftsbeziehungen) einer sich ausdifferenzierenden Moderne, andererseits die Prozesse der Identitätsarbeit in Eigenwelten, Praxen der Weltaneignung und Autonomiebestrebungen sowie die Entwicklung von Handlungsoptionen und Zukunftsentwürfen für das eigene Leben („Doing Youth"). Eine so verstandene Beziehungspraxis ist mit einem Jugendverständnis verbunden, „Generationenabfolgen und -verhältnisse zu regulieren und dabei Individuation, Weitergabe oder Neues zu ermöglichen" (King 2020, 48), oder anders formuliert, „das Experimentieren mit Möglichkeiten der Selbst- und Weltgestaltung Jugendlicher nicht als Problemlage, sondern als eine kokonstruktive Mitgestaltung gesellschaftlicher Wirklichkeit versteht" (Grundmann 2020, 25).

Historischer Blick

Die bundesdeutschen sozialen Bewegungen wie auch die Protestgeschichte und -kultur sind von unterschiedlichen Phänomenen gekennzeichnet, die mit einigen Merkmalen so typisiert werden können:
- verbunden mit großen sozialen Gruppen und Kämpfen sowie emanzipatorischen Interessen und generationsübergreifend (Arbeiterbewegung, Frauenbewegung),
- als politischer und themenzentrierter Protest (Friedensbewegung, Ökologiebewegung, Pulse of Europe).
- Mit Blick auf die junge Generation war es historisch die Studentenbewegung, dann vielfältige jugendzentrierte Phänomene, die als Jugendbewegung und Jugendkulturen (früher Subkulturen) mit Protestcharakter eingeordnet werden. Sie reichen vom Wandervogel Anfang des 20. Jahrhunderts über die Arbeiterjugendbewegung, dann die Halbstarken und die Jugendzentrumsbewegung bis zu Fridays for Future hinein in das zweite und dritte Jahrzehnt des 21. Jahrhunderts.
- Alle sozialen Bewegungen und Protestkulturen deuten seismografisch gesellschaftliche Entwicklungen und Konfliktlagen an, und sie sind eine Reaktion auf als kritisch wahrgenommene gesellschaftliche Zustände, auf Pro-

zesse und Folgen des gesellschaftlichen und sozialen, ökologischen und kulturellen Wandels. Sie zeigen diese mit ihrer Öffentlichkeit und ihrem Widerstand aktiv an und sind Katalysatoren gesellschaftlicher Problemlagen.

Alle Protestkulturen waren und sind mit ihren Entwicklungsfragen konfrontiert: Sind sie ein passageres (vorübergehendes, jugendtypisches, mit partikularen Zugehörigkeiten verbundenes) oder ein längerfristiges (dann auch generationsübergreifendes) Phänomen? Welche Phasen durchlaufen sie, und bleiben sie Bewegung oder institutionalisieren (formalisieren) sie sich? Wie erreichen sie weitere Akzeptanz in der Gesellschaft und weiteren sozialen Gruppen?

Die komplexe Sozialgeschichte der Jugend kann auch als Protestgeschichte – als ein spezifisches Verhältnis der Generationen zueinander und zur Gesellschaft – rekonstruiert und geschrieben werden. Teile und Gruppen der jeweiligen jungen Generation haben mit ihren Gesellungs- und Protestformen und als Akteur*innen immer wieder mit spezifischen (jugendkulturellen) Lebenswelten, Experimentierräumen und Ausdrucksformen beziehungsweise Protestmerkmalen gegen die und in die Gesellschaft hinein protestiert; sie haben sich von ihr abgegrenzt, sich gegen sie aufgelehnt, sie mit ihren Forderungen konfrontiert und sie zum Dialog gezwungen. Generell gilt, dass Protest- und Jugendkulturen einmal ein (prägender) Sozialisationsraum für die Akteure sind, und dass sie dann auch Gesellschaften beeinflussen und modernisieren, Einfluss auf die politischen Diskurse und die Kultur sowie politische Entscheidungen hatten und haben.

Mit Beginn des 20. Jahrhunderts entwickelt sich eine lange Geschichte der Jugendbewegungen, des Jugendprotests und jugendkultureller Gesellungsformen, die mit unterschiedlichen Merkmalen – Inszenierung, Sprache, Musik, Outfit, Bewegung, Lebensstil und vielem mehr – verbunden sind. Viele Jugendkulturen sind spezifische Protestkulturen, und bei ihnen ist das – vielfach affektiv-kritische, mit Lebensgefühlen und Stimmungen verbundene – Verhältnis zur Gesellschaft von Distanz, Dissidenz, Rebellion und Protest sowie abweichenden Wertvorstellungen und (auch aggressiven) Verhaltensweisen geprägt. Das zeigen zahlreiche Überblicksdarstellungen und Einzelfallstudien eindrucksvoll (u.a. Baacke 1987; Hafeneger 1994; Simon 1996; Lindner 1996; Ferchhoff 2007). Sie reichen, um nur ein paar wenige Beispiele zu nennen, von dem Wandervogel in der Wilhelminischen Zeit, den Wilden Cliquen in der Weimarer Republik, der Swing-Jugend und den Edelweißpiraten in der NS-Zeit, dann den Halbstarken der 1950er-Jahre, den Gammlern und Hippies Ende der 1960er- und Anfang der 1970-Jahre, dann ab den 1970er-Jahren bis hin zu einer bunten Vielfalt von

Musik- und Bewegungskulturen (Beat, Techno, Heavy Metal, Hip-Hop, Breakdance) wie auch der Gothic-Szene, den Punks und Skinheads.

In den vergangenen Jahrzehnten hat sich – verbunden mit dem gesellschaftlichen Wandel – eine weitere Pluralisierung von jugendkulturellen und vor allem markt- und medienvermittelten Angeboten entwickelt. So gibt es große Fanszenen (zum Beispiel im Fußball) und die digitalen und medienindizierten Jugendwelten (Gamer-, Warez-, Demo-, LAN-Gaming-, Cosplay-Szene) (Hartung u. a. 2013; Berg 2019); dann sind es sportliche, modische, ästhetisierte und konsumorientierte jugendkulturelle Phänomene. Schließlich ist in der neueren Zeit und in regionaler und globaler Perspektive auf Protestbewegungen wie den Arabischen Frühling und die Occupy-Wall-Street-Bewegung vor einem Jahrzehnt sowie aktuell auf Fridays for Future mit ihrem Klimastreik hinzuweisen.

Gleichzeitig haben sich immer auch – weil Protest nicht nur progressiv und emanzipatorisch ist – antidemokratische und antisoziale Jugendkulturen herausgebildet; das gilt für Teile der Fußballfanszene (Hooligans), religiöse Bewegungen (Neosalafisten) und eine „rechte jugendkulturelle Erlebniswelt" (Glaser/ Pfeiffer 2017).

Mit Blick auf die digitale Welt und beschleunigte Gesellschaft der Spätmoderne – so ein zeitdiagnostisches Angebot – sind Protestkulturen heute sowohl neue Vergemeinschaftungs- und Bewältigungsformen von Jugendlichen in der digitalen Welt als auch bislang nicht gekannte – niedrigschwellige, lebenswelt- und erlebnisorientierte – Potenziale und Möglichkeiten gesellschaftlicher Teilhabe bis hin zur politischen Partizipation. Hier sind Fridays for Future ein gutes Beispiel für die Nutzung der digitalen Welt und die lautstarke Artikulation von Interessen und Bedürfnissen im gesellschaftlichen Diskurs.

Protest und Revolte

Soziale Proteste und Jugendproteste entstehen spontan und situativ, sie brauchen einen Anlass (Skandale, Korruption, staatliche Repression, Ereignisse beziehungsweise Merkmale des Klimawandels) und resultieren aus langen Vorlaufphasen, die auf gesellschaftliche Produktionsbedingungen des Protests, auf politische Strukturen und Zustände sozialer Spaltung sowie Krisenentwicklungen hinweisen, die dann „das Fass zum Überlaufen bringen".

Das vergangene Jahrzehnt kann weltweit als „Jahrzehnt der Revolte" charakterisiert werden. Die Anlässe und Auslöser für die Protestbewegungen waren – ausgedrückt als Druck der Straße – in den Ländern unterschiedlich und hatten zugleich die vier Zentren:

- Folgen des neoliberalen Kapitalismus, soziale Ungerechtigkeit, Korruption und Armut in einem arroganten politischen System mit globalisierten Eliten;
- die von einem undemokratischen, autokratischen Regime ausgehende Repression und Gewalt;
- Forderungen nach Demokratie (Verfassungsänderungen), Neuwahlen und Reformen, einem auskömmlichen Leben in Würde;
- den Klimawandel beziehungsweise die Klimakatastrophe, in der es um die „Rettung des Planeten" geht.

Es sind Länder wie Chile, Bolivien, Brasilien, Libanon, Algerien, Tunesien, Iran und Irak, dann Hongkong und viele europäische Länder wie Spanien, Frankreich, Italien und Deutschland, in denen Protest und Revolten „von unten" sich nicht vereinnahmen ließen und in denen vor allem junge Leute ihre Kritik, ihre Wut und ihren Zorn, ihren Protest und ihre Forderungen zum Ausdruck bringen. So war es zum Beispiel in Italien die Sardinen-Bewegung gegen Nationalismus und Rassismus, in Chile ging es um die „soziale Spaltung", das Bildungssystem und eine neue Verfassung, in Iran gegen das Mullah-Regime.

Fridays for Future

Die vor allem von jungen Leuten initiierte und getragene, selbst organisierte, kreative und mit Nachdruck verbundene weltweite Bewegung Fridays für Future thematisiert(e) in den vergangenen Jahren mit Dringlichkeit den Klimawandel beziehungsweise die Klimakatastrophe mit all ihren ökologischen, sozialen und wirtschaftlichen Folgen, und sie hat damit auf eine Überlebensfrage des Planeten aufmerksam gemacht. Das Besondere dieser Protestbewegung ist, dass sie einen überraschend neuen und breiten Diskurs über Klima – Probleme, die seit dem Bericht des Club of Rome 1972 thematisiert werden – in Gang gebracht hat und dass sie an die Wissenschaft (Scientists for Future, Bericht des Weltklimarats) angebunden ist. Quelle und Motiv der Bewegung ist der unmittelbare Bezug auf Überlebensfragen der Menschheit (die Stabilität der Ökosysteme und existenzielle Bedrohungen) und damit die Zukunft (ein lebenswertes Leben) der jungen Generation und aller folgenden Generationen. Es geht nicht um eine Um-Welt da draußen, etwas Externes, das weit weg ist, sondern um uns selbst. Das verleiht der Bewegung eine besondere Wucht und bringt Politik und Gesellschaft in Legitimationsprobleme und Handlungszwänge, konfrontiert sie mit ihren eigenen Beschlüssen und Zielen.

Politische Bildung – formal, non-formal und informell

Strukturell, institutionell und kontextuell wird – verbunden mit zahlreichen Merkmalen – zwischen den drei Bildungswelten unterschieden: Die Teilnahme an der *formalen* Bildung ist verpflichtend, bei der *non-formalen* Bildung ist die Teilnahme freiwillig, und die *informelle* Bildung ist selbst organisiert und wirkt en passant. Es sind getrennte Bildungs- und Lernwelten, die zugleich – als demokratisch ausgerichtete politische Bildung(swelten) – Gemeinsamkeiten und ein kooperatives Verhältnis beziehungsweise Formen der Zusammenarbeit entwickelt haben.

1.

Politische Bildungs- und Lernprozesse, die in selbst organisierten Zusammenhängen stattfinden (Protestkulturen, Bürgerinitiativen, Jugendkulturen, Jugendarbeit, NGOs), sind ohne direkten Bezug zum Bildungssystem und mit Merkmalen informeller Selbstbildung (Selbstorganisation, Praxis, Aktion, Diskurs) verbunden. Protest- und Jugendkulturen sind mit ihren Anlässen und Dynamiken immer auch selbst organisierte politische Lerngelegenheiten und -räume. Sie sind diskursive Lebenszusammenhänge, organisieren sich, so ein zentrales Merkmal, außerhalb von Institutionen und Strukturen der Gesellschaft und Politik. Diese werden mit neuen – friedlichen, kreativen, provokativen, situativen und organisierten— Formen der Teilhabe und der Einmischung von Bürger*innen konfrontiert. Zugleich sind sie Teil der Gesellschaft und mit dieser verwoben, machen Erfahrungen, ein Thema beziehungsweise eine Krisenentwicklung öffentlich, mobilisieren Anhänger*innen, nehmen kritisch öffentlich Stellung und wollen Gesellschaft und Politik beeinflussen und zum Handeln „zwingen".

2.

Die schulische und die außerschulische politische Bildung sind mit ihren Absichten, Angeboten und Formaten unterschiedlich institutionalisierte und organisierte Lern- und Bildungsfelder. Einmal ist da die Schule mit ihrer Fachdidaktik, dem Fachunterricht und dem curricular-formalen Kanon, dann gibt es die Pluralität der Angebote von anerkannten und geförderten Trägern und Einrichtungen der Jugend- und Erwachsenenbildung (Jugendverbände, kommunale Träger, die Bundeszentrale und Landeszentralen für politische Bildung, Bildungsstätten, die Kirchen, Akademien, Gewerkschaften, Bildungswerke, Stiftungen, Volkshochschulen, NGOs und andere; vgl. Lange 2010) mit ihren non-formalen Angeboten. Die schulische politische Bildung rekurriert als „Schule als

Polis" und als Fach vor allem auf „Basis-/Grundwissen", die Vermittlung von Kompetenzen des Verstehens des Politischen und der Demokratie im Reflexionshorizont des Beutelsbacher Konsenses und in einem schulisch-kreativen Möglichkeitsraum sowie einer Pädagogik der Teilhabe (vgl. Widmaier/Zorn 2016; Lange/Reinhardt 2017).

3.
Es gehört zum Verständnis der außerschulischen non-formalen politischen Jugendbildung (und auch der Erwachsenenbildung), dass sie – bei allen Differenzierungen und Akzentuierungen – einem emanzipatorischen Verständnis verpflichtet ist. Aufklärung und Mündigkeit, Vernunft und Rationalität, Kritik und Reflexion, Erfahrungen, Interessen und Lebenswelt, Partizipation und Engagement (man könnte auch sagen, politisches „Wissen und Können") sind politisch-pädagogische Prinzipien, Orientierungen und Leitmotive, die die Förderpolitik, das plurale Feld von Trägern und die Professionalität leiten (vgl. u.a. Sander 2014; Besand/Gessner 2018; Hafeneger 2020).

Die Angebote des non-formalen Bildungsfelds sind mit einer Vielfalt von Themen, Settings und Formaten, Arrangements und Methoden verknüpft. Ihr Zentrum sind der Bezug auf aktuelle Fragen und die jeweils zeitbezogenen Themen und Herausforderungen, gesellschaftlich-politischen Phänomene und Zeitdiagnosen, die in einer demokratischen Streitkultur und in einem offenen Diskursmilieu – dialogisch und kontrovers – aufgenommen werden. Als kritische politische Bildung (Widmaier/Overwien 2013) sind sie ein demokratisches Lernfeld in der Auseinandersetzung mit der Welt und leisten einen bedeutsamen – reflexiv-kritischen – Beitrag in der Demokratie- und Subjektentwicklung.

Jugendkulturen als Bildungsprozesse

Jugendkulturen ermöglichen als selbst organisierte lokale, nationale und auch internationale Zusammenhänge und Zugehörigkeiten – je nach Ausrichtung und Orientierung – vielfältige Lern- und Bildungsprozesse. Sie sind ein komplexer Bildungsraum, der vor allem selbst organisiertes Lernen und Bildung ermöglicht. Dabei muss – in grober Unterscheidung – differenziert werden: Es gibt *erstens* autoritäre, reaktionäre und im weitesten Sinn rechte Jugendkulturen (Erlebniswelten, vgl. Glaser/Pfeiffer 2017), dann gibt es *zweitens* inhaltlich oder thematisch und in ihren Äußerungsformen eine Vielfalt von spezifischen jugendkulturellen Phänomenen (unter anderem im Kontext von Sport, Bewegung,

Musik, Medien, Fankultur), und schließlich gibt es *drittens* demokratisch, sozial, kulturell offen, politisch-emanzipatorisch ausgerichtete und engagierte Jugendkulturen. Sie alle ermöglichen und stimulieren – spezifisch unterschiedliche – biografische, soziale, kulturelle und politische Lern- und Bildungsprozesse, die auch autoritär, antisozial, inhuman und in den adoleszenten Dynamiken und Prozessen des Erwachsenwerdens entwicklungshemmend sein können.

Vor allem die dem dritten Lager zuzuordnenden Jugendkulturen sind mit ihren unterschiedlichen Lebens- und Ausdrucksformen sowie Themen ein Laboratorium und Erfahrungsraum für Jugendliche und junge Erwachsene, die sie – verbunden mit Dauer und Intensität der Zugehörigkeit – vorübergehend oder dauerhaft prägen können. Hier sind Jugendkulturen immer auch, wenn sie mit Eigensinn, Partizipationserfahrungen und guten Erinnerungen verbunden sind, entwicklungsbedeutsame Engagementkulturen, die dann vielfach auch ins Erwachsenenleben – in zivilgesellschaftliche Organisationen, Kirchen, Gewerkschaften, Parteien, NGOs – übergehen und hier Anknüpfungspunkte für soziales, kulturelles und politisches Engagement finden. Sie können bei tiefen und dauerhaften Einbindungen identitätsbildend sein, dem Leben einen orientierenden Sinn und Deutung geben, das Denken und Handeln prägen, Berufsentscheidungen und Lebensweisen beeinflussen.

Solche Jugendkulturen sind neben biografisch bedeutsamen Entwicklungs- und Bildungsräumen zugleich auch Lern- und Bildungsprozesse (in) einer lebendigen und offenen Demokratie, in die sie in einem komplexen – kulturell-innovativen, auch provozierenden – Prozess hineinwirken, die sie beeinflussen, verändern und zu deren Trägern sie in der Generationenfolge werden.

Protest als Lernerfahrung

Einbindungen in Protestmilieus, die sich als politisch, demokratisch und partizipatorisch verstehen und entsprechend ausgerichtet sind, sind immer mit Lernerfahrungen verbunden, deren Ausgang zunächst offen ist. In einer solchen Kultur gibt es ein Lern- und Bildungspotenzial, das die Jugendlichen und jungen Erwachsenen (und Erwachsenen) an der Erzählung einer besseren Welt und eines gelingenden Lebens teilnehmen lässt. Dabei formuliert Protest solche Themen und Zukunftsfragen, Entwicklungen und Herausforderungen (wie Klimawandel, Zukunft der Arbeitswelt, Globalisierung, Digitalisierung, soziale Ungleichheit, Migration und Flucht), für die sich der eigene Einsatz lohnt.

Die Lernerfahrungen können sehr unterschiedlich und folgenreich sein. Wie sie aussehen, ist von mehreren Faktoren abhängig, etwa von den formulierten Reichweiten und Zielen, den Dynamiken und Phasen innerhalb der Protestbewegung, der Verarbeitung von Wirksamkeitserfahrungen, der Antwort und Resonanz in und mit Gesellschaft und Politik. Erfahrungen aus Protestbewegungen zeigen unter anderen vier Wirkungsdimensionen:

- Die Motive und die Teilnahme an dem Protest sind – aus Gründen des Themas, biografischer Orientierungen und Herausforderungen, adoleszenter Dynamiken – vorübergehend und bleiben eine biografische (durchaus bedeutsame) Episode beziehungsweise episodische Erfahrung.
- Der Protest verstetigt sich, gewinnt Partner*innen und Sympathie in der Gesellschaft und mündet – mit neuen Bindungsangeboten – in neue Formen der Organisationsentwicklung, zum Beispiel als NGO, Verein oder Partei (aus der Arbeiterbewegung wurde unter anderem die SPD; aus der Ökologiebewegung gingen die Grünen hervor).
- Der Protest wirkt mit seinen Themen und Aktivitäten modernisierend in die Gesellschaft hinein und trägt – bei allen Widerständen – wesentlich zu deren Veränderung bei (Ökologie,- Frauen- und Jugendbewegungen, dann auch Gesetzgebung oder Bildungsreformen).
- Der Protest stößt vor dem Hintergrund politischer und gesellschaftlicher Interessen und Machtverhältnisse auf großen Widerstand, wird diffamiert oder auch kriminalisiert. Hier können Protesterfahrungen – bei fehlenden Wirksamkeitserfahrungen – in Frustration und Resignation münden oder auch zu Radikalisierungen führen.

Drei Perspektiven: Dienstleistung, Bildung und Kooperation

Die drei skizzierten formalen, non-formalen und informellen Lern- und Bildungsfelder gehören zu den demokratischen Bildungslandschaften. Sie sind Träger und Akteure des demokratischen Diskurses und der Gestaltung der Demokratie sowie der aufklärerischen Denktradition von Bildung, wie sie von Humboldt, Adorno und Klafki begründet wurde, als Leitidee verpflichtet (Buhl u.a. 2018; Sander 2018).

Protestkulturen und die außerschulische politische Bildung sind zunächst zwei getrennte Welten, sie hatten aber wiederholt Kontakte und Verknüpfungen, haben sich gegenseitig inspiriert und voneinander profitiert. Schon immer gab es Foren, Gelegenheiten und Vereinbarungen, das gilt in der Geschichte der Bundesrepublik insbesondere für die Frauen-, Ökologie- und Friedensbewegung, die Studenten-, Schüler- und Jugendzentrumsbewegung, wie auch für zahlreiche jugendkulturelle Bewegungen bis hin zu Fridays for Future. Der wesentliche Grund war und ist, dass sowohl der politische Protest als auch die politische Bildung Akteure und Lernfelder der Demokratie und Politik sind, die strukturelle und aktuelle gesellschaftliche Krisenentwicklungen und Probleme, Herausforderungen und Themen, aber auch Stimmungen und Gefühlswelten produktiv aufnehmen. Dabei bestehen die Formen der Kooperation und einer produktiven Zusammenarbeit sowie die Potenziale mit Synergieeffekten vor allem auf drei Ebenen:

1. Dienstleistungsperspektive: Die politische Bildung stellt ihre Ressourcen – Finanzierung, Orte, Räume, Profession – zur Verfügung, gibt den Protestkulturen damit Möglichkeiten und bietet Gelegenheiten für Reflexion und Entwicklung. Die politische Bildung wäre dabei mehr eine (organisatorisch-kooperative) Dienstleisterin, die die Interessen von Protestkulturen aufnimmt und ihnen mit ihren Ressourcen – aktiv oder passiv – zur Verfügung steht.
2. Bildungsperspektive: Die politische Bildung macht mit Bezug auf Profil und Know-how des jeweiligen Trägers beziehungsweise der Einrichtung mit unterschiedlichen Formaten (Seminaren, Workshops, Vorträgen …) Bildungsangebote zu den Themen der Protestkulturen, zumal die Themen der Protestbewegung(en) auch ihre Themen sind. Dabei sind drei Aspekte zu unterscheiden:
   - Den Akteuren wird ein gemeinsamer Bildungs- und Reflexionsraum angeboten, in dem sich die politische Bildung mit ihren inhaltlichen, didaktischen und methodischen Kompetenzen in die Organisation von Lernprozessen und Entwicklungsherausforderungen einbringt.
   - Mit offenen Bildungsangeboten können neben den Akteur*innen und Sympathisant*innen aus der Protestkultur auch weitere interessierte Jugendliche und Bürger*innen erreicht beziehungsweise kann der gesellschaftliche Diskurs erweitert werden. Das zielt – vor dem Hintergrund gesellschaftlicher Spannungen und Suchprozesse – auf dialogisch organisierte Generationenverhältnisse, „die Ermöglichung einer bildenden Begegnung, die dazu dient, Kultur und Gesellschaft besser zu verstehen und für deren Weiterentwicklung einen aktiven Part zu übernehmen" (Duncker 2018, 113).
   - Politische Bildung kann zu einem gesellschaftlichen Diskurs- und Reflexionszentrum der Protestthemen werden, der vor allem auch wissenschaftliche und multiperspektivische Kompetenz in seine Angebote und Formate einbezieht, dann auch politische und gesellschaftliche Akteure (Parteien und politisch Verantwortliche, Wirtschaft, Kultur, Medien, Kir-

chen, Gewerkschaften und andere) anspricht. Indem sie unterschiedliche politische und gesellschaftliche Akteure zusammenbringt, kann sie zu einer politischen Begegnungskultur beitragen, die sich sonst nicht hergestellt hätte. Politische Bildung kann hier ein Ort der politischen Kommunikation und eine Schaltstelle für anspruchsvolle Diskurse werden.
3. Kooperative Perspektive: Die politische Bildung macht – situativ und punktuell oder systematisch und kontinuierlich – in (enger) Kooperation mit Akteur*innen der jeweiligen Protestbewegung vereinbarte Bildungsangebote. Beide bringen sich in gemeinsamen Absprachen und Vereinbarungen – Themenaspekte, Ablauf, Referierende und mehr – in ein gemeinsames „Bildungsprojekt" ein. Dabei hat politische Bildung auch eine von beiden Seiten getragene Integrationsfunktion für Entwicklungsimpulse und Diskurse, die zunächst außerhalb von Institutionen stattfinden und sich jetzt in einem Bildungsfeld verknüpfen.

Fazit

Die skizzierten Formate sind nicht konkurrent, sondern eröffnen mit spezifischen Akzentsetzungen einen Mix an Möglichkeiten, in dem die politische Bildung eine aktive Rolle spielt, ihr spezifisches Profil und ihre disziplinäre Kompetenz einbringt und zugleich Teil einer kooperativen Bildungslandschaft und eines lokalen oder regionalen Netzwerks werden kann. Dies steht in der Tradition von politischer Bildung – und davon lebt sie – als inhaltlich und gesellschaftlich offenem, reflexivem und experimentellem Bildungs- und Diskursraum, der Kontroversen und Konflikte nicht scheut und sich immer wieder auf Neues einlässt. Dabei kann politische Bildung etwa im Hinblick auf Schule, Jugendhilfe und Jugendarbeit oder auch Betriebe mit einer Vielfalt konzeptioneller und praktischer Erfahrungen aufwarten.

Literaturverzeichnis

Baacke, Dieter 1987: Jugend und Jugendkulturen. Weinheim.
Berg, Achim 2019: Kinder und Jugendliche in der digitalen Welt. Berlin.
Besand, Anja/Gessner, Susann (Hg.) 2018: Politische Bildung mit klarem Blick. Frankfurt am Main.
Buhl, Monika u. a. (Hg.) 2018: Demokratische Bildungslandschaften. Jahrbuch Demokratiepädagogik 2018/19. Frankfurt am Main.
Duncker, Ludwig 2018: Politische Bildung aus schultheoretischer Sicht. In: Besand, Anja/Gessner, Susann (Hg.): Politische Bildung mit klarem Blick. Frankfurt am Main. 105–121.

Ecarius, Jutta 2020: Spätmoderne Jugend. Optimierung und situatives Selbst. In: Heinen, Andreas u.a. (Hg.): Entgrenzung der Jugend und Verjugendlichung der Gesellschaft. Zur Notwendigkeit einer „Neuvermessung" jugendtheoretischer Positionen. Weinheim. 86–101.

Ferchhoff, Wilfried 2007: Jugend und Jugendkulturen im 21. Jahrhundert. Lebensformen und Lebensstile. Wiesbaden.

Ferchhoff, Wilfried/Dewe, Bernd 2016: Entstrukturierung und Entgrenzung der Jugendphase. In: Becker, Uwe u.a. (Hg.): Ent-Grenztes Heranwachsen. Wiesbaden. 31–50.

Glaser, Stefan/Pfeiffer, Thomas (Hg.) 2017: Erlebniswelt Rechtsextremismus. Schwalbach/Ts.

Grundmann, Matthias 2020: Doing Youth. Eine Bestimmung von Jugend als sozialisatorische Praxis. In: Heinen, Andreas u.a. (Hg.): Entgrenzung der Jugend und Verjugendlichung der Gesellschaft. Zur Notwendigkeit einer „Neuvermessung" jugendtheoretischer Positionen. Weinheim. 14–27.

Hafeneger, Benno 1994: Jugend-Gewalt. Zwischen Erziehung, Kontrolle und Repression. Ein historischer Abriß. Opladen.

Hafeneger, Benno 2018: Politische Bildung aus bildungspolitischer Sicht. In: Besand, Anja/Gessner, Susann (Hg.): Politische Bildung mit klarem Blick. Frankfurt/M.

Hafeneger, Benno 2020: Politische Jugendbildung. In: Bollweg, Petra u.a. (Hg.): Handbuch Ganztagsbildung. Wiesbaden. 667–679.

Hartung, Anja u.a. (Hg.) 2013: Das handelnde Subjekt und die Medienpädagogik. München.

Heinen, Andreas u.a. (Hg.) 2020: Entgrenzung der Jugend und Verjugendlichung der Gesellschaft. Zur Notwendigkeit einer „Neuvermessung" jugendtheoretischer Positionen. Weinheim.

Helsper, Werner (Hg.) 1991: Jugend zwischen Moderne und Postmoderne. Opladen.

Hurrelmann, Klaus/Quenzel, Gudrun 2013: Lebensphase Jugend. Weinheim.

King, Vera 2013: Die Entstehung des Neuen in der Adoleszenz. Individuation, Generativität und Geschlecht in modernisierten Gesellschaften. Wiesbaden.

King, Vera 2020: Zur Theorie der Jugend. Problemstellungen – Konstitutionslogik – Perspektiven. In: Heinen, Andreas u.a. (Hg.): Entgrenzung der Jugend und Verjugendlichung der Gesellschaft. Zur Notwendigkeit einer „Neuvermessung" jugendtheoretischer Positionen. Weinheim. 39–51.

Lange Dirk 2010: Monitor politische Bildung. Bonn.

Lange, Dirk/Reinhardt, Volker (Hg.) 2017: Basiswissen politische Bildung. Baltmannsweiler.

Lindner, Werner 1996: Jugendprotest seit den Fünfziger Jahren. Opladen.

Mitterauer, Michael 1986: Sozialgeschichte der Jugend. Frankfurt/M.

Sander, Wolfgang (Hg.) 2014: Handbuch Politische Bildung. Schwalbach/Ts.

Sander, Wolfgang 2018: Bildung. Ein kulturelles Erbe für die Weltgesellschaft. Frankfurt/M.

Simon, Titus 1996: Raufhändel und Randale. Sozialgeschichte aggressiver Jugendkulturen und pädagogische Bemühungen vom 19. Jahrhundert bis zur Gegenwart. Weinheim.

Widmaier, Benedikt/Overwien, Bernd (Hg.) 2013: Was heißt heute Kritische politische Bildung? Schwalbach/Ts.

Widmaier, Benedikt/Zorn, Peter (Hg.) 2016: Brauchen wir den Beutelsbacher Konsens? Eine Debatte der politischen Bildung. Bonn.

Zinnecker, Jürgen 2003: Jugend als Moratorium. Essay zur Geschichte und Bedeutung eines Forschungskomplexes In: Reinders, Heinz/Wild, Elke (Hg.): Jugendzeit – Time Out? Zur Ausgestaltung des Jugendalters als Moratorium. Opladen.

CHRISTA KALETSCH, HELMOLT RADEMACHER

7.1 Politische Bildung und Protestkultur in Schule

Abstract:
In Schulen sollen und können die Grundlagen dafür gelegt werden, junge Menschen zu Protest zu befähigen – indem sie lernen, wie die Gesellschaft funktioniert und welche Rolle sie darin haben. Der politischen Bildung in der Schule sind jedoch viele Hemmnisse immanent, teils strukturell, teils aufgrund von Unsicherheiten derjenigen, die politische Bildung unterrichten. Welche Rolle spielen dabei Kinderrechte und Regeln der politischen Bildung?

„Wann sind wir eigentlich eingeschlafen?", fragt eine Schulsozialarbeiterin in einer Dialogrunde zum Thema Demokratie lernen in der Schule, an der sich etwa dreißig Pädagog*innen aus schulischer und außerschulischer Bildung beteiligen. Sie kommentiert damit einen fast zweistündigen Austausch, in dem die Zunahme eines diskriminierenden, die Würde anderer Menschen verletzenden Sprechens und Handelns in Klassen-, aber auch Lehrerzimmern beklagt und Handlungsräume zur kritischen Auseinandersetzung mit gesellschaftspolitisch relevanten Fragestellungen vermisst wurden. Die wachrüttelnde Wirkung des selbstkritischen Einwurfs ist in einem anschließenden Workshop, der sich der Relevanz der Kinderrechte im (Schul-)Alltag widmet, zu spüren. Die hier Beteiligten – alle als engagierte Multiplikator*innen mit Kindern und Jugendlichen in Schule tätig – (er-)spüren die Kraft, die von einer konsequenten Orientierung an Kinder- und Menschenrechten ausgeht. Sie werden sich gleichermaßen der Gefahr ihrer vielfältigen Verletzung bewusst und entdecken die entlastende Kraft, die ein klarer Bezug darauf entfalten kann: Aus ihm erwächst zugleich Mandat und Aufforderung zum demokratischen Handeln.

Kinder- und Menschenrechte sind die Folie, auf der sich einzelne kritische Situationen in Lerngruppen, Konferenzen und Elternabenden analysieren und Handlungsoptionen entwickeln lassen, die der Würde aller Beteiligten gerecht werden. Sie helfen ferner Diskurse einzuordnen, Strukturen zu überdenken und Wege zu entwickeln, in denen die Prinzipien der Kinderrechtskonvention – Gleichheit, Schutz, Partizipation und Förderung – stilbildend für Alltagshandeln werden und zur Entwicklung einer Institutionenkultur (Salzborn 2016, 13) beitragen können. Dadurch können Kinder und Jugendliche als selbstbewusste und die gegenwärtigen Zustände kritisch befragende, mündige Weltbürger*innen adressiert werden.

An der Entwicklung einer jugendlichen Protestkultur sowie ihrer Formen und Ausrichtung sind erwachsene Schlüsselakteur*innen wesentlich beteiligt. In der Schule ergeben sich vielfältige Gelegenheiten, die gesellschaftspolitischen Aneignungsprozesse von Kindern und Jugendlichen konstruktiv zu begleiten und sie dabei zu unterstützen, die sich ihnen anbietenden Erklärungsmuster und Weltdeutungen kritisch zu reflektieren.

Von globalen Problemen zum Individuum

Dies zu tun empfiehlt sich sehr, denn gerade viele junge Menschen sind von aktuellen Entwicklungen verunsichert, besonders von Problemen der sozialen Gerechtigkeit und den zunehmend spürbaren Folgen des Klimawandels. Die beiden Themen sind unmittelbar miteinander verschränkt. Die in den Ländern des globalen Nordens frappierende Schädigung von Natur, Umwelt und Klimabedingungen zerstört die Lebensgrundlagen von Menschen – vor allem in Ländern des globalen Südens – und ist damit ein zentraler Auslöser von Flucht und Migration. Derzeit sind etwa 68,5 Millionen Menschen weltweit auf der Flucht, Tendenz steigend: Die Internationale Organisation für Migration schätzt, dass allein die Zahl der Umweltflüchtlinge bis 2050 auf etwa 200 Millionen anwachsen könnte.

Bei der Untersuchung globaler Wechselwirkungen und Verflechtungen ist zu berücksichtigen, dass die Gegensatzlinien nicht nur zwischen dem globalen Norden und dem globalen Süden verlaufen, sondern dass die Frage der sozialen Gerechtigkeit und die konkrete Betroffenheit von Krisenerscheinungen in den Ländern des globalen Nordens für einen Teil der Bevölkerung von großer Relevanz ist. Die beschreibbaren Gegensatzlinien verlaufen global in Kategorien von Klassenzugehörigkeit und Einkommen, das heißt Armut und Reichtum. Je nach ihrem Lebensumfeld spüren die Menschen die vielerorts virulente Zurücknahme struktureller (Sicherheits-)Garantien unterschiedlich stark.

Insbesondere junge Menschen können durch die beschriebenen Verunsicherungen dazu gebracht werden, ihr Sein und ihre Zukunft infrage zu stellen, die beide eigentlich selbstverständlich sein sollten. Den rassistischen Krisendeutungen und antisemitischen Verschwörungsmythen, die vielfach im Umlauf sind, sowie sonstigen Ideologien, die die Gleichheit aller Menschen negieren und oft religiös begründet sind, können und sollten schulische und außerschulische

Lernorte demokratische Alternativen entgegensetzen, die die Universalität der Menschenrechte unterstreichen. Es geht dabei auch darum, die Attraktivität jugendkultureller Protestangebote von beispielsweise rechtsextremen, rechtspopulistischen und islamistischen Bewegungen wahrzunehmen, ihre Deutungsmuster nachzuvollziehen und Wege zu finden, sie gemeinsam mit Kindern und Jugendlichen zu analysieren und zu dekonstruieren. „Der Schrecken aller linken Spießer und Pauker", so lautete bereits 2005 der Titel der im Bundestagswahlkampf eingesetzten Schulhof-CD der NPD, deren Protagonist*innen sich als systemkritisch gerierten und zum Widerstand aufriefen (vgl. Raabe 2008, 89). Die 2016 von der Identitären Bewegung Deutschlands online gestellte „Kriegserklärung" ruft in einem Video dazu auf, sich einem von den – mittlerweile auch vom Verfassungsschutz als rechtsextrem eingestuften – Akteur*innen konstruierten „Untergangsszenarium Europas" entgegenzustellen und die Chance zu ergreifen, „das Ruder noch einmal herum(zu)reißen" (Book 2018, 93). Und auch Islamist*innen appellieren an das Gerechtigkeitsempfinden vieler Jugendlicher. Sie verstehen es, Ohnmachtsempfinden und Zorn in antisemitische Verschwörungsszenarien, Vernichtungsfantasien gegenüber gleichgeschlechtlich Liebenden und – in einer fundamentalen Absage an ein demokratisches Verständnis vom Zusammenleben in einer pluralen Gesellschaft – einen Kampf gegen Emanzipation und Gleichberechtigung umzulenken (vgl. Biene u. a. 2016).

Wenn hier formuliert wird, dass eine Auseinandersetzung mit Protestkultur(en) auch solche Ausdrucksformen und Deutungsangebote von Akteur*innen in den Blick nehmen sollte, die die Demokratie und die Menschenrechte infrage stellen, dann ist damit keineswegs gemeint, dass politische Bildung vor allem eine Auseinandersetzung mit „extremen Kräften" sein sollte. Es ist wichtig, sich den Unterschied zwischen politischer Bildung und Radikalisierungsprävention klarzumachen. „(Politische) Bildung und Prävention sind keine entgegengesetzten Begriffe, aber sie akzentuieren unterschiedliche Aufträge und Sichtweisen von bzw. Zugänge zu Jugendlichen", verdeutlicht Benno Hafeneger (Hafeneger 2019, 23). In der auf Gefahrenabwehr angelegten Extremismusprävention besteht die Gefahr, dass Kinder und Jugendliche schnell unter „Generalverdacht" geraten und nicht als Lernsubjekte in ihren Suchbewegungen und Aneignungsprozessen ernst genommen und wertgeschätzt werden können. Thomas Gill und Sabine Achour kommen daher auch zu dem Schluss: „Das sicherheitspolitische Konzept der Extremismusprävention (…) ist für die politische Bildung ungeeignet, um auf essentialisierende, autoritäre, fundamentalistische, identitäre Politikverständnisse zu reagieren. Es ist den Individuen gegenüber nicht offen und dynamisch-subjektorientiert, sondern kategorisiert nach fragwürdigen Zuschreibungen und wirkt statisch systemzentriert." (Gill/Achour 2019, 35)

Um die den Protest von Kindern und Jugendlichen immer begleitende positive Energie wahrnehmen und entsprechend konstruktiv aufnehmen zu können, bedarf es bewertungsfreier Lernräume, in denen Menschen nicht auf Aussagen und Haltungen reduziert werden und in denen es möglich wird, zwischen dem ernst zu nehmenden Krisenempfinden und den zu problematisierenden Lösungsansätzen zu unterscheiden (vgl. Kaletsch 2010, 19).

Politische Bildung und der Beutelsbacher Konsens

Die Pädagog*innen gestalten den Rahmen, in dem Kinder und Jugendliche ihre Lebenswelterfahrungen reflektieren und in ihrer Analyse und Urteilsfähigkeit gestärkt werden können. Dazu müssen Wissensvermittlung und Perspektiverweiterungen ebenso ermöglicht werden wie Handlungskompetenz. Bernd Overwien erkennt darin eines der drei im Beutelsbacher Konsens formulierten Grundprinzipien, die Schülerorientierung: „Der Schüler muss in die Lage versetzt werden, eine politische Situation und seine eigene Interessenlage zu analysieren, sowie nach Mitteln und Wegen zu suchen, die vorgefundene politische Lage im Sinne seiner Interessen zu beeinflussen." (Overwien 2019, 28) Hinzu kommen das „Überwältigungsverbot" und das „Kontroversitätsgebot". In einem Papier, das die drei Aspekte näher erläutert und von Hans-Georg Wehling 1976 in einer Zeit „erheblicher politischer Auseinandersetzung über Ziele und Wege politischer Bildung" im Anschluss an eine Tagung verfasst wurde, bevor es dann rückwirkend zu dem Beutelsbacher Konsens wurde (vgl. Nonnenmacher 2011, 99), erkennt Overwien einen „seitdem (...) nur wenig kritisierte(n) Grundbestand des professionellen Selbstverständnisses der politischen Bildung" (Overwien 2019, 27).

Trotzdem sind damit nicht alle Probleme der politischen Bildung verschwunden. Seit ihrem Bestehen werden an die politische Bildung sehr unterschiedliche Vorstellungen und Erwartungen geknüpft; wie kaum ein anderes Schulfach hat der Politikunterricht zu politischen Auseinandersetzungen geführt (vgl. Sander/Steinbach 2014; Nonnenmacher 2011). Die Frage, wann und in welcher Form Lehrer*innen im Politikunterricht und in anderen Zusammenhängen Position beziehen dürfen – oder vielleicht auch müssen –, hat Politikdidaktiker*innen und Pädagog*innen aus der Praxis immer wieder beschäftigt. Mancherorts wurde das Zurückhaltungsgebot dahingehend missverstanden, dass Lehrer*innen ihre Meinung nicht verdeutlichen dürften und bei Themen, die kontrovers diskutiert werden, niemals eine eigene, eindeutige Position einnehmen sollten. „Um der Gefahr der Manipulation zu entgehen, sollten sich die Politikerlehrerinnen und -lehrer bei der Meinungs- und Urteilsbildung am besten ‚heraushalten', ihre Meinung nicht mitteilen, auch dann nicht, wenn sie explizit danach gefragt werden", beschreibt Nonnenmacher die Problematik und macht deutlich: „Ich halte dieses Rollenvorbild, das von einer solchen Lehrperson gegeben wird, für höchst fatal. Es fördert die Tugend der Meinungslosigkeit, des Sich-Heraushaltens, des Nicht-Flagge-Zeigens." (Nonnenmacher 2011, 91) Besonders gravierend ist die Wirkung, wenn Lehrer*innen und andere den Lernraum gestaltende Pädagog*innen bestimmte Aussagen, die die Würde des Menschen verletzen beziehungsweise rassistisch, antisemitisch oder diskriminierend sind, unkommentiert als Meinungen im Raum stehen lassen und auch diese Zurückhaltung mit einer geforderten „Neutralität" aus dem Beutelsbacher Konsens abzuleiten versuchen. Overwien stellt klar: „Im Sinne demokratischer Werte ist politische Bildung (…) keineswegs neutral, sie kann nur im Kontext ihres demokratischen Fundaments betrachtet werden." (Overwien 2019, 26)

Ein eindeutiger Bezug auf die Universalität der Menschenrechte kann dabei für Klarheit sorgen und handlungsfähig machen (Kaletsch 2010, 19). Explizite Verweise auf Grund-, Bürger- und Menschenrechte waren aber lange Zeit nicht wesentlicher Bestandteil politischer Bildung. „Jahrelang etwas ausgeblendet blieb die Frage, wie es denn um Grenzen der Kontroversität bestellt sei, und lange hat kaum jemand darüber gesprochen, dass ja das Grundgesetz und die Menschenrechte als normativer Hintergrund des Beutelsbacher Konsenses gesehen werden müssen. Möglicherweise galt dies als selbstverständlich." (Overwien 2019, 29) In der Auseinandersetzung mit rechtspopulistischen Akteur*innen und der Zunahme von die Würde verletzenden Positionen in gesellschaftspolitischen Diskursen, die bereits Gewöhnungs- und Normalisierungseffekte zeigen, hat die Debatte über die Positionierung von Lehrkräften im Unterricht noch einmal an Aufmerksamkeit gewonnen. Dies hat wiederum zu einer Schärfung des Rollenverständnisses der den Lernraum gestaltenden Pädagog*innen geführt: „Lehrer*innen sind im menschenrechtlichen Sinne Pflichtenträger*innen, da sie den staatlichen Bildungsauftrag umsetzen. Daher sind sie dazu verpflichtet, Menschenrechte zu verteidigen und zu fördern." (Deutsches Institut für Menschenrechte 2019, 3) Und weiter: „Lehrer*innen sind verpflichtet, Stimmen und Stimmungen im Unterricht nicht unwidersprochen zu lassen, die sich gegen zentrale Grundrechtsartikel (…) richten." (ebd) Dies unterstreicht Overwien, wenn er feststellt, dass bei aller Achtung der Kontroversität „das Menschenrechtsprinzip, wie es im Grundgesetz zum Ausdruck kommt, nicht unhintergehbar ist" (Overwien 2019, 31).

Der Bezug auf die Menschenrechte bietet nicht nur Orientierung im Umgang mit Diskursen, die die Menschenwürde verletzen, er öffnet auch Perspektiven in eine emanzipatorische Richtung, die die bestehenden Verhältnisse hinterfragt. Das Deutsche Institut für Menschenrechte leitet daraus unter anderem ab, dass die Unterrichtsgestaltung und „die Auswahl von didaktischen Methoden und Materialien beziehungsweise die Reflektion stereotyper Darstellungen in Schulbüchern und sonstigen Bildungsmedien" die Teilhabemöglichkeiten aller reflektieren und das Recht auf Nichtdiskriminierung garantieren müssen (Deutsches Institut für Menschenrechte 2019, 5). Damit verknüpft ist ein Demokratieverständnis, das Demokratie nicht auf ein „staatliches Ordnungsprinzip" reduziert, sondern als „Gestaltungsprinzip" begreift (vgl. Nonnenmacher 2011, 88).

Zur Förderung einer konstruktiven Protestkultur erscheint es wesentlich, dass politische Bildung ergebnisoffen gestaltet wird und zu einer kritischen Analyse der bestehenden Verhältnisse einlädt. „Das Ende der politischen Bildung wäre besiegelt, wenn sich die Überzeugung der Alternativlosigkeit der politischen Verhältnisse durchgesetzt hätte." (Messerschmidt 2016, 418) Oder in den Worten von Gertrude Lübbe-Wolff, der ehemaligen Richterin des Bundesverfassungsgerichts: „Die Stärke demokratischer Ordnung liegt gerade in ihrer Fähigkeit zur Selbstkritik und friedlichen Anpassung an veränderte Verhältnisse." (Lübbe-Wolff 2019, 48)

Schule sollte der Ort sein, an dem Kinder und Jugendliche in ihrem Bewusstsein für Demokratie, Kinderrechte und die Universalität der Menschenrechte gestärkt werden. Ihr Interesse an der Gestaltung der Zukunft der Erde sollte gefördert werden. Über politische Bildung, die nicht nur im Politikunterricht stattfinden muss, sollten sie erfahren, dass Menschen Rechte haben. Sie sollten in ihrem Schulalltag erleben, dass sie gemäß den Kinder- und Menschenrechten behandelt werden und Wege kennenlernen, wie man sich für die Rechte anderer einsetzen kann (hier sei beispielhaft die Arbeit des Frankfurter Vereins Makista erwähnt).

Schule kann die Grundlagen schaffen, die Kinder und Jugendlichen helfen, bestehende Verhältnisse und ihre Widersprüche kennenzulernen und sich dazu eine Meinung zu bilden. Das Planen und Durchführen von Protestaktionen findet sicher an außerschulischen Lernorten einen geeigneteren Ort. Schule kann und sollte sich jedoch als ein Gelegenheitsraum begreifen, in dem zivilgesellschaftliches Engagement gewürdigt und nicht zurückgewiesen oder gar kriminalisiert wird.

Zum Verhältnis von Protest und politischer Aktion im Kontext von Schule

An der Bewegung Fridays for Future – die im Wesentlichen von Schüler*innen initiiert wurde – wird aktuell deutlich, dass Protest sehr wohl von Schulen ausgehen kann, ohne dass sie selbst im Rahmen des schulischen Unterrichts entstanden ist. Es handelt sich hierbei um eine Protestbewegung, die sich teilweise außerhalb der Legalität bewegt, wenn Schüler*innen an Freitagen zu bestimmten Zeiten nicht die Schule besuchen und damit ihrer Schulpflicht nicht nachkommen. In Hessen hatte das zur Folge, dass diesen Schüler*innen nach den Sommerferien 2019 seitens des Kultusministers in letzter Konsequenz mit Bußgeldern gedroht wurde. In Traunstein in Bayern wurde im Dezember 2019 zwei Schüler*innen wegen zwei Fehlstunden, die durch die Teilnahme an einer Demonstration von Fridays for Future entstanden waren, die Teilnahme an einer Fahrt der Landeszentrale für politische Bildung nach Berlin verweigert. Es sollten nur diejenigen mitfahren, die sich untadelig verhalten hatten – was angesichts einer Fahrt, bei der es um politische Bildung ging, ironisch wirkten (Werner 2019).

In der Zeit nach 1945 beteiligten sich Schüler*innen zunächst nur vereinzelt an Protesten, etwa ab 1960 an der Ostermarschbewegung für Frieden und Abrüstung. Richtig intensiv wurde dieses Engagement in der 68er-Bewegung, beispielsweise durch die Teilnahme an Demonstrationen gegen den Vietnamkrieg. Der Autor selbst hat Anfang 1970 in einer mittelgroßen Stadt im Schwarzwald (Villingen) eine Demonstration gegen den Numerus clausus mitorganisiert, und das war für diese konservative Stadt schon etwas Besonderes. In den Siebzigerjahren beteiligten sich Schüler*innen auch an Hausbesetzungen und an Demonstrationen gegen Fahrpreiserhöhungen, beispielsweise in Frankfurt am Main. Dieser Protest ging oft direkt von den Schulen aus (Numerus clausus) oder von Studierenden. In der Regel entwickelte sich der Protest damals nicht aus im Unterricht behandelten Themen; er war eher gegen die Politik und herrschende Normen gerichtet. Wenn aber beispielsweise Naturzerstörung im Unterricht behandelt wird und sich daraus Protestaktionen entwickeln, dann haben sie einen anderen Charakter, sind damit aber nicht weniger bedeutsam.

Die Schule kann insofern sowohl originäre Geburtsstätte von politischen Aktionen sein – wie es die Bewegung Fridays for Future zeigt – als auch ein Reflexionsort, an dem im Unterricht politische Aktionen entstehen, wie im Folgenden gezeigt wird.

Politische Aktionen in der Schule

Politische Aktionen haben sich immer wieder auch direkt aus dem Unterricht heraus ergeben. Sei es, dass Lehrkräfte ein Thema wie Friedenspolitik und Kriegsdienstverweigerung behandelten, wozu nicht nur Vertreter*innen der Bundeswehr, sondern auch Mitglieder der Friedensbewegung eingeladen wurden und dies die Schüler*innen dann zu friedenspolitischen Aktionen motivierte, oder dass die Situation der Indigenen in den USA behandelt wurde und plötzlich Protestschreiben hervorrief (vgl. Rademacher 2011, 137). Eine Haltung von Lehrkräften, die Protestaktionen von Schülerinnen und Schülern zuließ bzw. zulässt, war unter Politikdidaktiker*innen nicht unumstritten (siehe die Ausführungen zum Beutelsbacher Konsens). Der Politikdidaktiker Rolf Schmiederer nahm bereits 1971 dazu Stellung: „Versucht man im Unterricht die Diskussion über die Realisierung politischer Ziele zu unterbinden und wird politische Aktivität als etwas abgetan, das ‚nicht hierher gehört', so wird der emanzipatorische Effekt der politischen Bildungsarbeit behindert." (zit. nach Nonnenmacher 2011, 87) Frank Nonnenmacher unterstützt diese Ansicht, nennt aber Bedingungen: „Eine jede über den Klassenraum hinausgehende politische Aktivität darf nur am Ende eines Analyse- und Reflexionsprozesses stehen, wenn die Initiative zur Beschäftigung mit dem Problem oder Konflikt von der Lehrperson ausgeht. (Anders ist es, wenn die Initiative von außen kommt, etwa von der Schülervertretung. Allerdings darf die rationale Analyse der von dort vorgeschlagenen Aktionen und deren Zielbegründungen nicht entfallen.)" (Nonnenmacher 2011, 95)

Projekte im Kontext von Demokratie als Lebens-, Gesellschafts- und Regierungsform

Das von der Bund-Länder-Kommission für Bildungsplanung und Forschungsförderung initiierte Programm „Demokratie lernen und leben" (2002–2007) hatte einen umfassenden Anspruch von demokratischer Bildung und rückte Demokratiepädagogik in den Blick der fachwissenschaftlichen Debatte. Gerhard Himmelmann prägte das Verständnis von Demokratie als Lebens-, Gesellschafts- und Regierungsform (Himmelmann 2007). Politische Aktionen können dieser Betrachtung zufolge auf allen drei Ebenen stattfinden, haben bezogen auf das politische Handeln aber die größte Reichweite bei der Gesellschafts- und Regierungsform.

Bei der Demokratie als Lebensform geht es darum, sie in unterschiedlichen Formen in der Schulklasse und an anderen Orten in der Schule zu erfahren. Dies erfolgt beispielsweise durch einen wöchentlichen Klassenrat, bei dem die Schüler*innen gleichberechtigt mit der Lehrkraft Klassenanliegen klären, zum Beispiel Klassenfahrten oder Gruppenkonflikte. Ferner kann die Schüler*innenvertretung zu einem Schüler*innenparlament weiterentwickelt werden, und es können innerschulische Aktionen wie eine Sensibilisierung für Rassismus sowie Maßnahmen dagegen initiiert werden. Demokratische Schulentwicklung kann dabei entlang der Prinzipien der Kinderrechte (das Recht auf Beteiligung) insbesondere im Sinn umfassender Partizipation beispielsweise durch Klassenräte und Schülerparlamente erfolgen. Neben Aktionen in der Schule können auch Themen aus dem Stadtteil oder der Gemeinde aufgegriffen werden.

Die Gesellschaftsform betrifft Aktionen im Nahbereich (beispielsweise Naturschutz, sichere Verkehrswege), aber auch Projekte des Service Learning, bei dem beispielsweise mit Sportvereinen, einem lokalen Radio oder Altenheimen zusammengearbeitet wird. Die Schule kann auch mit Kinder- und Jugendparlamenten kooperieren und die Beteiligten in Plan- und Bauvorhaben einbeziehen. Die weitreichendste Form der Mitbestimmung sieht die baden-württembergische Gemeindeordnung vor, doch auch in Hessen ist seit 1998 verfügt, dass Kinder und Jugendliche zu beteiligen sind (Soll-Bestimmung).

Im Förderprogramm „Demokratisch Handeln" können jährlich Best-Practice-Projekte eingereicht werden. Die Gewinner*innen nehmen an einer drei- bis viertägigen Lernstatt mit anderen Kindern und Jugendlichen teil. 2019 wurden 330 Projekte eingereicht, wovon sich einige deutlich als politische Aktionen kennzeichnen lassen. So gab es Projekte gegen Rassismus und für Vielfalt sowie Sensibilisierung für Zivilcourage, die zum Teil in der Schule stattfanden und zum Teil in den Stadtteil hineinwirkten – beispielsweise eine Demonstration gegen Rassismus und Fremdenhass in Recklinghausen. Oder die Auseinandersetzung von Jugendlichen mit einem Kriegerdenkmal in Hamburg, bei dem auch der grundsätzliche Sinn solcher Denkmäler infrage gestellt wurde. Eine Grundschule in Rüsselsheim beschäftigte sich auf Grundlage der UN-Kinderrechtskonvention mit vermüllten Spielplätzen und dem Mangel an Freizeitmöglichkeiten, was in einem innerstädtischen Aktionstag gipfelte. Die Fridays-for-Future-Demonstrationen waren Anlass in drei verschiedenen Schulen, sich mit Energiesparprogrammen und erneuerbarer Energie zu beschäftigen, einen Schüler*innenvertretungstag zu Nachhaltigkeit und Umwelt durchzuführen und in der Fridays-for-Future-Gruppe in Hamburg einen „Schutzraum" für den Fall von diskriminierenden Grenzüberschreitungen einzurichten.

Projekte und Aktionen, die auf die Demokratie als Regierungsform abzielen, sind relativ selten, bieten allerdings eine große Chance für die politische Bildung. Bei „Demokratisch Handeln" gab es 2019 ein Projekt, das eine Gesetzesänderung bei der EU bezüglich der Einfuhr von Tropenholz zur Herstellung von Grillkohle erreichen wollte. Es zielte darauf ab, nur noch Holz aus legalem Einschlag einzuführen. Schüler*innen aus Berlin-Neukölln setzen sich mit Aktionen zu „100 Jahren Frauenwahlrecht" für eine stärkere Präsenz von Frauen in Parlamenten ein. Dazu führten sie Gespräche mit dem Bezirksbürgermeister und Bezirksabgeordneten. Diese Projekte versuchten auf die gesetzgeberische Ebene einzuwirken, ohne dass es zum jetzigen Zeitpunkt zu einem Erfolg geführt hat.

Erfolgreiche Demokratie-als-Regierungsform-Beispiele hat Wolfram Stein aus Bremen umfangreich dokumentiert (Stein 2016). Themen waren Inklusion („Es ist normal, verschieden zu sein"), Homophobie („Das Recht, anders zu sein"), Lehrstellenmangel, Wahlrecht und Staatsbürgerrecht (doppelte Staatsbürgerschaft). In all diesen Projekten ging es darum, auf Gesetzgebungsverfahren Einfluss zu nehmen, um auf eine Besserstellung der Betroffenen hinzuwirken. Beim Thema Inklusion konnte eine Sensibilisierung für mehr Barrierefreiheit für Rollstuhlfahrer erreicht werden. Das Projekt „Homophobie", das stark öffentlich diskutiert wurde, hatte zur Folge, dass homophobe Äußerungen in der Schule deutlich abnahmen und dass etwa das Bremer Schulgesetz bezüglich der Toleranz von unterschiedlichen sexuellen Orientierungen geändert wurde. Die Aktivitäten zum Thema Wahlrecht führten dazu, dass die Schüler*innen die Entscheidung, das Wahlalter in Bremen auf 16 zu senken, mit beeinflussten.

Ausführlich beschreibt Stein, wie sich Schüler*innen im Projekt „Ibrahim soll bleiben" für einen vor politischer Verfolgung geflohenen Mitschüler aus Togo einsetzten, der abgeschoben werden sollte (Stein 2016, 24 ff.). Die Schüler*innen setzten sich unter Beachtung gesetzlicher Regelungen bei verschiedenen Instanzen – insbesondere beim Bremer Innensenator – ein, um eine Abschiebung zu verhindern. Als dies nicht gelang, appellierten sie an den Innensenator, von seinem Recht auf humanitäre Einzelfallhilfe Gebrauch zu machen. Da die Schüler*innen auch nach der ablehnenden Entscheidung des Innensenators nicht lockerließen, wurde ihnen das als ziviler Ungehorsam ausgelegt. Immerhin erreichten die Schüler*innen durch ihre Proteste, dass Minderjährige nicht abgeschoben werden dürfen. An diesem Beispiel zeigt Stein, dass das ganze Projekt sich im Rahmen des Beutelsbacher Konsenses bewegte und es nicht – wie von einer Politikdidaktikerin kritisiert – zur Politikverdrossenheit geführt hat (Stein 2016, 35–40).

Ausblick

Die Fridays-for-Future-Bewegung, die sich aus Schulen heraus entwickelt hat, hat ganz maßgeblich dazu beigetragen, dass das Klimathema in den Jahren 2018 und 2019 eine hohe Aufmerksamkeit in Politik und Öffentlichkeit erhalten hat, auch wenn im Lichte der Corona-Pandemie noch nicht abzusehen ist, welche realen Folgen das für den Klimaschutz haben wird. Schule ist kein politikfreier Raum. Er bietet einerseits die Chance, dass die junge Generation mit Fantasie und Engagement in die Politik eingreift, und andererseits haben Lehrkräfte selbst die Möglichkeit, über Demokratie nicht nur abstrakt zu sprechen, sondern sie auch auf verschiedenen Ebenen zu leben und auf die Politik einzuwirken. Die Unterstellung, dass Letzteres gegen das Überwältigungsverbot des Beutelsbacher Konsenses verstoße, lässt sich an verschiedenen Beispielen widerlegen (vgl. Stein 2016). Insofern sollte jede und jeder in der Schule ermuntert werden, die Schule als demokratischen Raum im Sinn der Kinderrechte zu gestalten.

Gerade in Zeiten von Corona kommt es darauf an, die demokratischen Rechte von Kindern und Jugendlichen zu stärken, ihnen genügend Gehör zu geben und nicht nur fachlich orientierten Stoff zu vermitteln. Kinder und Jugendliche sind von den Einschränkungen, die im Zuge der Pandemie beschlossen wurden, stark betroffen. Die Kinder- und Jugendrechte gelten aber dennoch vollumfänglich weiter, wie natürlich auch die Grund- und Menschenrechte, und sollten daher handlungsleitend sein. Es ist entscheidend, die Teilhabechancen aller im Blick zu haben. Digitale Lern- und Partizipationsräume bieten hierfür sicher Chancen, allerdings sind bei ungleichen Zugangsvoraussetzungen auch Anstrengungen zu unternehmen, diese auszugleichen. Alle sollten die gleichen Chance haben, sich zu informieren und sich Gehör verschaffen zu können.

Kinder und Jugendliche haben große Fähigkeiten und Ideen, wie auch unter den Bedingungen einer Pandemie Lernen und Aktionen möglich sind. Das Prinzip des Peer-Lernens ist dabei ein wichtiger Ansatz. Die Gefahr besteht, dass Schulen wegen der Abstandsregelungen zu alten Formen des Frontalunterrichts zurückkehren und neuere Technologien, die auch Gruppenarbeit zulassen, nicht nutzen. Ganz entscheidend ist die Haltung der Lehrkräfte, die sich dann positiv zeigt, wenn Schüler*innen aktiv eingebunden und ihre Rechte geachtet werden. Dann können sich aus der Krise heraus große Chancen für neue Formen der Beteiligung ergeben und Themen aufgegriffen werden, die die bestehenden Herausforderungen auch als Gelegenheit begreifen, darüber nachzudenken, wie wir in Zukunft gemeinsam leben und mit den Ressourcen der Erde achtsamer umgehen wollen.

Literaturverzeichnis

Biene, Janusz u.a. 2016: Salafismus und Dschihadismus in Deutschland. Ursachen, Dynamiken, Handlungsempfehlungen. Frankfurt am Main.

Book, Carina 2018: Identitäre „Kriegserklärung" an die plurale Gesellschaft. In: Speit, Andreas (Hg.): Das Netzwerk der Identitären. Ideologie und Aktion der Neuen Rechten. Bonn. 93–106.

Deutsches Institut für Menschenrechte (Hg.) 2019: Schweigen ist nicht neutral. Menschenrechtliche Anforderungen an Neutralität und Kontroversität in Schule. Berlin.

Gill, Thomas/Achour, Sabine 2019: „Liebe Teilnehmende, liebe Gefährderinnen und Gefährder!" Extremismusprävention als politische Bildung. In: Journal für politische Bildung Nr. 2. 32–35.

Hafeneger, Benno 2019: Politische Bildung ist mehr als Prävention. In: Journal für politische Bildung Nr. 2. 22–25.

Himmelmann, Gerhard 2007: Demokratie Lernen als Lebens-, Gesellschafts- und Herrschaftsform. Schwalbach/Ts.

Kaletsch, Christa 2010: Für Demokratie und Menschenrechte. Bausteine zur Auseinandersetzung mit der „Erlebniswelt Rechtsextremismus". In: Pädagogik Nr. 2. 18–21.

Lübbe-Wolff, Gertrude 2019: Verfassung als Integrationsprogramm. In: Aus Politik und Zeitgeschichte Nr. 16–17. 43–48.

Messerschmidt, Astrid 2016: Politische Bildung. In: Paul Mecheril (Hg.): Handbuch Migrationspädagogik. Weinheim. 418–432.

Nonnenmacher, Frank 2011: Handlungsorientierung und politische Aktion in der schulischen politischen Bildung. Ursprünge, Grenzen und Herausforderungen. In: Widmaier, Benedikt/Nonnenmacher, Frank (Hg.): Partizipation als Bildungsziel. Politische Aktion in der politischen Bildung. Schwalbach/Ts. 83–99.

Overwien, Bernd 2019: Politische Bildung ist nicht neutral. In: Demokratie gegen Menschenfeindlichkeit Nr. 1. 26–37. Frankfurt/M.

Raabe, Jan 2008: Was verbirgt sich hinter der „Schulhof-CD"? In: Virchow, Fabian/Dornbusch, Christian (Hg.): 88 Fragen und Antworten zur NPD. Schwalbach/Ts. 88–90.

Rademacher, Helmolt (2011): Demokratiepädagogik – Paradigmenwechsel mit praktischer Perspektive? In: Widmaier, Benedikt/Nonnenmacher, Frank (Hg.): Partizipation als Bildungsziel, Politische Aktion in der politischen Bildung. Schwalbach/Ts. 137–145.

Salzborn, Samuel 2016: Der NSU und die Folgen für die politische Kultur in Deutschland. In: Demokratie gegen Menschenfeindlichkeit Nr. 2. 9–20.

Sander, Wolfgang/Steinbach, Peter (Hg.) 2014: Politische Bildung in Deutschland. Profile, Personen, Institutionen. Bonn.

Stein, Hans-Wolfram 2016: Demokratisch handeln im Politikunterricht. Projekte zur „Demokratie als Herrschaftsform". Schwalbach/Ts.

Werner, Reinhard 2019: Schüler schwänzten Unterricht wegen „Fridays-For-Future"-Demo – Nun wurden sie von Berlinfahrt ausgeschlossen. In: Epoch Times online v. 19.12. https://www.epochtimes.de/politik/deutschland/schueler-schwaenzten-unterricht-wegen-fridays-for-future-demo-nun-wurden-sie-von-berlinfahrt-ausgeschlossen-a3103316.html (Download 10.5.2020).

Wettbewerb Demokratisch Handeln (Hg.) 2020: Ergebnisse der Ausschreibung 2019. Jena.

OLE JANTSCHEK, HANNA LORENZEN

7.2 „Und wir singen im Atomschutzbunker ..." – Protest und politische Bildung an außerschulischen Lernorten

Abstract:
Das Zusammenspiel von Protestbewegungen und politischer Jugendbildung beleuchten die Autor*innen dieses Beitrags. Gerade die außerschulische Bildung schafft Räume, in denen Jugendliche Demokratie erleben und gemeinsam an ihren Vorstellungen und Wünschen für unser Gemeinwesen arbeiten. Politische Bildung sollte dabei eine kritisch-emanzipatorische Haltung gegenüber den gesellschaftlichen Verhältnissen einnehmen, aber auch ideologie- und machtkritisch gegenüber den Protestbewegungen selbst bleiben. Konkret heißt dies, die Anliegen von jungen Menschen ernstzunehmen und ihr Engagement zu unterstützen, aber auch zu einer kritischen Reflexion anzuregen.

Auf Platz drei der Fridays-for-Future-Demoplaylist auf Spotify findet sich die inoffizielle Hymne der deutschen Fridays-for-Future-Bewegung: „Hurra, die Welt geht unter!" der Berliner Hip-Hop-Formation K.I.Z. ft. Henning May. Mit Liedzeilen wie „Unsere Haustüren müssen keine Schlösser mehr haben/ Geld wurde zu Konfetti, und wir haben besser geschlafen" oder „Seit wir Nestlé von den Feldern jagten/Schmecken Äpfel so wie Äpfel und Tomaten nach Tomaten" wird die dystopische Grundstimmung des Songs immer wieder aufgebrochen durch die Utopie einer Welt ohne Kapitalismus, Nationen, Politik, Großkonzerne und Geld. Der Refrain verspricht: „Hurra, diese Welt geht unter/ Auf den Trümmern das Paradies".

Die Infragestellung von Denkgebäuden und Machtverhältnissen, der Traum von einer besseren, gerechteren Gesellschaft, mithin das utopische Potenzial von Protestbewegungen, wie sie in diesem Songtext zum Ausdruck kommen, machen deutlich, warum es spannend für politische Bildung ist, sich für Bewegungen wie Fridays for Future zu interessieren. Denn sie eröffnen – anknüpfend an Oskar Negt – einen Raum dafür, wie gesellschaftliche Verhältnisse gestaltet sein sollten: „Utopien sind entscheidende Kraftquellen jeder Emanzipationsbewegung. Sie entspringen einer massiven Verneinung, meist der Empörung über Zustände, die als unerträglich empfunden werden. Wird die Sphäre individuell erfahrener Verletzungen verlassen, enthüllen Utopien ihren grundlegend sozialen Charakter. Sie öffnen den Horizont für den Blick auf eine vernünftig organisierte Welt und ein gerechtes Gemeinwesen." (Negt 2013, 13)

Protest und soziale Bewegungen sind daher ein produktiver Ansatzpunkt und eröffnen Reflexionsräume in der außerschulischen politischen Bildung. Der Wunsch nach Veränderung als zentrales Motiv für Protest und politische Aktion sind wichtige Ressourcen, um die Frage nach eigenen Handlungsmöglichkeiten und Partizipation in den Blick zu nehmen. Protestbewegungen und politische Bildung sind in ihrem Zusammenhang jedoch auch zwangsläufig mit Ambivalenzen konfrontiert. Gerade außerschulische Lernorte bieten sich an, diese Spannungsfelder aufzunehmen und produktiv für Lernprozesse zu nutzen. Im Folgenden werden einige Aspekte diskutiert, wie ein Umgang mit diesen Spannungsfeldern gelingen kann und wie außerschulische politische Bildungsangebote das Potenzial von Protestbewegungen ausschöpfen können.

Protest als Ansatzpunkt für politische Bildung

Protestbewegungen können in der außerschulischen Bildung ein spannender Aufhänger für Bildungsveranstaltungen sein und damit eine vertiefte Auseinandersetzung mit Themenfeldern wie Umweltschutz oder Netzpolitik ermöglichen, die für Jugendliche und junge Erwachsene eine hohe Bedeutung haben. Emotionen, die als Auslöser und Anlässe von Protest wichtig sind (Betroffenheit, Enttäuschung, Wut, Angst …), können zudem in diesen non-formalen Bildungsangeboten besser aufgegriffen werden, als dies in formalen Settings möglich ist, die durch Rahmungen eines Curriculums oder der Leistungskontrolle beeinflusst sind. Die Begegnung und der Austausch mit jungen Aktivist*innen machen anschaulich, was Jugendliche selbst bewegen können, und wirken motivierend. In Protestgruppen oder in Jugendbewegungen engagierte Jugendliche können darüber hinaus auch Mitgestalter*innen von außerschulischen politischen Bildungsangeboten sein, indem sie ihre Motive und Aktionsformen vor- und zur Diskussion stellen.

Anliegen und Partizipationserfahrungen von Protestbewegungen als Gegenstände politischer Bildung

Erfahrungsorientierte Lernprozesse entfalten sich insbesondere über die Auseinandersetzung der Jugendlichen mit bedeutsamen Problemen in ihrer Umwelt (vgl. Koopmann 2009). Fachkräfte der non-formalen politischen Bildung müssen sich daher einerseits die Themen und Fragestellungen erschließen, die für Jugendliche aktuell und relevant sind. Andererseits müssen sie Reflexionsprozesse begleiten, die die gesellschaftspolitische Dimension der Erfahrungszusammenhänge der Jugendlichen aufdecken (vgl. Scherr 2012). In der non-formalen politischen Bildung und in der Jugendarbeit nehmen das erfahrungsbasierte Lernen und das Lernen durch Tun (in Projekten, Aktionen, Kampagnen) eine wichtige Rolle ein. Durch das eigene Gestalten eines Projekts, das ein Anliegen der Jugendlichen aus ihrer Lebenswelt in den Mittelpunkt stellt, erfahren sie exemplarisch, Herausforderungen der Gesellschaft aus eigener Kraft analysieren und erfolgreich bewältigen zu können. In Angeboten, die Selbstwirksamkeit durch ganzheitliches, praktisches und projektorientiertes Lernen und Tätigsein ermöglichen, können junge Menschen konkrete Erfolge und Anerkennung erfahren. Sie lernen in der Aktion, dass ihr Handeln die Politik und Demokratie als Lebens,- Gesellschafts- und Herrschaftsform beeinflussen kann. Partizipationserfahrungen und politische Aktion werden damit durch die anschließende Reflexion selbst zum Gegenstand des Bildungsprozesses.

Politische Partizipation als Leitprinzip politischer Bildung

Es liegt nahe, dass der Partizipationsanspruch von Protestbewegungen sich auch in der Gestaltung von Bildungsangeboten widerspiegeln muss. In der außerschulischen politischen Bildung werden die Leitprinzipien Interessen- und Handlungsorientierung und das Bildungsziel politische Partizipation intensiv diskutiert (vgl. Widmaier 2013). Die außerschulische politische Bildung orientiert sich dabei eher an einem weiten und an der Lebenswelt junger Menschen orientierten Politikbegriff. Zudem ist bei außerschulischen politischen Bildner*innen die Praxis stärker verbreitet, politische Partizipation nicht nur theoretisch zu reflektieren, sondern auch praktisch zu erproben und ein Experimentierfeld für junge Menschen zu eröffnen (vgl. Nonnenmacher 2010).

Protestbewegungen ermöglichen Demokratieerfahrungen in einer „Gesellschaft im Kleinen". Jugendliche in Protestbewegungen praktizieren demokratische Aushandlungsprozesse, erdulden den Kompromiss, reflektieren die eigenen politischen Strategien. Sie lernen, ihre Interessen zu artikulieren, sich mit Gleichgesinnten zusammenzutun, Konflikte zu meistern, Kompromisse zu finden und Macht verantwortlich auszuüben. Sie lernen, die Fähigkeit Einzelner für die Gemeinschaft zu nutzen und Personen je nach Fähigkeit mit Aufgaben zu betrauen.

Spannungsfelder zwischen außerschulischer politischer Bildung und Protestbewegungen

Protest ist also einerseits wichtiger Treibstoff und Ressource für politische Bildungsangebote. Andererseits werden Protestformen für die Praxis der politischen Bildung gerade dann besonders interessant, wenn auch kritische Aspekte, die jeder Protestbewegung innewohnen, thematisiert werden. Eine weiterführende Reflexion über Partizipation und demokratisches Handeln entsteht dort, wo eine eindeutige Bewertung von Protestbewegungen nicht immer einfach ist, zum Beispiel hinsichtlich ihrer Ziele, der gewählten Protestformen, nicht eingelöster Versprechen oder ihrer inneren Widersprüche.

Dabei ist auch die Profession der politischen Jugendbildung gefragt, eine den Wunsch nach Veränderung und Beteiligung anerkennende, die Anliegen von jungen Menschen ernst nehmende Haltung einzunehmen, aber zugleich auch kritische Distanz zu wahren. Mitunter besteht in der politischen Jugendbildung die nachvollziehbare Tendenz, politische Protestbewegungen von Jugendlichen, die ohnehin den Zielsetzungen der jeweiligen Fachkräfte und Bildungsträger entsprechen, als Kraftstoff für eigene Bildungsangebote zu nutzen. Die Jugendbewegung Fridays for Future bietet außerschulischen politischen Bildner*innen in diesem Sinn zum Beispiel einen aktuellen Anlass und frische Energie für eine Bildung zu nachhaltiger Entwicklung, der Auseinandersetzung mit Klimapolitik oder sozial-ökologischen Transformationsprozessen. Die jungen Aktivist*innen liefern eine starke Vorbildfunktion, Möglichkeiten für das Erfahrungslernen und eine nachvollziehbare Handlungsorientierung, die sich Fachkräfte für ihre Bildungsangebote wünschen. Dass sich Fridays for Future dabei auch noch auf wissenschaftliche Erkenntnisse stützt, erleichtert es, auch komplexe Themen aufzugreifen. Umgekehrt bieten Seminare und Konferenzen bei Trägern der außerschulischen Bildung eine Chance für Fridays-for-Future-Aktivist*innen, andere Jugendliche für ihre Anliegen zu begeistern und ihre Positionen in Diskussionen zu vertreten.

Dieses Zusammenspiel ist ein wichtiger und legitimer Bestandteil von politischer Bildungsarbeit und Angeboten, die nicht zuletzt auch auf die Stärkung von Partizipation und zivilgesellschaftlichen Allianzen zielen. Allerdings sollte die Begeisterung für eine Bewegung wie Fridays for Future nicht mit der Annahme verwechselt werden, dass Protest in unserer Demokratie per se aus emanzipatorischen oder progressiven Motiven heraus geschieht. Für politische Bildner*innen lohnt es sich zu fragen: Wie verändert sich die Einschätzung zu den Bildungspotenzialen von Protestbewegungen, wenn es sich dabei um eine

Initiative gegen die Aufnahme von Geflüchteten, eine Protestaktion gegen die „Ehe für alle" oder eine Versammlung gegen die Corona-Kontaktbeschränkungen handelt? Eine Gleichsetzung verbietet sich. Doch gerade die Frage, warum dem so ist, führt zu den wirklich spannenden Potenzialen, die Protestbewegungen für die politische Bildung in sich tragen. Denn dann müssen politische Bildungsangebote den grundsätzlichen Fragen nachgehen, die nicht einfach aus dem Bauchgefühl einer Sympathie für die Anliegen der Protestierenden heraus beantwortet werden sollten: Warum kann es legitim sein, dass Menschen oder Gruppen für sich ein Recht in Anspruch nehmen, gegen politische und auch demokratisch getroffene Entscheidungen zu opponieren? Was sind verhältnismäßige Formen des Protests und des Widerstands? Welche Folgen hat es für eine Gesellschaft, wenn Menschen für sich ein Recht auf Protest, zivilen Ungehorsam oder Widerstand beanspruchen?

Diese Fragen deuten an, warum das Interesse der Aktivist*innen in einer Protestbewegung und der Auftrag der politischen Bildung nicht deckungsgleich sind und sein sollten. Protest will mobilisieren, irritieren, Privilegien infrage stellen, Veränderung bewirken. Jede Mobilisierung, jedes starke Argument, gerade dort, wo es sich aktiv gegen Machtverhältnisse wendet und überkommene Strukturen überwinden will, braucht daher starke (Gegen-)Erzählungen und oft auch Vereinfachungen. Politische Bildung hingegen will (auch) Verständnis für die Vielschichtigkeit und Komplexität von Problemen schaffen. Es geht in einer Bildungsmaßnahme idealerweise nicht um das Rechtbehalten, sondern um die Annäherung an Lösungen, die möglichst viele Argumente und Bedürfnisse berücksichtigen und dabei auch noch demokratisch zustande kommen. Wie aber eine solche Lösung aussehen kann und was in einer bestimmten Situation als ein demokratischer Prozess zu betrachten ist, lässt sich nicht einfach beantworten. Jede Protestbewegung richtet sich gegen aus ihrer Sicht falsche oder undemokratische Entscheidungen. Die Aufgabe von politischer Bildung muss es sein, eine kontroverse Diskussion über politische Handlungsoptionen zu ermöglichen und die Frage aufzugreifen, wann ein Prozess als demokratisch gelten kann. In diesem Sinne ist die politische Bildung kritisch-emanzipatorisch gegenüber den gesellschaftlichen Verhältnissen, aber eben auch ideologie- und machtkritisch gegenüber den Protestbewegungen selbst. Denn es gibt keine politische Bewegung, die nicht auch unterkomplexe Vereinfachungen, Ambivalenzen oder Ausschlüsse produziert.

Reflexionen für die Praxis politischer Jugendbildung

Politische Bildung sollte sich nicht zum Ziel setzen, diese Spannungsfelder zwischen dem eigenen Auftrag und den Anliegen von Aktivist*innen aufzulösen. Sie kann jedoch Angebote zur Auseinandersetzung mit den oben genannten Fragen, zu demokratischen Aushandlungsprozessen oder dem jeweiligen Themenfeld schaffen, ohne dabei die Anliegen und Sympathien für konkrete Protestbewegungen zu entwerten. Ambivalenzen zu einem produktiven Ausgangspunkt für politisches Lernen zu machen gelingt, wenn politische Bildung Jugendliche und junge Erwachsenen mit ihren Anliegen ernst nimmt, aber auch zu einer kritischen Reflexion herausfordert. Dazu gehört, sich Wissen anzueignen, um kontroverse Positionen verstehen und bewerten zu können. Es müssen Angebote geschaffen werden, die einerseits die Anerkennung für die Positionen anderer und die Fähigkeit zum Perspektivwechsel stärken, die es aber andererseits auch befördern, die eigenen Positionen zu schärfen und wirksam zu vertreten.

Reflexion 1: Prozessorientiertes Denken fördern, das Demokratie als gestaltbar und Politik als veränderbar begreift

In einer Demokratie dürfen Menschen-, Grund- und Kinderrechte nicht als etwas betrachtet werden, das ohnehin schon von allen akzeptiert und in der Gesellschaft verwirklicht ist. Vielmehr ist den Diskursen, Praxen und alltäglichen Realitäten Rechnung zu tragen und die Notwendigkeit zu verdeutlichen, dass demokratische Räume jeden Tag neu geschaffen, gelebt und häufiger auch erst erkämpft werden müssen. Hier bieten Protestbewegungen Anknüpfungspunkte für politische Bildungsprozesse, da sie den Status quo verändern wollen und oft Ideen für die Veränderung von Politik oder die Weiterentwicklung der Demokratie liefern. Politische Bildungsangebote ermöglichen dann prozessorientiertes und utopisches Denken, wenn nach der Analyse, inwiefern sich der Status quo verändern muss und wogegen sich der Protest richtet, anschließend auch das „wofür" bearbeitet wird, zum Beispiel ermöglicht durch Formate wie Zukunftswerkstätten und Projektlabore.

Reflexion 2: Das Potenzial von Protest für Empowerment in der politischen Bildung nutzen

Es ist ein wichtiger Auftrag politischer Bildung, Personen und Gruppen zu stärken, deren Anliegen und Perspektiven in der politischen Öffentlichkeit marginalisiert werden. Dies kann einerseits geschehen, indem diese Perspektiven von Fachkräften in einen Bildungsprozess eingebracht werden, wenn die vorhandenen Perspektiven in der Gruppe eine große Homogenität aufweisen. Noch wirksamer ist es jedoch, wenn gerade außerschulische Lernorte den Raum für die Artikulation diverser Perspektiven und die gleichberechtigte Teilhabe von potenziell machtarmen Menschen und Gruppen bieten. Vor diesem Hintergrund hat Empowerment als Konzept zuletzt verstärkt Eingang in die Fachdebatte der politischen Bildung gefunden. In den zahlreichen Konzepten und Definitionsangeboten zum Thema Empowerment geht es im Kern um Entwicklungsprozesse, in denen Menschen ihre Ohnmacht überwinden, sich ihrer Stärken bewusst werden, diese weiterentwickeln und ihr Leben zunehmend selbstbestimmt in die Hand nehmen (vgl. u. a. Can 2013; Herriger 2020). Darüber hinaus spricht man von einem kollektiven Empowerment, wenn Menschen sich zusammenschließen, sich über ihre Situation und ihre Interessen austauschen und gemeinsam aktiv werden, um Veränderungen zu bewirken. Empowerment als Befähigung zur politischen Partizipation schließt auch die Befähigung zur politischen Aktion ein. Es ist daher essenziell mit dem Verständnis von Handlungsorientierung, politischer Aktion und Protest gegen den Status quo verknüpft.

Dies muss nicht zwangsläufig mittels Protest auf der Straße geschehen. Kollektives Empowerment ist auch dann erreicht, wenn ein hegemonialer gesellschaftlicher Diskurs durch neue und andere Stimmen belebt und verändert wird. Als Beispiel lässt sich hier die *#MeTwo-Debatte* auf Twitter nennen, mit der Erfahrungen von Alltagsrassismus sichtbar wurden und eine öffentliche Debatte über Rassismus in Deutschland angestoßen wurde. Auch der Slogan der neuen deutschen Organisationen „*Wir sind von hier. Hört auf zu fragen!*" schafft Sichtbarkeit, indem er die Erfahrung von Menschen mit Migrationsbezügen thematisiert, deren Zugehörigkeit zur deutschen Gesellschaft durch Nachfragen nach der „eigentlichen" Herkunft regelmäßig infrage gestellt wird. Als Bildungsziel und als Bildungsgegenstand hat Empowerment ein großes Potenzial für außerschulische politische Bildungsprozesse, da hier die Frage nach und die Überwindung von strukturellen Macht- und Ungleichheitsverhältnissen im Mittelpunkt steht.

Reflexion 3: Auseinandersetzung mit unterschiedlichen Positionen vor dem Hintergrund des eigenen Demokratieverständnisses

Wenn sich eine Protestbewegung wie Fridays for Future auf wissenschaftliche Erkenntnisse beruft, ist dies vor dem Hintergrund der wachsenden Verbreitung von gezielten Falschmeldungen und Verschwörungserzählungen ein guter Ausgangspunkt für konstruktive Diskussionen. Doch auch die Wissenschaft selbst ist von Kontroversen geprägt. Auch wenn als wissenschaftlicher Konsens gelten darf, dass der Klimawandel von Menschen verursacht ist, so sind doch die angebotenen politischen Strategien im Kampf gegen den Klimawandel vielfältig. Will politische Bildung einen Beitrag zur mündigen Urteilsbildung leisten, müssen Jugendliche in politischen Bildungsprozessen darin unterstützt werden, sich mit widerstreitenden Positionen in gesellschaftlichen Konflikten auseinanderzusetzen. Als Aufgaben der politischen Bildung ergeben sich daraus: das Aufnehmen von jugendlichem Protest, aber auch das kritische Hinterfragen; das Ernstnehmen der Anliegen und Positionen und zugleich die Herausarbeitung des Dissenses – das kann auch mit Widerspruch, kritischen Nachfragen, Gegenpositionen und dem Deutlichmachen von Konsequenzen einhergehen.

Politischer Bildung geht es dabei auch darum, den Transfer von der unmittelbaren Erfahrungsebene demokratischer Aushandlungsprozesse in der Gruppe auf die Ebene von gesellschaftspolitischen Aushandlungs- und politischen Entscheidungsprozessen zu begleiten. Dies kann nur vollständig gelingen, wenn auch eine Auseinandersetzung mit dem eigenen Demokratieverständnis stattfindet. Dazu kann in politischen Lernprozessen, die Protestbewegungen als Bildungsgegenstand und politische Partizipation als Bildungsziel haben, beispielsweise die Reflexion über folgende Fragestellungen gehören:

Wie soll ein Interessenausgleich in einer Demokratie stattfinden? Wie soll in Demokratien mit gesellschaftlichen Konflikten umgegangen werden? Wie werden in einer Demokratie Kompromisslösungen erarbeitet? Wie stehe ich zu Entscheidungen, die durch Mehrheitsbeschlüsse im Parlament entstanden sind? Welche Interessen bleiben in diesen Entscheidungsprozessen unterbelichtet, oder welche Ausschlüsse finden statt? Welche Rolle spielen außerparlamentarische Interessengruppen in politischen Entscheidungen?

Diese Fragestellungen können in der Auseinandersetzung mit aktuellen Protestbewegungen junger Menschen besonders produktiv behandelt werden. Ein Umgang mit gesellschaftlichen Konflikten oder Dilemmata in demokratischen Aushandlungsprozessen lässt sich zudem mithilfe von Ansätzen des Demokratielernens wie Betzavta erfahren und einüben.

Reflexion 4: Stärkung von Partizipation als Erfahrung und als Thema (jugend-)politischer Bildungsprozesse

Politische Partizipation und Protest können auch zu Erfahrungen des Scheiterns führen. Im Fall von Fridays for Future Deutschland haben sich nach dem für die Jugendlichen als unzureichend empfundenen Abschluss des Klimapakets der Bundesregierung auch Frustration und Ermüdungserscheinungen eingestellt, was sich unter anderem in den zuletzt sinkenden Teilnehmendenzahlen an den Protesten äußert. Auch diese Erfahrungen des Scheiterns oder der Frustration lassen sich als Ansatzpunkte für produktive politische Bildungsprozesse nutzen. Partizipation im Sinn einer gelingenden politischen Bildung ist kein Selbstzweck oder reines Organisationsprinzip. Ein Kern politischer Jugendbildung ist, dass Partizipation und eigene Partizipationserfahrungen selbst zum Thema gemacht werden. Partizipation darf Jugendliche nicht in die „Mitmach-Falle" (Wagner 2013) der Scheinpartizipation oder symbolträchtigen Mitmachaktionen locken. Erst wenn reale und effektive politische Mitbestimmung in der Gesellschaft thematisiert und einschließlich ihrer Grenzen erfahren wird, kann Partizipation auch einen Beitrag zur politischen Bildung leisten (Salomon/Studt 2014).

Die Reflexion über reale Partizipationserfahrungen kann grundständige Veränderungs- oder Entwicklungspotenziale von Demokratien offenlegen. Viele Protestbewegungen drehen sich um konkrete Politikfelder oder orientieren sich an engen Zielen (beispielsweise Artikel 13 der Urheberrechtsreform). Fridays for Future mobilisierte in der Anfangszeit der Bewegung allein mit der Forderung, das in Paris beschlossene 1,5-Grad-Ziel einzuhalten. Es dauerte eine Weile, bis Fridays for Future ihren konkreten Forderungskatalog zur Umsetzung dieses Ziels um den Kohleausstieg bis 2030 sowie die Einführung einer CO_2-Steuer erweiterten. In politischen Bildungsprozessen kann der Blick von dem konkreten Thema des Protests auf grundsätzlichere Fragen von Macht und Interessen in der Demokratie geweitet werden. Ein Grundkonflikt ist beispielsweise, dass oftmals keine Politik für junge Menschen gemacht wird. Durch die bestehenden Mehrheitsverhältnisse können „die Jungen" die etablierten Entscheidungsträger*innen auch nicht einfach abwählen. Daher sind jugendpolitische Fragen wie die Herabsetzung des Wahlalters, Jugendquoten in Parteien, Transparenzregelungen für Lobbyismus und Ähnliches Wege, um Machtverhältnisse grundständig und unabhängig von konkreten Politikfeldern zu thematisieren und damit neben Protestbewegungen auch andere, vielleicht bisher unerkannt gebliebene Veränderungen in der Demokratie auf die politische Agenda zu bringen. Diese Wege sollten durch Bildungsprozesse mit in den Blick von Jugendlichen geraten. Denn nach dem Gemeinschaftsgefühl der gemeinsam erlebten Demo kann es mittelfristig auch zu Frustration führen, wenn Forderungen an eine ferne „verfasste Politik" herangetragen werden und das Ziel, selbst Teil dieser Strukturen zu werden oder diese maßgeblich zu verändern, gar nicht erst als Möglichkeit in den Blick gerät. Meist sind hier im Kern vor allem jugendpolitische Fragen betroffen, die von der außerschulischen politischen Jugendbildung allein schon durch die rechtliche Verankerung des Bildungsauftrags der freien Träger in Paragraph 11 und 12 des Jugendhilfegesetzes verstärkt eingebracht werden können. Aufgrund dieses Bildungsauftrags verfolgen sie das Ziel, die Sichtweisen Jugendlicher im öffentlichen Diskurs erkennbar zu machen. Das kann insbesondere relevant sein, wenn Protestbewegungen Jugendlicher keine systemische Veränderung der politischen Strukturen im Sinn haben und ihre Forderungen vorrangig im Rahmen der bestehenden politischen Strukturen und Mehrheiten aufstellen.

Literaturverzeichnis

Can, Halil 2013: Empowerment aus der People of Color-Perspektive. Reflexionen und Empfehlungen für die Durchführung von Empowerment-Workshops gegen Rassismus. Berlin.

Herriger, Norbert 2020: Empowerment in der Sozialen Arbeit. Stuttgart.

Jantschek, Ole/Lorenzen, Hanna (Hg.) 2019: Utopien! Praxiskonzepte für eine kritische, innovative und zukunftsfähige politische Jugendbildung. Berlin.

Koopmann, Klaus 2009: Erfahrungsorientiert Politik lernen. In: Oberreuter, Heinrich (Hg.): Standortbestimmung Politische Bildung. Schwalbach/Ts.

Nonnenmacher, Frank 2010: Analyse, Kritik und Engagement. Möglichkeit und Grenzen schulischen Unterrichts. In: Lösch, Bettina/Thimmel, Andreas (Hg.): Kritische Politische Bildung. Ein Handbuch.Schwalbach/Ts.

Salomon, David/Studt, Marcel 2014: Mitbestimmung oder „Mitmach-Falle"? Möglichkeiten und Grenzen partizipatorischer Demokratiebildung In: Eis, Andreas/Salomon, David (Hg.): Gesellschaftliche Umbrüche gestalten. Transformationen in der Politischen Bildung. Schwalbach/Ts.

Scherr, Albert 2012: Pädagogische Grundsätze für die politische Bildung unter erschwerten Bedingungen. In: Widmaier, Benedikt/Nonnenmacher, Frank (Hg.): Politische Bildung unter erschwerten Bedingungen. Schwalbach/Ts.

Wagner, Thomas 2013: Die Mitmachfalle. Bürgerbeteiligung als Herrschaftsinstrument. Köln.

Widmaier, Benedikt 2013: Partizipation und Jugendbildung. In: Hafeneger, Benno (Hg.): Handbuch Außerschulische Jugendbildung. Schwalbach/Ts.

8. Kommt da noch was? – Ein Blick in die Glaskugel

Vorbemerkungen der Herausgeber*innen

Prognosen über gesellschaftliche Entwicklungen abgeben zu wollen gleicht einem Blick in die magische Glaskugel. Insbesondere Proteste basieren auf diversen Faktoren und können kaum vorhergesagt werden. Gesellschaftswissenschaftliche Erkenntnisse, historische Erfahrungswerte und das Wissen über vermeintliche Regelmäßigkeiten können zwar als Indikatoren zurate gezogen werden, ermöglichen aber keine sicheren Aussagen über zukünftige Entwicklungen. Dass es in Zukunft Proteste – besonders auch von jungen Menschen – geben wird, ist sicher. Zum Abschluss scheint uns daher die Frage nach Formen, Gründen, Zielvorstellungen und intendierten Gesellschaftsentwürfen jungen Protests naheliegend und lohnenswert, denn sie weist aus den Erfahrungen im Gestern und Heute auch schon implizit ins Morgen.

MAX SCHULTE

8.1 Die kommenden Proteste – Zukunftsperspektiven

Abstract:
Kommende Proteste und Protestbewegungen können nicht, wie in anderen wissenschaftlichen Teilbereichen, prognostiziert und vorhergesagt werden. Trotzdem lassen sich aus Gelegenheitsstrukturen, aus der Analyse der Geschichte sozialer Bewegungen und aus aktuellen gesellschaftlichen Konfliktsituationen mögliche Protestfelder aufzeigen. In diesem Beitrag geht es unter anderem um die Themen, an denen Proteste aufflammen, um Keimformen sowie die Form und Art kommender Protestbewegungen.

Einleitung

Dieser Text entsteht vor dem Hintergrund der Corona-Pandemie, aber noch viel mehr unter dem Eindruck des Mordes an George Floyd und massiven Protesten gegen rassistische Polizeigewalt. Wenn ich mich also im folgenden Text der Frage widme, was junge Menschen in Zukunft auf die Straße treibt oder auch dazu bringt, auf diesen Straßen Barrikaden zu bauen, dann tue ich das mit Bildern von eigenen Protesterfahrungen im Hinterkopf und mit Menschen vor Augen, die im Moment des Schreibens auf die Straße gehen.[1]

Der marxistische Philosoph Wolfgang Fritz Haug erzählte einmal nach einem Vortrag – angesprochen auf das Ausbleiben „großer" Bewegungen – wie unerwartet die Bewegungen Ende der 1960er-Jahre aus seiner Sicht waren. Noch Mitte der Sechziger schien die Entstehung von Bewegungen, die zu einer grundlegenden Umgestaltung der deutschen Gesellschaft beitragen würden, kaum möglich. Erst in der Rückschau finden wir eine Vielzahl von Gründen dafür, dass es zu dem kam, was wir 68er-Bewegung nennen.

Mit spezifischen Prognosen tun sich die Sozialwissenschaften – zu Recht – schwer. Warum eigentlich? Es wäre ja schön, wenn wir – ähnlich wie eine Physikerin bei einem Experiment – vorhersagen könnten, was in einer bestimmten sozialen Situation passiert. Dazu nur kurz: Wenn Kollektive wie soziale Bewe-

---

[1] Zur Diskussion über die Implikationen einer Protestforschung zwischen Wissenschaft und Aktivismus siehe Ullrich 2019; Hamm 2013; Zajak 2018.

gungen handeln, dann tun sie dies auf Basis einer Vielzahl von Faktoren, die auf unterschiedlichen Ebenen zwischen Subjekt und Gesellschaft angesiedelt sind und deren Zusammenwirken nicht zufällig, aber kontingent ist. Ich kann viel über strukturelle Bedingungen wissen und kann doch nicht vorhersagen, wann soziale Bewegungen entstehen und ob sie Erfolg haben. Alle Versuche einer Ableitung – sei es aus Strukturen oder einer vermeintlich zweckrationalen Natur des Menschen – schlagen meines Erachtens fehl.

Was kann Wissenschaft – hier die Protestforschung – also prognostisch leisten, wenn sie sich von einem Blick in die Kristallkugel oder dem Fähnlein im Wind, das gestern Klima und heute Corona als entscheidendes Thema propagiert, abheben will? Nicht zu wissen und prognostizieren zu können, was genau passiert, bedeutet nicht, ahnungslos in Bezug auf die Zukunft zu sein. Wir können Faktoren identifizieren, die bestimmte Entwicklungen und Prozesse wahrscheinlicher machen als andere. Auf dieser Basis können wir Thesen aufstellen, die zumindest einer Plausibilitätsprüfung standhalten. Was sind also die relevanten Faktoren, und wo liegen sie? Dieter Rucht, einer der wichtigsten deutschen Bewegungsforscher*innen, hat in einem Vortrag zu einem ähnlichen Thema einmal gesagt: „Mein in die Zukunft gewandtes Thema zwingt mich, nach rückwärts zu blicken. Woher sonst sollten wir Anhaltspunkte für das gewinnen, was wir erwarten können?" (Rucht 2002) Ziel dieses Textes ist es, einen Möglichkeitsraum abzustecken, der deutlich macht, was gerade denkbar ist, aber auch, was auf Basis der Vergangenheit wahrscheinlich ist. Ich werde also zwei Schritte unternehmen: Zuerst werde ich Faktoren benennen, die die Möglichkeitsräume für soziale Bewegungen bestimmen, und anschließend Thesen zu zukünftigen Protesten formulieren.

Möglichkeitsräume

Was bestimmt die Möglichkeitsräume für zukünftige Proteste? Ich sehe hier drei Aspekte, die ich kurz umreißen möchte:[2] 1) Soziale Bewegungen agieren in und reagieren auf gesellschaftliche und politische Strukturen. 2) Soziale Bewegungen agieren auf Basis von mehr oder weniger starken Pfadabhängigkeiten, die sich aus der Geschichte sozialer Bewegungen ergeben. 3) Ereignisse beeinflussen positiv oder negativ die Möglichkeitsräume für die Zukunft sozialer Bewegungen.

---

2   Mehr zu den Rahmenbedingungen und der Geschichte sozialer Bewegungen findet sich in den Beiträgen der Herausgeber*innen und von Claudia Kemper in diesem Band.

Gelegenheitsstrukturen

Im Bereich der Protestforschung hat sich der Begriff der Gelegenheitsstrukturen für die strukturellen Handlungsgrundlagen sozialer Bewegungen auf politischer und gesellschaftlicher Ebene etabliert (Rucht 1998; Kriesi 2007). Interessant für meine Frage der zukünftigen Proteste ist weniger eine umfassende Bestandsaufnahme gesellschaftlicher und politischer Gelegenheitsstrukturen, sondern ein Blick auf Gelegenheitsstrukturen, die sich in den vergangenen Jahren verändert haben. Maßgebliche Veränderungen sehen wir in der Struktur und Rolle der Medien und den Konjunkturen des Rechtspopulismus und -radikalismus.

Unter dem Stichwort Mediatisierung (Krotz 2015) wird der Wandel in der Rolle der Medien für Gesellschaft und politische Akteur*innen beschrieben. Nicht erst seit gestern ist eine Vermittlung von Politik ohne Medien nicht mehr denkbar. Auch soziale Bewegungen sind demnach schon länger auf Medien als Vermittlungskanal für Forderungen und Mobilisierungsaufrufe angewiesen.[3] Verändert hat sich einerseits, dass die Rolle von Medien für politisches Handeln noch einmal gewachsen ist. Andererseits hat sich der Schwerpunkt im Mediensystem zugunsten digitaler Medien verlagert. Traditionelle Medien verlieren Reichweite und sind nicht mehr die einzig relevanten Adressaten für politische Akteure. Damit sind für soziale Bewegungen sinkende Zugangsschwellen zu Medien und die Möglichkeit der direkten Kommunikation mit Rezipient*innen verbunden (Beck 2018, 400).

Populistische Parteien haben sich in den vergangenen Jahren – auch in Deutschland – etabliert, weil es ihnen gut gelingt, gesellschaftliche Konflikte und Krisenphänomene in ihrem Sinn zu framen und zu verwerten. Für soziale Bewegungen aus dem rechtspopulistischen und -radikalen Spektrum werden sie zum Bezugspunkt im Parteiensystem. Hier ist aber von einem Spektrum zwischen Kooperation und Konkurrenz auszugehen.

Trotz der Veränderungen im Parteiensystem bleiben die strukturellen Bedingungen für soziale Bewegungen (zum Beispiel Grundrechte, Zugang zu politischen Akteur*innen) weitgehend stabil.

Geschichte sozialer Bewegungen

Wie in der Einleitung angedeutet, prägt die Geschichte sozialer Bewegungen auch ihre Zukunft, weil sich aktuelle Bewegungen in Form von Aktivist*innen,

---

3   Snow u.a. haben schon 1986 die Bedeutung von Framing und Medien für soziale Bewegungen herausgearbeitet.

Organisationsstrukturen und Themen auf diese Vergangenheit beziehen. Claudia Kemper arbeitet in ihrem Beitrag eine Periodisierung sozialer Bewegungen in Deutschland nach 1945 heraus (Kemper in diesem Band).[4] Ich möchte diese hier aufgreifen und darauf aufbauend zeigen, welche Bedeutung sie für die Zukunft hat. Schauen wir auf die Proteste der vergangenen 20 Jahre in Deutschland, dann wird die große Bandbreite deutlich: Globalisierungskritik, Anti-Irakkrieg, Castortransporte, Hartz IV, Stuttgart 21, Occupy, TTIP, Freiheit statt Angst, Pegida, Neonazis, Flüchtlingssolidarität, Klimabewegung. Anknüpfend an Peter Ullrich (2015, 21) schlage ich eine Typisierung vor, die davon ausgeht, dass wir einerseits die neuen sozialen Bewegungen mit alten und neuen Ausformungen haben (Umwelt, Frieden, Internationalismus). Sie haben zwar kein gleichbleibendes Aktivitätsniveau, zeichnen sich aber durch dauerhafte Strukturen, etablierte Aktionsformen und die Rückbindung an gesellschaftliche Milieus aus. Ihnen gelingt es immer wieder, situationsbezogen zu mobilisieren und neue Zweige beziehungsweise Schwerpunkte auszubilden. Auch antirassistische, flüchtlingsunterstützende Bewegungen lassen sich in diesem Kontext verorten. Andererseits beobachten wir spontan entstehende Bewegungen, denen diese Anbindung fehlt und die oft wesentlich kurzlebiger sind. Trotzdem entwickeln sie ein enormes diskursives Potenzial. Ullrich (2015, 23 f.) bezeichnet sie als postdemokratische Bewegungen, weil sie Ausdruck einer Veränderung des demokratischen Systems sind. Sie entwickeln sich primär im Bereich des Rechtspopulismus und -radikalismus. Auffällig ist, dass wir seit den 1990er-Jahren und noch einmal verstärkt seit 2015 eine Parallelität von progressiven und rechtsradikalen Bewegungen im Bereich Migration beobachten. Hier stehen sich nicht Bewegungen und Staat, sondern Bewegungen gegenüber.

Jenseits der thematischen Bandbreite ist die zentrale Erkenntnis der vergangenen Jahrzehnte ein anhaltend hohes Mobilisierungsniveau in Deutschland (Hutter/Teune 2012; Rucht/Teune 2017). Und zwei gegensätzliche Beispiele wie Pegida und Fridays for Future verweisen mit ihrem enormen Einfluss auf politische und gesellschaftliche Diskurse auf die Stärke des Akteurs soziale Bewegungen im politischen System.

---

4   Ich stimme der Periodisierung grundsätzlich zu, gehe aber für die letzte Phase davon aus, dass die globalisierungskritische Bewegung eben nicht die klassische soziale Frage in den Mittelpunkt gestellt hat und die Hartz-IV-Proteste eine Ausnahme in Deutschland darstellen. Die Globalisierungskritik hat sich zum großen Teil auf internationale Gerechtigkeit bezogen und nationale Forderungen in Bezug auf die soziale Frage weitgehend unterlassen.

Ereignisse

Schließlich lässt sich als dritter Punkt die Rolle situativer Faktoren thematisieren, die ein irritierendes Moment in die Entwicklung sozialer Bewegungen bringen. Sie bergen Chancen und Risiken für einzelne Bewegungen, weil sie Handlungsmöglichkeiten oder Ansatzpunkte für Framing liefern, zu Repression führen oder Aufmerksamkeitsverschiebungen generieren. Darunter fallen offensichtliche Ereignisse wie Fukushima und seine Folgen für die Anti-AKW-Bewegung oder die Migrationsbewegungen 2015 und ihre Nutzung durch Pegida. Aber auch weniger direkte Bezüge wie der 11. September und seine Folgen für die globalisierungskritische Bewegung, die sich dadurch mit dem Thema Krieg auseinandersetzen musste, gehören dazu. Ereignisse lassen sich natürlich nicht vorhersagen. Systematisch betrachtet, können aber Bewegungen, die strukturell gefestigt sind, mit Ereignissen besser umgehen.

Thesen zu dem, was kommt

Alles deutet darauf hin, dass es weiterhin ein hohes Protestniveau gibt, weil die Strukturen dafür vorhanden und stabil sind und die Anlässe für Protest nicht verschwinden. Wir leben in der von Neidhardt und Rucht bereits Anfang der Neunziger konstatierten Bewegungsgesellschaft (Neidhardt/Rucht 1993), in der soziale Bewegungen sich als relevanter Akteur etabliert haben. Natürlich gibt es aber Konkurrenz zu anderen Formen des zivilgesellschaftlichen Engagements. Es deutet nur wenig darauf hin, dass sich gesellschaftliche Trends wie die Abkehr vom Engagement in Großorganisationen umkehren, sodass das Potenzial für Proteste groß ist. Auch alle Vorhersagen über eine politisch apathische Jugend haben sich in der Wirklichkeit als falsch erwiesen.

Themen, die bleiben

Mit Blick auf die vergangenen 30 Jahre ist es weniger wahrscheinlich, dass ganz neue Protestthemen große Relevanz bekommen. Vielmehr wird es darum gehen, wie sich Aufmerksamkeit und Protest auf bestehende Themen verteilen. Ich gehe davon aus, dass Umwelt/Klima und Migration/Rassismus sowie daran anknüpfende Themen und Bewegungen zentral bleiben werden. Hier findet sich enormes gesellschaftliches Konfliktpotenzial, das sich immer wieder in starker Mobilisierung und Gegenmobilisierung manifestiert. Zwei kurze Beobachtungen dazu:

Gibt es neben diesen Großthemen noch Platz für andere Themen? Wenn ich mir anschaue, was meine Studierenden in vielen kleinen empirischen Studien zu Protest untersuchen, dann bildet der Fokus auf Umwelt und Migration nur eingeschränkt das Protestgeschehen von jungen Menschen ab, auch wenn diese Themen einen großen Teil der öffentlichen Aufmerksamkeit reklamieren. Dazu einige Beispiele: Proteste für oder gegen das Recht auf Schwangerschaftsabbruch, politische Ultragruppen, Recht auf Stadt-Bewegungen, Antifagruppen, Identitäre Bewegungen. Was hier mal wieder deutlich wird, ist die Tatsache, dass die Mobilisierungskraft von Bewegungen nicht durch ein objektiv vorhandenes Problem determiniert wird, sondern es weitere Faktoren für eine erfolgreiche Mobilisierung – wie Organisationsstrukturen, Ereignisse, Framing – braucht. So wird das Problem hoher Mieten in Großstädten von vielen als zentrales Problem benannt, aber die Bewegungen rund um das Thema Miete und Stadt erreichen nicht das Mobilisierungsniveau anderer Bewegungen. Noch stärker klafft die Lücke zwischen objektiv beschreibbarer Ungerechtigkeit und schwacher Mobilisierung bei sozialen Protesten. Nicht nur bei jungen Menschen ist die soziale Frage im deutschen Protestgeschehen weitgehend abwesend. Ausnahmen waren die Proteste gegen Hartz IV sowie die Thematisierung sozialer Themen im Rahmen der Kapitalismuskritik in unterschiedlichen Bewegungen.

Wie wahrscheinlich ist das, was wir als große Bewegungen mit ideologischem Überbau bezeichnen können? Für neue, von jungen Menschen getragene Bewegungen wird '68 oft als Referenzpunkt, als letzte Bewegung mit revolutionären Forderungen nach einer Umgestaltung der Gesellschaft herangezogen. Das mag medial nachvollziehbar sein, bringt uns aber wissenschaftlich nicht weiter. Ich möchte hier nicht über die 68er urteilen, sondern eher fragen, ob wir es nicht mit einer veränderten Form von Radikalität zu tun haben. Was fehlt, ist der Bezug auf eine gesellschaftliche Utopie – wie Sozialismus. Aber haben die scheinbar begrenzten Forderungen der Klimagerechtigkeitsbewegung (Ende des Wachstums) oder antirassistischer Bewegungen (offene Grenzen) nicht, wenn man sie zu Ende denkt, auch einen systemverändernden Charakter? Ich plädiere dafür, die Eigenständigkeit aktueller Bewegungen zu beachten und sie nicht an einem – zum Teil verklärten – Beispiel zu messen.

Form und Art – Internet und andere Dinge

Wie wird eigentlich in Zukunft protestiert? In den vergangenen Jahrzehnten hat sich einerseits das Protestrepertoire stetig vergrößert, wobei die Grundmuster des Protests stabil bleiben (Rucht/Teune 2017, 18). Andererseits ist auch die gesellschaftliche Akzeptanz für nichtklassische Protestformen gestiegen. Spätestens seit dem Arabischen Frühling wird den sozialen Medien eine besondere Bedeutung für die Mobilisierung von Protestbewegungen zugeschrieben. In manch einer Zukunftsvision scheint die vollkommene Digitalisierung des Protests durch, der damit niedrigschwelliger und günstiger wird. Dem gegenüber steht eine Position, die digitalen Protest als Faulenzeraktivismus (Slacktivism) bezeichnet (Morozov 2009). Ähnlich sieht es der Journalist Malcolm Gladwell, der 2011 einen Artikel mit dem Titel „Why the Revolution Will Not Be Tweeted" schreibt und darauf verweist, dass soziale Medien den Protest nicht grundlegend veränderten, sondern ihm nur eine Dimension hinzufügten. Entscheidend sei immer noch der mit zum Teil hohem persönlichem Risiko verbundene Protest auf der Straße, in der Öffentlichkeit. Aber: Soziale Medien und das Internet allgemein stellen sozialen Bewegungen Tools zur Verfügung, die ihre Ressourcen vergrößern und ihr Handlungsrepertoire erweitern. Proteste lassen sich schneller und auch in größerem Ausmaß organisieren – die Bindung an große, ressourcenstarke Organisationen wird schwächer. „Eine erfolgreiche Protestkampagne besteht heute in der Regel aus Elementen von Straßen- *und* Netzprotest." (Villioth 2019, Hervorhebung im Original) Zeynep Tufekci bringt – wie andere auch – folgendes nachvollziehbares Argument an:

> „The ability to organize without organizations, indeed, speeds things up and allows for great scale in rapid time frames. There is no need to spend six months putting together a single rally when a hashtag could be used to summon protesters into the streets; no need to deal with the complexities of logistics when crowdfunding and online spreadsheets can do just as well. However, the tedious work performed during the pre-internet era served other purposes as well; perhaps most importantly, it acclimatized people to the processes of collective decision making and helped create the resilience all movements need to survive and thrive in the long term." (Tufekci 2017, xiii)

Ohne den zum Teil beschwerlichen Protest auf der Straße wird es sozialen Bewegungen kaum gelingen, nachhaltig zu agieren. Es ist aber nicht nur die Erfahrung des physischen Aufeinandertreffens, die zur Nachhaltigkeit des Engagements beiträgt. Doug McAdam hat nachvollziehbar die langfristigen individuellen Folgen von Protesten herausgearbeitet (McAdam 1999). Junge Menschen machen Protesterfahrungen, die sie prägen und zukünftige Proteste wahrscheinlicher machen. Dies verweist auch auf eine Leerstelle im Blick auf die Erfolge von Protestbewegungen. Die Wirkung sozialer Bewegungen – wie Fridays for Future 2019 – wird oft an konkreten Policy-Erfolgen gemessen. Was hat die Bewegung konkret erreicht? Wichtiger für zukünftige Proteste ist aber die Prägung und Politisierung vieler junger Menschen.

Unabhängig von der Frage des Erfolgs wird digitaler Protest ein wichtiger Bestandteil bleiben oder wichtiger werden, weil auch ein wesentlicher Teil des Lebens einen digitalen Bezug hat. Das Nebeneinander unterschiedlicher Protestformen – digital und analog, klassisch oder radikaler – führt dabei tendenziell zu einer Stärkung sozialer Bewegungen, die so unterschiedliche Gruppen mobilisieren können.

Struktur vs. Bewegung?
Wenn – gerade medial – über die Zukunft sozialer Bewegungen gesprochen wird, dann wird ihnen oft eine notwendige Entwicklung von der fluiden Bewegung über die Formulierung konkreter, realistischer Forderungen und die Etablierung von Strukturen bis zur Gründung von Parteien zugeschrieben. Diese Idee ist nicht neu. Schon Anfang der 1920er-Jahre beschrieb Rosa Mayreder so die Unausweichlichkeit der Institutionalisierung am Beispiel der Frauenbewegung (Mayreder 1925). Ein aktuelles Beispiel ist eine Äußerung des Greenpeace-Mitbegründers Gerhard Wallmeyer zu Fridays for Future: „Eine juristisch verfasste Organisation zu sein ist aus zwei Gründen notwendig. Man muss intern kristallklare Strukturen schaffen (…)" (Bruhns 2019)

Diese Position ist verbreitet, aber nicht ohne Widerspruch geblieben. So hat etwa Roland Roth die Idee einer Verstetigung sozialer Bewegungen formuliert und damit einer deterministischen Entwicklung widersprochen (Roth 1994). Übertragen auf die Frage der zukünftigen Entwicklung sozialer Bewegungen, lässt sich hier meines Erachtens vor allem eine Aufgabe für soziale Bewegungen erkennen. Sie müssen sich Gedanken machen, wie ihre Zukunft aussehen soll. Sie können nicht dauerhaft in ihrem Anfangsstadium verbleiben. Dabei sehe ich drei Möglichkeiten:
1) Verstetigung des Bewegungscharakters: Es bilden sich institutionalisierte Elemente heraus, die der Bewegung eine Basis geben (zum Beispiel eigene Orte oder Medien). Gleichzeitig bleiben aber informelle und auch radikalere Elemente erhalten. Die Bewegung bleibt in Bewegung.
2) Stärkere Institutionalisierung: Der Bewegungscharakter ist nur noch schwach, weil strukturiertere Formen, zum Beispiel in Form professionalisierter NGOs, hegemonial werden.
3) Gründung von Parteien: Die Bewegung beziehungsweise ein relevanter Teil wählt den parlamentarischen Weg.

Alle drei Pfade werden von sozialen Bewegungen der vergangenen Jahrzehnte beschritten, zum Teil auch parallel. Wir können aber sehen, dass die dritte Strategie nur eingeschränkt erfolgreich war. Seit Gründung der Grünen gab es keine längerfristig erfolgreiche Partei, die aus sozialen Bewegungen hervorgegangen ist.

Gefahr der Umarmung
Es wird das Ergebnis von Auseinandersetzungen sein, in welche Richtung sich einzelne soziale Bewegungen entwickeln und wie das Verhältnis zu anderen politischen Akteur*innen aussieht. Am Beispiel von Fridays for Future lassen sich aktuell Potenziale und Risiken von Jugendbewegungen gut ablesen. Die sehr positiven Reaktionen aus Gesellschaft und Politik verweisen auf die Möglichkeit, die eigenen Forderungen im Diskurs zu verankern. So weit, so gut. Jede Bewegung, die Appelle an das politische System richtet, freut sich über positive Reaktionen. Aber diese Strategie der Umarmung birgt das Risiko, der Bewegung den Wind aus den Segeln zu nehmen, indem diskursive Zugeständnisse gemacht und Ideen aufgenommen werden, gleichzeitig aber die weitgehenden Policy-Forderungen nicht umgesetzt werden.[5] Eine Gegenbewegung zur diskursiven Umarmung, die sich im Moment zum Beispiel in der Klimabewegung manifestiert, ist die Reetablierung von zivilem Ungehorsam als Aktionsform. Hier wird im Gegensatz zu anderen Protestformen eine stärkere Opposition ausgedrückt. Die Anwendung ist auch in Deutschland nicht neu (siehe die Anti-AKW-Bewegung), aber wir können zumindest Anzeichen einer wachsenden Akzeptanz in der Öffentlichkeit sehen. Für die politische Akzeptanz gilt weiterhin, dass diese vor allem für zivilen Ungehorsam in der Vergangenheit und in anderen Ländern vorhanden ist.

Keimformen
In enger Verbindung mit der Art und Weise des Protests steht die Frage, wer protestiert. Über die personelle Zusammensetzung der Protestierenden in Deutschland ist nur schwer etwas Allgemeines zu sagen, weil wir nur zu herausgehobenen Einzelbewegungen und Ereignissen empirische Daten[6] haben (etwa Irakkrieg, Stuttgart 21, Pegida, Fridays for Future), die keine allgemeinen Aussagen zulassen (Rucht/Roth 2008, 645). Trotzdem gehen Rucht und Teune (2017) davon aus, dass die Mittelschicht eine größere Protestaffinität hat und

---

5 Luc Boltanski und Ève Chiapello haben diese Idee in „Der neue Geist des Kapitalismus" sehr anschaulich herausgearbeitet. Dem kapitalistischen System gelingt es immer wieder, Ideen und Konzepte zu inkorporieren (Boltanski/Chiapello 2003).

6 Es kommt hinzu, dass die Erhebung dieser Daten methodisch sehr anspruchsvoll ist (Daphi u. a. 2015).

dass sich die Altersstruktur in den vergangenen Jahren ausdifferenziert hat. Interessant sind abseits dieses Gesamtbilds Veränderungen, die sich bisher nur als Teilbewegungen abzeichnen, aber möglicherweise Keimformen für Trends des Bewegungssektors sind. Wo sind also Veränderungen sichtbar?

In aktuellen Protestbewegungen, die stark von jungen Menschen getragen werden, nehmen sich Gruppen Raum, die zuvor in sozialen Bewegungen marginalisiert waren. Das betrifft People of Color und Migrant*innen, die für sich selbst sprechen. Das betrifft aber auch die starke Präsenz von Frauen in der Klimabewegung.

Mit der zunehmenden Rolle sozialer Medien sinken die Zugangsschwellen für Aktivismus. Das beginnt beim Zugang zu Informationen und geht weiter mit der Mobilisierung, wodurch neue Gruppen erreicht werden, die vorher nicht aktiv und organisiert waren. Das gilt für progressive Bewegungen – zum Beispiel Black Lives Matter – wie auch für rechtsradikale Bewegungen wie Pegida.

In vielen aktuellen Bewegungen sehen wir ein Bewusstsein dafür, dass auch das Handeln innerhalb der Bewegung an den eigenen Idealen orientiert sein muss. Aktivist*innen setzen sich mit Hierarchien innerhalb ihrer Bewegung, Entscheidungsfindungsmechanismen, Rassismus und Ähnlichem auseinander. Sie grenzen sich damit von Policy-fokussierten Bewegungen ab.

Fazit

Die Frage der kommenden Proteste lässt sich nicht abschließend beantworten. Meine Ausführungen verweisen aber darauf, dass soziale Bewegungen nicht durch politische Bedingungen und Ereignisse determiniert werden. Sie sind handlungsfähige Akteur*innen, die sich in den Möglichkeitsräumen bewegen und Entscheidungen treffen, in welche Richtung sie sich bewegen. Wie die kommenden Proteste einzuschätzen sind, ist maßgeblich auch eine Frage der politischen Positionierung.

Was stimmt mich hoffnungsvoll? Wir sehen in vielen aktuellen, von jungen Menschen getragenen Bewegungen die Schaffung von emanzipativen Räumen, in denen Elemente einer zukünftigen Gesellschaft vorweggenommen werden. Gerade in der Klimabewegung haben wir eine stärkere Präsenz von Frauen; Konsensorientierung deutet andere Formen der Aushandlung an. Auf der inhaltlichen Ebene wird der Horizont von Protesten – gerade von jungen Menschen – in Bezug auf Forderungen und Handlungsformen wieder systemkritischer. Und schließlich sind die Einschätzungen einer unpolitischen Jugend – ebenso wie die Vorhersage eines Ausbleibens von Protesten – immer wieder von der Realität eingeholt worden. Noch um das Jahr 2010 herum konnte folgende Prognose glaubhaft abgegeben werden: „(M)an informiert sich, diskutiert und macht von seinem Wahlrecht Gebrauch. Für mehr politische Beteiligung im herkömmlichen Sinn, also in Form von Demonstrationen, Unterschriftensammlungen, Engagement in Parteien, Bürgerinitiativen oder NGOs, fehlt den meisten jedoch die Motivation." (Großegger 2010, 9) Hier ist also Skepsis angebracht. Gleichzeitig sollte man auch den Proklamationen neuer Protestgenerationen nicht auf den Leim gehen.

Was stimmt mich pessimistisch? Die Welle rechtsradikaler Proteste, die auch durch junge Menschen getragen werden, machen immer wieder deutlich, dass soziale Bewegungen wie auch Zivilgesellschaft allgemein kein progressiver „Besitz" sind. Auch die Aussicht auf ökonomische Verteilungskämpfe sehe ich vor allem als Potenzial für regressive Bewegungen, gerade weil die soziale Frage nur schwach in progressiven Protesten präsent ist und es rechtspopulistischen Protesten in den vergangenen Jahren besonders gut gelungen ist, gesellschaftliche Konflikte zu nutzen.

Es bleibt trotzdem die Feststellung, dass es ohne Proteste unterschiedlicher Art keine Chance für emanzipatorische Veränderungen in unserer Gesellschaft gibt.

Literaturverzeichnis

Beck, Klaus 2018: Das Mediensystem Deutschlands. Wiesbaden.

Boltanski, Luc/Chiapello, Ève. 2003: Der neue Geist des Kapitalismus. Konstanz.

Bruhns, Annette 2019: „Kristallklare Strukturen". Was ein Gründer von Greenpeace den „Fridays for Future" rät. In: Spiegel online v. 31.7. https://www.spiegel.de/politik/gerhard-wallmeyer-ueber-spendengelder-intransparenz-erzeugt-misstrauen-a-86c7f3e1-e5ab-4cd6-a941-86da87284507 (Download 1.7.2020).

Daphi, Priska u. a. 2015: Protestforschung am Limit. Eine soziologische Annäherung an Pegida. Berlin.

Gladwell, Malcolm 2010: Small Change. In: The New Yorker v. 4.10, 42–49.

Großegger, Beate 2010: Jugend zwischen Partizipation und Protest. In: Aus Politik und Zeitgeschichte Nr. 27. 9–12.

Hamm, Marion 2013: Engagierte Wissenschaft zwischen partizipativer Forschung und reflexiver Ethnographie. In: Binder, Beate u.a. (Hg.): Eingreifen, kritisieren, verändern!? Interventionen ethnographisch und gendertheoretisch. Münster. 55–72.

Hutter, Swen/Teune, Simon 2012: Politik auf der Straße. Deutschlands Protestprofil im Wandel. In: Aus Politik und Zeitgeschichte Nr. 25–26. 9–17.

Mayreder, Rosa 1925: Der typische Verlauf sozialer Bewegungen. Wien.

McAdam, Doug 1999: The Biographical Impact of Activism. In: Giugni, Marco u.a. (Hg.): How Social Movements Matter. Minneapolis. 119–146.

McAdam, Doug 2015: Recruits to Civil Rights Activism. In: Goodwin, Jeff/Jasper, James M. (Hg.): The Social Movements Reader. Cases and Concepts. Chichester. 65–75.

Morozov, Evgeny 2009: The Brave New World of Slacktivism. In: Foreign Policy vom 19.5. https://foreignpolicy.com/2009/05/19/the-brave-new-world-of-slacktivism/ (Download 1.7.2020).

Neidhardt, Friedhelm/Rucht, Dieter 1993: Auf dem Weg in die „Bewegungsgesellschaft"? Über die Stabilisierbarkeit sozialer Bewegungen. In: Soziale Welt Nr. 3. 305–326.

Roth, Roland 1994: Lokale Bewegungsnetzwerke und die Institutionalisierung von neuen sozialen Bewegungen. In: Neidhardt, Friedhelm (Hg.): Öffentlichkeit, öffentliche Meinung, soziale Bewegungen. Opladen. 413–436.

Rucht, Dieter 2002: Anstöße für den Wandel – Soziale Bewegungen im 21. Jahrhundert. Vortrag v. 2.3. Berlin.

Rucht, Dieter/Roth, Roland 2008: Soziale Bewegungen und Protest – eine theoretische und empirische Bilanz. In: Rucht, Dieter/Roth, Roland (Hg.): Die sozialen Bewegungen in Deutschland seit 1945. Ein Handbuch. Frankfurt am Main. 635–668.

Rucht, Dieter/Teune, Simon 2017: Einleitung. Das Protestgeschehen in der Bundesrepublik seit den 1980er Jahren zwischen Kontinuität und Wandel. In: Daphi, Priska u.a. (Hg.): Protest in Bewegung? Zum Wandel von Bedingungen, Formen und Effekten politischen Protests. Leviathan Sonderband 33. 9–33.

Snow, David u.a. 1986: Frame Alignment Processes, Micromobilization, and Movement Participation. In: American Sociological Review Nr. 4. 464–481.

Tufekci, Zeynep 2017: Twitter and Tear Gas. The Power and Fragility of Networked Protests. New Haven.

Tufekci, Zeynep 2019: A Response to Johanne Kübler's A Review of Zeynep Tufekci – Twitter and Tear Gas: The Power and Fragility of Networked Protests. In: International Journal of Politics, Culture, and Society Nr. 32. 365–369.

Ullrich, Peter 2015: Postdemokratische Empörung. Ein Versuch über Demokratie, soziale Bewegungen und gegenwärtige Protestforschung. Berlin.

Ullrich, Peter 2019: Protestforschung zwischen allen Stühlen. Ein Versuch über die Sozialfigur des „Protestforschers". In: Forschungsjournal Soziale Bewegungen Nr. 1. 29–40.

Villioth, Lisa 2019: Politischer Protest im Internet und auf der Straße. In: Neue Gesellschaft/Frankfurter Hefte Nr. 4. 23–25.

Zajak, Sabrina 2018: Engagiert, politisch, präfigurativ – Das Selbstexperiment als transformative Bewegungsforschung. In: Forschungsjournal Soziale Bewegungen Nr. 4. 98–105.

CLAUS LEGGEWIE

8.2 Generation Corona?

Abstract:
Der Beitrag befasst sich mit dem Konzept „Generation" und hinterfragt am Beispiel der „Generation C" das Protestverhalten junger Menschen. Welche Problemstellungen mit dem Konzept der Generationen verbunden sind, wird ebenso analysiert wie die Auswirkungen der Corona-Pandemie auf zukünftige Konzeptionen von Krisenbewältigungsstrategien, zum Beispiel in Fragen zur Umkehr globaler Klimaveränderungen.

Es ist durchaus möglich, dass die um das Jahr 2000 zur Welt gekommene Altersgruppe die Corona-Krise als bedeutendes, vielleicht prägendes „Once in a lifetime"-Erlebnis erlebt. Das Etikett „Generation C" hat sie bereits angehängt bekommen, das meinte aber nicht „Corona", dieses Ende 2019 aufgetauchte Virus, sondern eine der Altersgruppe pauschal unterstellte Kombination aus vier C: *Connection, Community, Creation* und *Curation* – erst einmal nur modische Lebensstil-Accessoires, die einer völlig heterogenen Gruppe Gleichaltriger aufgepfropft wurde (vgl. u.a. Keuper 2018, 242 ff.). Bis Ende des vergangenen Jahres hätte das C auch noch für „Climate" stehen können. Lange nicht mehr waren Schüler*innen und Studierende so massenhaft und selbstbewusst auf die Straße gegangen, seit die damals 15 Jahre alte Greta Thunberg im August 2018 – es war der erste Schultag nach einem Hitzesommer – im Alleingang den Schulstreik fürs Klima ausrief. Dem schloss sich die weltweite Bewegung Fridays for Future an (vgl. u.a. Moor u.a. 2020; Sommer u.a. 2020; Wallström u.a. 2019; Rucht/Sommer 2019, 121–125; Rucht 2019a; Rucht 2019b, 4–9), die erheblichen Druck auf die nationale und globale Klimapolitik ausübte. Bereitwilligen Schulstreiks folgten 2020 unfreiwillige Schul- und Unischließungen, um die Gesundheit von Schüler*innen und Studierenden nicht zu gefährden. Der Lockdown wird den Absolvent*innen der Abschlussklassen und den Neueingeschulten mit Sicherheit noch in Jahrzenten in Erinnerung sein.

Aber was wird aus dem Jugendprotest, der 2019 rund um den Erdball stärker geworden war (vgl. della Porta 2020)? Manche spekulieren, die Fridays for Future, deren Präsenz in der zweiten Hälfte 2019 schon abgeflaut war, würden nicht zu alter Kraft zurückfinden und auslaufen. Und damit verbunden werde generell die Bewältigung der immensen Pandemiefolgen die Bekämpfung des Klimawandels und Artensterbens ablösen, es werde also die Wiederkehr der materiellen Existenzsicherung sozial-ökologische Nachhaltigkeitsziele verdrängen. Möglich wäre es aber auch umgekehrt: Da der durch die Schließung vieler Wirtschaftsbetriebe und des öffentlichen Lebens erzwungene Stillstand ganz unbeabsichtigt Emissionsminderungen mit sich brachte und der Klimawandel sich womöglich durch eine „Naturkatastrophe" abschwächt, wäre nun der Pfad in eine zupackendere Klima- und Artenschutzpolitik vorgezeichnet. Dafür spricht, dass viele Einschränkungen und Gebote, die bis dato für völlig „unmöglich" erklärt worden waren, mit einem Schlag vermittelbar und durchsetzbar wurden, weil sie zur Virusbekämpfung eben nicht unmöglich, sondern lebensrettend waren (vgl. Greenpeace 2020; Bundesministerium für Umwelt, Naturschutz und nukleare Sicherheit 2020). Und der Klimawandel bedroht nach übereinstimmenden Prognosen weit mehr Menschen als eine Pandemie (vgl. Schellnhuber 2020).

Bevor nun Zukunftsforscher schon einen neuen Megatrend von Covid-19 zu Klima 21 ausrufen, muss man ein wenig über die Eigenart und Wirkung von Generationen nachdenken. Generation ist soziologisch die einzige Kategorie, die Gesellschaften nach *zeitlichen* Zusammenhängen ordnet (vgl. Jureit 2006; Weigel u.a. 2005; Mannheim 1964, 509–565; Matthes 1985, 363–372): Wann ist jemand geboren, unter welchen Umständen ist sie oder er geprägt worden, mit welchen Gleichaltrigen ist man aufgewachsen? Aus dem bloßen Zufall gemeinsamer Geburtsjahre können sich so nachhaltige Generationseinheiten bilden, in denen stets auch andere Faktoren von *Gender, Class* und *Race* eine Rolle spielen: das Geschlecht, soziale Unterschiede, die ethnische Herkunft und kulturelle Wahrnehmungsdifferenzen. Deshalb kann man weder der Altersgruppe zwischen 14 und 30 Jahren per se eine größere Aufmüpfigkeit und Protestbereitschaft unterstellen, noch sind Jugendbewegungen automatisch richtungsweisend für überfällige Innovationen, die ältere Zeitgenossen verschlafen hatten. Es gibt auch keinen ewigen Konflikt zwischen den Generationen mit durchgängig anderen Sichtweisen auf Problemlagen und Problemlösungen zwischen Älteren und Jüngeren. Versuche, historische Zeiten nach Generationen zu periodisieren, sind deshalb oft wenig überzeugend ausgefallen.

Bestritten wird das auch wieder bei der pauschal 68er genannten Alterskohorte, deren Beweggründe in West-Berlin ganz andere waren als in Mexiko und Prag. Bei aller Differenzierung sind die entsprechenden Personen aber durch ikonische Bilder, gemeinsame Referenzpunkte und Elemente populärer Kultur zu einer Bewegung vereint worden, die als Motor politischer, sozialer und kultureller Innovationen auftrat und dabei Veränderungen zum Durchbruch verhalf, die in mittel- und langfristigen Strukturentwicklungen bereits angelegt waren (vgl. Hodenberg 2018; Leggewie 2018). Stets haben besonders lautstarke und sichtbare Akteur*innen das Bild einer Altersgruppe geprägt, die mit den Vorhaben der Avantgarden keineswegs übereinstimmte, sich aber in die bewirkten Änderungen sehr wohl einfand und daraus Nutzen zog. Vor allem Medienereignisse haben Altersgruppen einen plastischen Eindruck mitgegeben und sich im kollektiven Gedächtnis verankert.

Die 68er waren eine ausdrücklich politische Generation, auch wenn sie sich wesentlich durch ihre kulturellen Lebensstile und Artefakte äußerte. Auch vor dem Erfahrungsrepertoire globalisierungskritischer Proteste, die in den vergangenen Jahrzehnten junge Menschen zwischen 15 und 30 Jahren mobilisierten und eine konflikthafte Generationsbildung andeuteten, kann man nun spekulieren, welche Gestalt die Politisierung der um 2000 geborenen Menschen zum Beispiel in Deutschland annehmen kann. Dabei darf man die Wucht und Wirkung der Fridays-for-Future-Versammlungen weder über- noch unterschätzen, die mit der Schüler- und Studentenbewegung um 1968 und 1990 einige Gemeinsamkeiten und sehr viele Unterschiede aufweist. Der Modus von '68 war die Kritik der bürgerlichen (Sozial-)Wissenschaft, der heutige Modus ist „follow the science", die Wiedereinsetzung naturwissenschaftlicher Autorität, ohne dabei ganz auf Gesellschaftskritik zu verzichten. Die Rolle junger Frauen in sozialen Bewegungen ist heute bedeutsamer dank einer umfassenderen Bildung und einer feministischen Alltagspraxis. Und das industrielle Wachstumsmodell ist am Ende, auf dem die Umverteilungsvorstellungen und Gerechtigkeitsideale der älteren Protestbewegung noch wesentlich beruhen. Während die Zukunft um 1968 auf dem Höhepunkt des Konsumkapitalismus offen schien und Utopien der Befreiung von sämtlichen Fesseln moralischer Konventionen aufblühen konnten, scheint der Zukunftshorizont heute mit einem riesigen Stoppschild versehen; den Protest treibt eher die Dystopie einer an gefährlichen Kipppunkten aus den Angeln gehobenen Welt an. Gemeinsam ist beiden Bewegungen, auch mit Occupy und Blockupy, dass sie von gebildeten jungen Menschen aus dem oberen Mittelstand angeführt wurden beziehungsweise werden und sich als außer-, bisweilen auch antiparlamentarische Opposition formierten, in großer Distanz zu den politischen Eliten und etablierten Parteien. Am radikalsten ist derzeit die mit martialisch-bunten Auftritten und drastischer Untergangsrhetorik bekannt gewordene Gruppe Extinction Rebellion, die einen Marsch durch die Institutionen, wie ihn viele 68er dann doch angetreten hatten, kategorisch ablehnt (vgl. Kaufmann u.a. 2019; Extinction Rebellion Hannover 2019).

Was das jüngste Abflauen der Freitagsdemonstrationen betrifft, kann man sich gut in den Gefühlshaushalt von 16- bis 18-Jährigen hineinversetzen. Manche sagen, die Luft sei raus und man könne ja auch nicht ewig demonstrieren; andere Prioritäten und Sorgen wie „Abi machen" und „erste Lieben" haben sich nach vorn geschoben. Es gibt aber auch die völlig nachvollziehbare Frustration angesichts kleinmütiger Antworten wie dem Klimapaket der Bundesregierung und dem Rückzug vieler Nationen aus dem Pariser Klimaabkommen von 2015. Wenn Straßendemonstrationen sich wegen der Viruspandemie derzeit nicht anbieten, wäre eine Option – außer der virtuellen Proteste am 26. April 2020 – der eher verpönte Weg durch die Institutionen, der (von einigen FFF-Protagonisten bereits auf grünen Listen vorgenommene) Einstieg in einen auch parlamentarisch gestützten Pragmatismus im Sinn des jetzt auf vielen Ebenen angesetzten *Green New Deal* (vgl. Pettifor 2020). Für dessen Realisierung muss man Maximalforderungen einschränken und notgedrungen Kompromisse schließen sowie mit politischen Parteien, Lobbygruppen und Denkfabriken, Unternehmen, Gesetzgebern und Verwaltungen kooperieren. Ein solches Reformprojekt kann in das für die zweite Jahreshälfte 2020 beabsichtigte „Wiederhochfahren" der Wirtschaft hineinwirken, also dem Wiederaufbauprogramm nach Corona eine dauerhafte Dimension nachhaltigen Wirtschaftens geben. Wenn parlamentarische Mehrheiten, bürgerschaftliches Engagement und nachhaltige Investitionen in grüne Technologien vorhanden sind, kann sich so ein „Green Recovery"-Programm in die Tat umsetzen lassen. Das beinhaltet staatliche Ge- und Verbote, vor allem auch grüne Investitionsfonds (vgl. Beer 2019, 527–545), die verhindern, dass im angestrebten Wiederhochfahren der Volkswirtschaften zu viel „business as usual" den Ton angibt. Und die sozusagen en passant einen neuen Generationenvertrag aufsetzen, in dem nicht länger „Oma die Klimasau" gegen „Corona-Partys" feiernde Enkel ausgespielt wird, sondern wechselseitige Solidarität geübt wird – wobei die Alterskohorte der Babyboomer gezwungen sein wird, lieb gewordene Gewohnheiten aufzugeben.

Die Corona-Krise, die viel Leid, Verdruss und Verzweiflung mit sich brachte, aber auch Kreativität und Spontaneität freigesetzt hat – so viele Lösungen, die bis dato unmöglich schienen, und so viele Alternativen, wo keine vorhanden zu sein schienen –, kann zur Bewältigung der Klimakrise verhelfen. Wohlgemerkt vom Unternehmergeist her, nicht nach dem Pandemiemuster des Ausnahmezustands und eines Notstandsregimes. Die Klimakrise wird sich nicht mit ökodiktatorischen Maßnahmen eindämmen lassen, sondern nur mit Überzeugungskraft, Mitwirkung und freiwilligen Einschränkungen, die man jetzt leichter auf sich nehmen könnte als bisher. Aber all das ist nicht wie im Fall der Pandemie eine Vollbremsung, sondern ein dynamischer Jumpstart, womöglich getragen von einer erfahrungshungrigen und zukunftsoffenen Generation. Die Protestbewegung junger Menschen gegen mangelndes staatliches Handeln würde sich dadurch verwandeln in eine Reparaturbewegung, die anpackt, wo es nach Corona nottut – die aber auch wieder protestiert, wenn schlicht alles so weiterginge wie bisher. Übrigens auch als europäische Bewegung, da jetzt wieder alles auf nationale und lokale Lösungen drängt. Der Generationskonflikt, den das Klimathema einmal nahelegte, kann abgesagt werden.

Überhaupt wird jungen Menschen von Älteren mit flotten Etiketten neuerdings eine altersuntypische Bravheit zugeschrieben: Frühvergreiste Ordnungsfanatiker, die bei ihren Autos freiwillig die Seitenspiegel einklappen (Vai 2020). Kann es sein, dass sich da kindische Hedonisten über eine Generation lustig machen, die den „Ernst des Lebens" mit den beiden C der Corona- und Klimakrise nicht mehr verdrängen können und über infantile Corona-Proteste und verstockte Leugner des Klimawandels in Verzweiflung geraten? Anders ausgedrückt Menschen (aller Altersgruppen), die von großen Entwürfen einer grenzenlosen Multioptionsgesellschaft ebenso wie von den Dystopien einer Risikogesellschaft Abstand genommen haben und in eine Reparaturgesellschaft einbiegen wollen, in der es wesentlich um die Ausbesserung von Schäden gehen wird, die ein ausfernder und zukunftsblinder Lebensstil hinterlassen haben? Die Artefakte, Umwelt und soziale Strukturen in pragmatischer und kollaborativer Weise repariert, um sie resilienter und nachhaltiger zu gestalten (näheres bei Bertling/Leggewie 2016)?

Die vier C – Connection, Community, Creation, Curation – könnten in diesem Kontext eines neuen, utopischen Realismus durchaus eine substanzielle Leitlinie werden. Dazu sei erlaubt, an Robert Musils 1913 spielenden Roman „Der Mann ohne Eigenschaften" zu erinnern. In dem Kapitel „Wenn es Wirklichkeitssinn gibt, muss es auch Möglichkeitssinn geben" formuliert der Protagonist: „Wer ihn besitzt, sagt beispielsweise nicht: Hier ist dies oder das geschehen, wird geschehen, muss geschehen; sondern er erfindet: Hier könnte, sollte oder müsste geschehn; und wenn man ihm von irgend etwas erklärt, daß es so sei, wie es sei, dann denkt er: Nun, es könnte wahrscheinlich auch anders sein. So ließe sich der Möglichkeitssinn geradezu als Fähigkeit definieren, alles, was ebensogut sein könnte, zu denken und das, was ist, nicht wichtiger zu nehmen als das, was nicht ist." (Musil 1978, 16).

Literaturverzeichnis

Beer, David Löw u. a. 2019: Ein Zukunftsfonds für die Nachhaltigkeitswende. In: Wirtschaftsdienst Nr. 8. 527–545.

Bertling, Jürgen/Leggewie, Claus 2016: Die Reparaturgesellschaft. Ein Beitrag zur großen Transformation?: Open Source und Selbermachen als postkapitalistische Praxis. In: Baier, A. et al. (Hg.) Die Welt reparieren. Open Source und Selbermachen als postkapitalistische Praxis. Bielefeld, S. 275–286.

Bundesministerium für Umwelt, Naturschutz und nukleare Sicherheit 2020: Green Recovery. Reboot and Reboost Our Economies for a Sustainable Future. In: BMU online v. 14.4. https://www.bmu.de/meldung/green-recovery-1/(Download: 10.5.2020).

Extinction Rebellion Hannover 2019: „Hope Dies – Action Begins". Stimmen einer neuen Bewegung. Bielefeld.

Greenpeace 2020: 15 European Governments Call for Green Recovery Plan. In: Greenpeace online v. 9.4. https://www.greenpeace.org/eu-unit/issues/climate-energy/2708/ten-european-governments-call-for-green-recovery-plan/(Download: 10.5.2020).

Hodenberg, Christina von 2018: Das andere Achtundsechzig. München.

Jureit, Ulrike 2006: Generationenforschung. Göttingen.

Kaufmann, Sina Kamala u. a. 2019: Wann wenn nicht wir*. Ein Extinction Rebellion Handbuch. Frankfurt am Main.

Keuper, Frank u. a. 2018: Homo Connectus. Einblicke in die Post-Solo-Ära des Kunden. Wiesbaden.

Leggewie, Claus 2018: 50 Jahre 68. Köln und seine Protestgeschichte. Köln.

Mannheim, Karl 1964: Das Problem der Generationen. In: Mannheim, Karl (Hg.): Wissenssoziologie. Berlin. 509–565.

Matthes, Joachim 1985: Karl Mannheims „Das Problem der Generationen", neu gelesen. Generationen-„Gruppen" oder „gesellschaftliche Regelung von Zeitlichkeit"? In: Zeitschrift für Soziologie 14, Nr. 5. 363–372.

Moor, Joost de u. a. 2020: Protest for a Future II: Composition, Mobilization and Motives of the Participants in Fridays for Future Climate Protests on 20–27 September, 2019, in 19 Cities Around the World. https://gup.ub.gu.se/file/208059 (Download 10.5.2020).

Musil, Robert 1978: Der Mann ohne Eigenschaften. Gesammelte Werke, Band 1. Reinbek.

Pettifor, Ann 2020: Green New Deal. Warum wir können, was wir tun müssen. Hamburg.

Porta, Donatella della 2020: Die Renaissance des Straßenkampfs. In: Kulturaustausch Nr. II. https://www.zeitschrift-kulturaustausch.de/de/archiv?tx_amkulturaustausch_pi1%5Bauid%5D=3699&tx_amkulturaustausch_pi1%5Bview%5D=ARTICLE&cHash=4996ab30809d0c3ac90d5a28427fddcd (Download 10.5.2020).

Rucht, Dieter 2019a: Jugend auf der Straße. Fridays for Future und die Generationenfrage. In: WZB-Mitteilungen Nr. 165. 6–9.

Rucht, Dieter 2019b: Faszinosum Fridays for Future. In: Aus Politik und Zeitgeschichte Nr. 47–48. 4–9.

Rucht, Dieter/Sommer, Moritz 2019: Fridays for Future. Vom Phänomen Greta Thunberg, medialer Verkürzung und geschickter Mobilisierung: Zwischenbilanz eines Höhenflugs. In: Internationale Politik. 121–125.

Schellnhuber, John 2020: Was uns die Krisen lehrten. In: Frankfurter Allgemeine Zeitung v. 16.4. https://www.faz.net/aktuell/feuilleton/debatten/seuche-im-anthropozaen-die-lehren-der-corona-krise-16726494.html?printPagedArticle=true#pageIndex_6 (Download 10.5.2020).

Sommer, Moritz u.a. 2020: Fridays for Future. Profil, Entstehung und Perspektiven der Protestbewegung in Deutschland. https://protestinstitut.eu/wp-content/uploads/2019/08/ipb-working-paper_FFF_final_online.pdf (Download 10.5.2020).

Vai, Juno (2020): Nicht kiffen, kein Sex – und immer schön die Außenspiegel einklappen. https://www.spiegel.de/familie/alter-die-midlife-kolumne-nicht-kiffen-kein-sex-und-immer-schoen-die-aussenspiegel-einklappen-a-12aca9f0-3232-42d9-81f7-8dec0e591278

Wallström, Mattias u.a. 2019: Protest for a Future: Composition, Mobilization and Motives of the Participants in Fridays for Future Climate Protests on 15 March, 2019 in 13 European Cities. https://osf.io/m7awb/?pid=xcnzh (Download 10.5.2020).

Weigel, Sigrid 2005: Generation. Zur Genealogie des Konzepts – Konzepte von Genealogie. München.

Herausgeber*in:

MAXIMILIAN GRAEVE ist Geschäftsführer der Dr. Arthur Pfungst-Stiftung, die schwerpunktmäßig Stipendien an begabte Studierende vergibt, denen es ohne finanzielle Unterstützung nicht möglich wäre, eines ihrer Begabung entsprechendes Hochschulstudium zu absolvieren. Der studierte Erziehungswissenschaftler mit den Schwerpunkten außerschulische Jugend- und Erwachsenenbildung setzt sich in unterschiedlichen Bereichen für die Förderung und Stärkung junger Menschen ein.

HANNA-LENA NEUSER ist Studienleiterin und stellvertretende Direktorin der Evangelischen Akademie Frankfurt. Inhaltlich arbeitet sie im Bereich Jugend und Europa mit den Schwerpunkten auf Demokratie, Empowerment und soziales Engagement. Die Politikwissenschaftlerin und Erwachsenenpädagogin engagiert sich für starke Netzwerke der politischen Bildung in Rhein-Main, Hessen und darüber hinaus.

ROBERT WOLFF ist Doktorand am Lehrstuhl für Neueste Geschichte (Lehrstuhl für Zeitgeschichte Europas seit 1918) an der Goethe-Universität Frankfurt am Main. Zu seinen Forschungsschwerpunkten zählen unter anderem die Historische Gewaltforschung, die Historische Netzwerkforschung und die Historische Protest- und Bewegungsforschung.

Autor*innen:

NIKOLAY ALEKSIEV studiert Politikwissenschaften an der Albert-Ludwigs-Universität Freiburg im Masterstudiengang. Seit 2019 ist er Stipendiat der Dr. Arthur Pfungst-Stiftung.

ANGELA DORN ist studierte Diplom-Psychologin mit einer Weiterbildung zur psychologischen Psychotherapeutin (Verhaltenstherapie). Von November 2017 bis Mai 2019 war Angela Dorn Vorsitzende von Bündnis 90/DIE GRÜNEN Hessen und ist seit Januar 2019 hessische Staatsministerin für Wissenschaft und Kunst. Seit 2009 ist Angela Dorn Mitglied des hessischen Landtags. Von November 2017 bis Mai 2019 war sie Vorsitzende von Bündnis 90/DIE GRÜNEN und ist seit Januar 2019 hessisch Staatsministerin für Wissenschaft und Kunst.

DEBORAH DÜRING studiert im Master Internationale Friedens- und Konfliktforschung an der Goethe-Universität Frankfurt. Sie ist Mitgründerin des Vereins „mehr als wählen", der den Frankfurter Demokratiekonvent 2019 initiiert hat.

VLADISLAV EYLIN, Stipendiat der Dr. Arthur Pfungst-Stiftung seit 2019, studiert im Masterstudiengang Business Management an der Hochschule Niederrhein in Mönchengladbach.

JOHANNES FECHNER studierte an der Goethe-Universität Philosophie, Soziologie und Geschichte. Er war für die Linke Liste Vorstand des Allgemeinen Studierendenausschuss (AStA) der Goethe-Universität.

REBECCA FREITAG hat sich zwei Jahre (2017–2019) lang als deutsche UN-Jugenddelegierte für Nachhaltige Entwicklung für die Interessen ihrer Generation in Bezug auf Nachhaltigkeit bei den Vereinten Nationen stark gemacht. Für eine gesellschaftliche Transformation hin zu einer nachhaltigen Zukunft wirbt und inspiriert sie als Botschafterin für die Rechte für zukünftige Generationen auch weiterhin in politischen, gesellschaftlichen oder wirtschaftlichen Organisationen.

KYRA NASTASSJA FURGALEC studiert Soziale Arbeit an der Hochschule für Angewandte Wissenschaften in Hamburg. Sie ist Stipendiatin der Friedrich-Ebert-Stiftung und Initiatorin der Kampagne „#truediskriminierung".

BENNO HAFENEGER ist Professor für Erziehungswissenschaften/außerschulische Jugendbildung an der Universität Marburg. Er ist Mitglied der Deutschen Gesellschaft für Erziehungswissenschaft und der Gesellschaft für Politikdidaktik, Jugend- und Erwachsenenbildung. Er ist Mitglied der Deutschen Gesellschaft für Erziehungswissenschaft und im Herausgeber*innenkreis der Reihe „Non-formale politische Bildung". Seine Forschungsschwerpunkte sind Jugendbildung, Jugendkulturen und Rechtsextremismus.

DOMINIK HEROLD studierte Philosophie und Politische Theorie in Frankfurt, München und Toronto. Aktuell promoviert er über am Fachbereich Philosophie der Goethe-Universität Frankfurt über das Verhältnis von Radikaldemokratie und Affektivität. Er ist Vorstand und Mitgründer des Vereins „mehr als wählen", der den Frankfurter Demokratiekonvent organisiert.

JESSICA HUBBARD hat 2020 das Abitur erfolgreich abgeschlossen. Seit ca. 2 Jahren ist sie als Organisatorin einer Ortsgruppe in der Fridays for Future-Bewegung aktiv, seit einem halben Jahr nun in der Position als Bindeglied zwischen Fridays for Future und der Landesregierung tätig.

PHILIPP JACKS studierte Gesellschaftswissenschaften und Philosophie an den Universitäten Frankfurt am Main und Köln. Seit 2010 arbeitet er beim Deutschen Gewerkschaftsbund (DGB), seit 2016 als Geschäftsführer der DGB-Region Frankfurt-Rhein-Main. Er ist seit 25 Jahren ehrenamtlich engagiert in Sozialen Bewegungen, kulturpolitischen Initiativen und unabhängigen Verbänden und Netzwerken. Seine Schwerpunkte sind (globale) Verteilungsgerechtigkeit, Demokratisierung und Netzwerken bzw. Bündnisarbeit.

OLE JANTSCHEK ist Pädagogischer Leiter der Ev. Trägergruppe für gesellschaftspolitische Jugendbildung und darüber hinaus als Trainer und Moderator tätig. Seine fachlichen Schwerpunkte liegen in den Bereichen diversitätsbewusste Demokratiebildung, Digitalisierung bzw. digitale politische Bildung, Europäische Bürgerschaft und Demokratiefeindlichkeit.

CHRISTA KALETSCH ist externe Fortbildnerin im Projekt „Zusammenleben neu gestalten" sowie Co-Vorsitzende des hessischen Landesverbands der Deutschen Gesellschaft für Demokratiepädagogik e.V. Sie arbeitet als Autorin, Programmentwicklerin und Beraterin in den Bereichen konstruktive Konfliktbearbeitung, Partizipation, Demokratie- und Menschenrechtsbildung.

CLAUDIA KEMPER ist Wissenschaftliche Referentin am LWL-Institut für westfälische Regionalgeschichte. Ihre Arbeitsschwerpunkte umfassen die historische Friedens- und Konfliktforschung, Experten- und Wissenschaftsgeschichte, Europäische und Transatlantische Zeitgeschichte, Geschichte von Ideen, Medien und Kommunikation und Organisationsgeschichte.

WOLFGANG KRAUSHAAR ist Politikwissenschaftler an der Hamburger Stiftung zur Förderung von Wissenschaft und Kultur. Er gilt als der Chronist der „68er-Bewegung" und forscht seit Jahrzehnten u.a. zu Protestbewegungen im nationalen und transnationalen Rahmen.

CLAUS LEGGEWIE ist Politikwissenschaftler und war von 2007 bis zum 31. Juli 2017 Direktor des Kulturwissenschaftlichen Instituts Essen. Seit 2015 ist er der erste Amtsinhaber der Carl-Ludwig-Börne-Professur der Justus-Liebig Universität Gießen. Leggewie ist Mitherausgeber der Blätter für deutsche und internationale Politik.

HANNA LORENZEN ist Bundestutorin der Evangelischen Trägergruppe für gesellschaftspolitische Jugendbildung. In der Leitung der Dachorganisation fällt die Koordination, die konzeptionelle und inhaltliche Begleitung der Aktivitäten der politischen Jugendbildung sowie die förder- und fachpolitische Interessenvertretung in ihren Aufgabenbereich. Zu ihren wissenschaftlichen Arbeitsschwerpunkten zählen Europäische Integration, Jugendbeteiligung und Politische Jugendbildung.

JONATHAN MAASS studiert an der Goethe-Universität Politik- und Religionswissenschaft. Er war Referent für Hochschulpolitik des Allgemeinen Studierendenausschuss (AStA) der Goethe-Universität.

SAMIULLAH NAIMI möchte seinen Traum, in Afghanistan als Arzt zu arbeiten, mit einem Studium der Medizin an der Heinrich Heine Universität Düsseldorf verwirklichen. Er ist seit 2019 Stipendiat der Dr. Arthur Pfungst-Stiftung.

CHARLOTTE NZIMIRO ist Journalistin, angehende Redakteurin und Afro-Deutsche Aktivistin. Sie setzt sich gegen den Rassismus in unsrer Gesellschaft ein, denn für sie und andere Betroffene ist das Thema Rassismus ein stetiger Begleiter, der das Leben für schwarze Menschen hier in Deutschland nach wie vor stark prägt.

REBECCA PFLANZ hat einen Masterabschluss in International Marketing Management der Hochschule für Wirtschaft und Recht Berlin, mit Fokus auf Nonprofit Marketing und digitalen Aktivismus. Von 2018 bis zum April 2020 unterstützte sie die internationale Online-Petitionsplattform Change.org als Kampagnen und E-Mail Marketing Assistenz. Sie interessiert sich für gesellschafts- und sozialpolitische Themen und engagiert sich in der Klimagerechtigkeitsbewegung.

HELMOLT RADEMACHER ist Co-Vorsitzender des hessischen Landesverbands der Deutschen Gesellschaft für Demokratiepädagogik e.V. und ehemaliger Projektleiter im Hessischen Kultusministerium zu „Gewaltprävention und Demokratielernen". Er hat diverse einschlägige Publikationen verfasst und ist u.a. Mitherausgeber des Jahrbuchs für Demokratiepädagogik.

NANNA-JOSEPHINE ROLOFF hat Politik und Öffentliches Recht an der Universität Passau studiert. Das interdisziplinäre Studium der Staatswissenschaften sensibilisierte sie für die Subtilität der systemischen Ungleichgewichte. Die Arbeit in einer Nichtregierungsorganisation brachte sie schließlich dazu, selbst aktiv zu werden.

MAX SCHULTE ist seit Dezember 2016 wissenschaftlicher Mitarbeiter am Institut für Politikwissenschaft an der Westfälische Wilhelms-Universität Münster. Er forscht und lehrt seit Jahren zur Geschichte von Protestbewegungen in der Bundesrepublik Deutschland.

ELIF ÜSTÜNER ist Studentin der Rechtswissenschaft an der Johannes Gutenberg-Universität in Mainz und ehemalige START-Stipendiatin.

WILLI VAN OOYEN, Jahrgang 1947. Volksschule, Lehre als Elektro-Installateur, seit 1962 Gewerkschaftsmitglied. Aktiv in der Lehrlingsbewegung; neben Berufstätigkeit Abitur (zweiter Bildungsweg) anschließend Studium (Geschichte und Pädagogik) in Frankfurt. Seit 1966 Teilnahme an den Ostermärschen, 1969 Kriegsdienstverweigerung, 1970–1972 Zivildienst, Organisation des 1. bundesweiten Streiks der Zivildienstleistenden im April 1971. Ab 1972 Mitglied der DFG-VK Hessen, Mitglied des Frankfurter Stadtjugendringes; aktive Solidaritätsarbeit; Aktionen gegen Nazi-Aufmärsche und der internationalen Sozialforumsbewegung. Ab 1976 Landesgeschäftsführer, ab 1984 Bundesgeschäftsführer der Deutschen Friedens-Union, in dieser Zeit: seit 1980 Organisation der Ostermärsche, des „Krefelder Appell", der großen Friedensaktionen, der Konferenzen gegen Berufsverbote, vielfältige internationale Friedensarbeit. Beruflich Geschäftsführer einer Beschäftigungsgesellschaft und Pädagogischer Leiter der „Praunheimer Werkstätten" für die Betreuung von Menschen mit (geistiger) Behinderung in Frankfurt am Main. Von 2008 bis 2017 Fraktionsvorsitzender der LINKEN im Hessischen Landtag. Derzeit Sprecher des Bundesausschusses Friedensratschlag und des Ostermarschbüros und Vorsitzender der Friedens- und Zukunftswerkstatt.

DIE FACHZEITSCHRIFT FÜR ALLE POLITISCHEN BILDNER JETZT MIT NEUEM KONZEPT UND IN NEUEM FORMAT

NEU

Lernen Sie das neue Journal für politische Bildung kennen. Fordern Sie jetzt Ihr kostenloses **LESEEXEMPLAR** an:

www.journal-pb.de

Eine Initiative des Bundesausschuss Politische Bildung und des Wochenschau Verlags

WOCHEN SCHAU VERLAG

... ein Begriff für politische Bildung

NON-FORMALE POLITISCHE BILDUNG

Die Reihe wird herausgegeben von Ina Bielenberg, Benno Hafeneger, Barbara Menke, Wibke Riekmann, Klaus Waldmann und Benedikt Widmaier.

Neuere Titel sind auch als PDF-Bücher zu beziehen.

ISBN 978-3-7344-1146-5, 176 S., € 22,90

ISBN 978-3-7344-0998-1, 384 S., € 39,90

ISBN 978-3-7344-1160-1, 160 S., € 19,90

ISBN 978-3-7344-0912-7, 336 S., € 39,90

ISBN 978-3-7344-1198-4 280 S., € 32,90

ISBN 978-3-7344-1148-9 208 S., € 22,90

ISBN 978-3-7344-0275-3 144 S., € 16,80

ISBN 978-3-7344-0012-4 160 S., € 19,80

Weitere Titel u. a.:

Martin Kaiser
Im Schatten des Wandels
20 Jahre politische Bildung im Austausch mit Ägypten
ISBN 978-3-7344-0013-1, 368 S., € 39,80

Benedikt Widmaier, Gerd Steffens (Hg.)
Politische Bildung nach Auschwitz
Erinnerungsarbeit und Erinnerungskultur heute
ISBN 978-3-7344-0069-8, 192 S., € 19,80

Britta Schellenberg, Martin Becher (Hg.)
Zivilgesellschaftliches Engagement gegen Rassismus und Antisemitismus
ISBN 978-3-7344-0142-8, 224 S., € 24,80

Michael Götz, Benedikt Widmaier, Alexander Wohnig (Hg.)
Soziales Engagement politisch denken
Chancen für Politische Bildung
ISBN 978-3-89974967-0, 224 S., € 24,80

Nadine Balzter, Yan Ristau, Achim Schröder
Wie politische Bildung wirkt
Wirkungsstudie zur biographischen Nachhaltigkeit politischer Jugendbildung
ISBN 978-3-89974973-1, 224 S., € 24,80

Benno Hafeneger, Benedikt Widmaier (Hg.)
Wohin geht die Reise?
Diskurse um die Zukunft der non-formalen politischen Bildung
ISBN 978-3-89974995-3, 176 S., € 19,80

www.wochenschau-verlag.de   www.facebook.com/wochenschau.verlag   @wochenschau-ver

WOCHEN SCHAU VERLAG

... ein Begriff für politische Bildung

Short Read

Benno Hafeneger

Jugend und Jugendarbeit in Zeiten von Corona

Von der Corona-Pandemie sind alle gesellschaftlichen Bereiche und Gruppen betroffen. Das gilt auch für die junge Generation. Sie kann ihre Jugendzeit nicht mehr wie bisher leben und gestalten, und erste empirischen Befunde zeigen die Folgen der Krisenzeit für das Jugendleben.

In der Jugendarbeit/-bildung mussten die Angebote eingestellt, reduziert oder mit digitalen Formaten versehen werden. Gleichzeitig wurde in der politischen Diskussion über die Einschränkungen in den Lockdown-Phasen die Bedeutung von Jugendarbeit/-bildung für die junge Generation kaum berücksichtigt.

Die Publikation gibt Einblicke in den Zusammenhang von Jugend und Jugendarbeit in der Pandemie-Zeit und formuliert Folgerungen für zukünftige Krisenentwicklungen.

ISBN 978-3-7344-1252-3,
56 S., € 9,90
PDF ISBN 978-3-7344-1253-0,
€ 8,99

Der Autor

Prof. (em.) Dr. Benno Hafeneger lehrte und forscht am Institut für Erziehungswissenschaft der Philipps-Universität Marburg. Er ist ausgewiesener Experte der Jugendarbeit und politischen Jugendbildung, mit umfassender Vortragstätigkeit und vielen Publikationen.

www.wochenschau-verlag.de   www.facebook.com/wochenschau.verlag   @wochenschau-ver